中国基层领导干部成长机理研究：
基于场域、机制与角色的分析框架

A Study on the Growth Principle of China's Primary-level Leading Cadres:
An Analysis Framework Based on Field, Mechanism and Role

马正立　著

导师　刘玉瑛

中国社会科学出版社

图书在版编目（CIP）数据

中国基层领导干部成长机理研究：基于场域、机制与角色的分析框架 / 马正立著. —北京：中国社会科学出版社，2020.6

（中国社会科学博士论文文库）

ISBN 978-7-5203-6360-0

Ⅰ.①中… Ⅱ.①马… Ⅲ.①基层干部—干部培养—研究—中国 Ⅳ.①D630.3

中国版本图书馆CIP数据核字（2020）第065007号

出 版 人	赵剑英
责任编辑	杨晓芳
责任校对	黄海鹏
责任印制	李寡寡

出　　版	中国社会科学出版社
社　　址	北京鼓楼西大街甲158号
邮　　编	100720
网　　址	http://www.csspw.cn
发 行 部	010-84083685
门 市 部	010-84029450
经　　销	新华书店及其他书店
印　　刷	北京明恒达印务有限公司
装　　订	廊坊市广阳区广增装订厂
版　　次	2020年6月第1版
印　　次	2020年6月第1次印刷
开　　本	710×1000 1/16
印　　张	15
插　　页	2
字　　数	251千字
定　　价	68.00元

凡购买中国社会科学出版社图书，如有质量问题请与本社营销中心联系调换
电话：010-84083683
版权所有　侵权必究

《中国社会科学博士论文文库》编辑委员会

主　　任：李铁映

副 主 任：汝　信　江蓝生　陈佳贵

委　　员：（按姓氏笔画为序）

　　　　　王洛林　王家福　王辑思
　　　　　冯广裕　任继愈　江蓝生
　　　　　汝　信　刘庆柱　刘树成
　　　　　李茂生　李铁映　杨　义
　　　　　何秉孟　邹东涛　余永定
　　　　　沈家煊　张树相　陈佳贵
　　　　　陈祖武　武　寅　郝时远
　　　　　信春鹰　黄宝生　黄浩涛

总 编 辑：赵剑英

学术秘书：冯广裕

总　　序

在胡绳同志倡导和主持下，中国社会科学院组成编委会，从全国每年毕业并通过答辩的社会科学博士论文中遴选优秀者纳入《中国社会科学博士论文文库》，由中国社会科学出版社正式出版，这项工作已持续了12年。这12年所出版的论文，代表了这一时期中国社会科学各学科博士学位论文水平，较好地实现了本文库编辑出版的初衷。

编辑出版博士文库，既是培养社会科学各学科学术带头人的有效举措，又是一种重要的文化积累，很有意义。在到中国社会科学院之前，我就曾饶有兴趣地看过文库中的部分论文，到社科院以后，也一直关注和支持文库的出版。新旧世纪之交，原编委会主任胡绳同志仙逝，社科院希望我主持文库编委会的工作，我同意了。社会科学博士都是青年社会科学研究人员，青年是国家的未来，青年社科学者是我们社会科学的未来，我们有责任支持他们更快地成长。

每一个时代总有属于它们自己的问题，"问题就是时代的声音"（马克思语）。坚持理论联系实际，注意研究带全局性的战略问题，是我们党的优良传统。我希望包括博士在内的青年社会科学工作者继承和发扬这一优良传统，密切关注、深入研究21世纪初中国面临的重大时代问题。离开了时代性，脱离了社会潮流，社会科学研究的价值就要受到影响。我是鼓励青年人成名成家的，这是党的需要，国家的需要，人民的需要。但问题在于，什么是名呢？名，就是他的价值得到了社会的承认。如果没有得到社会、人民的承认，他的价值又表现在哪里呢？所以说，价值就在于对社会重大问题的回答和解决。一旦回答了时代性的重大问题，就必然会对社会产生巨大而深刻的影响，你也因此而实现了你的价值。在这方面年轻的博士有很大的优势：精力旺盛，思想敏捷，勤于学习，勇于创新。但青年学者要多向老一辈学者学习，博士尤其要很好地向导师学习，在导师的指导下，发挥自己的优势，研究重大问题，就有可能出好的成果，实现自己的价值。过去12年入选文库的论文，也说明了这一点。

什么是当前时代的重大问题呢？纵观当今世界，无外乎两种社会制度，一种是资本主义制度，一种是社会主义制度。所有的世界观问题、政治问题、理论问题都离不开对这两大制度的基本看法。对于社会主义，马克思主义者和资本主义世界的学者都有很多的研究和论述；对于资本主义，马克思主义者和资本主义世界的学者也有过很多研究和论述。面对这些众说纷纭的思潮和学说，我们应该如何认识？从基本倾向看，资本主义国家的学者、政治家论证的是资本主义的合理性和长期存在的"必然性"；中国的马克思主义者，中国的社会科学工作者，当然要向世界、向社会讲清楚，中国坚持走自己的路一定能实现现代化，中华民族一定能通过社会主义来实现全面的振兴。中国的问题只能由中国人用自己的理论来解决，让外国人来解决中国的问题，是行不通的。也许有的同志会说，马克思主义也是外来的。但是，要知道，马克思主义只是在中国化了以后才解决中国的问题的。如果没有马克思主义的普遍原理与中国革命和建设的实际相结合而形成的毛泽东思想、邓小平理论，马克思主义同样不能解决中国的问题。教条主义是不行的，东教条不行，西教条也不行，什么教条都不行。把学问、理论当教条，本身就是反科学的。

在21世纪，人类所面对的最重大的问题仍然是两大制度问题：这两大制度的前途、命运如何？资本主义会如何变化？社会主义怎么发展？中国特色的社会主义怎么发展？中国学者无论是研究资本主义，还是研究社会主义，最终总是要落脚到解决中国的现实与未来问题。我看中国的未来就是如何保持长期的稳定和发展。只要能长期稳定，就能长期发展；只要能长期发展，中国的社会主义现代化就能实现。

什么是21世纪的重大理论问题？我看还是马克思主义的发展问

题。我们的理论是为中国的发展服务的，决不是相反。解决中国问题的关键，取决于我们能否更好地坚持和发展马克思主义，特别是发展马克思主义。不能发展马克思主义也就不能坚持马克思主义。一切不发展的、僵化的东西都是坚持不住的，也不可能坚持住。坚持马克思主义，就是要随着实践，随着社会、经济各方面的发展，不断地发展马克思主义。马克思主义没有穷尽真理，也没有包揽一切答案。它所提供给我们的，更多的是认识世界、改造世界的世界观、方法论、价值观，是立场，是方法。我们必须学会运用科学的世界观来认识社会的发展，在实践中不断地丰富和发展马克思主义，只有发展马克思主义才能真正坚持马克思主义。我们年轻的社会科学博士们要以坚持和发展马克思主义为己任，在这方面多出精品力作。我们将优先出版这种成果。

2001 年 8 月 8 日于北戴河

摘　　要

2018年7月3日，习近平总书记在全国组织工作会议上的讲话中着重强调了干部成长规律问题。可以说，干部成长关系着干部队伍建设的质量。在干部队伍中，基层领导干部群体的成长状况是不可忽视的课题，尤其是在推进国家治理体系和治理能力现代化进程中，基层领导干部起到让"最后一公里"畅通的重要作用。现阶段，有效保障基层领导干部健康成长，全面提升干部队伍整体能力，仍是中国共产党自身发展进程中的重要任务。在个体意义上，基层领导干部的成长过程所呈现的各种情况，是独特的，不可复制的，也是不可逆的；在群体意义上，基层领导干部的成长过程总是会受到相似因素的影响，这些相似影响因素在经过概括抽象和提炼分析后，可以为基层领导干部成长提供理论支撑。为此，关于基层领导干部成长问题，本书主要基于环境（成长场域）、制度（成长机制）和个体（成长角色）的视角来分析，并着眼于群体意义的共性成长特征。在横向上，本书以成长场域、成长机制与成长角色为研究框架；在纵向上，本书分别从历史性与时代性角度考察分析基层领导干部成长状况。以这两点为基础，本书从优化基层领导干部成长场域、健全基层领导干部成长机制和塑造基层领导干部成长角色三个方面为确保基层领导干部健康成长提供有效对策。

第一部分（第一章）是基本概念界定与成长机理框架分析。在基本概念界定方面，本部分对基层领导干部的研究范围与成长概念进行具体界定，并分析基层领导干部成长主客观因素与内外规定性。在理论框架分析方面，本部分重点阐释成长机理的基本要素和构成机制，结合相关政策论述基层领导干部成长机理的耦合过程。

第二部分（第二章）是基本理论阐释与基层领导干部的成长机理要素变迁分析。本部分主要从成长机理分析着眼，并结合变迁的历史性来分析。具体来说，本部分主要基于三大理论，分别从成长场域、成长机制与成长角色三方面入手，梳理基层领导干部成长状况变迁过程。

第一，在成长场域方面，在梳理大量文献、问卷数据分析和实践调研基础之上，基于皮埃尔·布迪厄（Pierre Bourdieu）的场域理论，以结构要素、关系要素、文化要素为分析框架，阐释不同时空条件下基层领导干部成长中各种影响要素的互动过程。本部分主要着眼于基层领导干部成长的三大场域（公共场域、单位场域与生活场域），这三大场域是基于基层领导干部的特殊身份（公共角色、领导角色与私人角色的多重性），及其在特定场域过程中所履行的角色义务，以及相应角色所应承担的责任来划分的。在此基础之上，本部分还分析了基层领导干部成长场域变迁的内在逻辑，以及不同时期成长场域内基层领导干部的整体成长状况。

第二，在成长机制方面，本部分主要从理论分析与变迁过程两个角度来研究基层领导干部成长机制。理论分析部分主要研究基层领导干部成长机制构件互动作用与基层领导干部对成长机制的能动作用。变迁分析部分主要阐述了各个阶段基层领导干部成长机制的指导原则变迁，并分析了基层领导干部成长机制的逻辑基础变迁过程，也就是人伦性逻辑—结果性逻辑—正当性逻辑。

第三，在成长角色方面，本部分主要以加布里埃尔·A. 阿尔蒙德（Gabriel Almond）的政治社会化理论，以及米德（Mead）的角色理论为基础，研究基层领导干部成长角色，分别从理论分析与变迁过程两个角度展开。

第三部分（第三章、第四章、第五章）是对策分析与总结归纳。本部分基于以上对基层领导干部成长的理论性、历史性与时代性分析，分别从成长场域、成长机制与成长角色来展开。在场域优化方面，本书为基层领导干部成长提供资源保障；在机制健全方面，本书提供基层领导干部成长的动力基础；在角色塑造方面，本书从角色培养与养成两个方面展开分析，明确角色培养需要遵循的两个基本原则、角色塑造的基本路径、角色养成的有效策略等。总之，本书着眼于现阶段对我国基层领导干部角色期待，优化基层领导干部成长场域，构建成长机制，塑造符合角色期待的基层领导干部成长角色，从而确保基层领导干部健康成长实现常态化。

Abstract

On July 3rd, 2018, Xi Jinping, the General Secretary of Communist Party of China, emphasized the issue of cadre growth in his speech at the National Organization Work Conference. It can be said that the growth of cadres is related to the quality of cadre team building. Among the cadre ranks, the growth of grassroots leading cadre groups is an issue that cannot be ignored. Especially in the process of advancing the modernization of the national governance system and governance capabilities, grassroots leading cadres play an important role in achieving the " Last Kilometer" . At current stage, guaranteeing the healthy growth of grassroots leading cadres effectively and improving the overall capabilities of the cadre team comprehensively are still important tasks in the CPC's own development process. In an individual sense, the various situations presented by the growth process of grassroots leading cadres are unique, irreproducible, and irreversible; in the group sense, the growth process of grassroots leading cadres is always affected by similar factors. These similar factors can provide theoretical support for the growth of grassroots leading cadres after being summarized and refined. For this reason, this essay mainly analyzes the growth of grassroots leading cadres from the perspective of environment, system and role, and focuses on the common growth characteristics of this group. This book uses the growth field, growth mechanism and growth role as research framework and examines and analyzes the growth of grassroots leading cadres historically. Based on these two points, this book provides effective countermeasures to ensure the healthy growth of grassroots leading cadres from three aspects: optimizing the growth field, improving the growth mechanism, and shaping the growth role of grassroots leading cadres.

The first part (Chapter 1) is the basic concept definition and growth mechanism framework analysis. In terms of the definition of basic concepts, this part specifically defines the research scopeand growth concept of grassroots leading cadres, and analyzes the subjective and objective factors and internal and external regulations of the growth of grassroots leading cadres. In terms of theoretical framework analysis, this part focuses on explaining the basic elements and constitutional mechanisms of the growth mechanism, and combining the relevant policies to discuss the coupling process of that.

The second part (Chapter 2) is the explanation of basic theory and the analysis of the changes in the growth mechanism of leading cadres. This part mainly focuses on the analysis of growth mechanism and combines with the historical analysis of change. Specifically, this part is mainly based on three major theories, starting with the growth field, mechanism and role, and sorting out the process of the growth of the leading cadres at the grassroots level.

Firstly, in terms of growth field, on the basis of sorting out a large amount of literature, questionnaire data analysis and practical investigation, based on Pierre Bourdieu's field theory, taking structural elements, relationship elements, and cultural elements as the analysis framework explains the interactive process of various factors in the growth of grassroots leading cadres under different conditions. This section focuses on the three major fields of growth of grassroots leading cadres (public field, unit field and living field). The division of these three fields is based on the special identities of grassroots leading cadres (the public role, leadership role and private role), their role obligations in a specific field, and the responsibilities that the corresponding roles should bear. On this basis, this part also analyzes the internal logic of the growth field of grassroots leading cadres and the overall growth status of the grassroots leading cadres in the growth field in different periods.

Secondly, in terms of growth mechanism, this part mainly studies the growth mechanism of grassroots leading cadres from two perspective—theoretical analysis and transition process. The theoretical analysis part mainly studies the interaction between grassroots leading cadres growth mechanism components and grassroots leading cadres' active role in growth mechanism. The transition analysis part mainly elaborates the changes of the guiding principles of the growth mechanism of the grassroots leading cadres at various stages, and analyzes the process of the change of the logical basis of that, which is, humanity logic—result logic—legitimate logic.

Thirdly, in terms of growth roles, this part is mainly based on Gabriel Almond's theory of political socialization and Mead's role theory to study the growth roles of leading cadres and elaborates from theoretical analysis and transition process.

The third part (Chapter 3, Chapter 4 and Chapter 5) is countermeasure analysis and summary. This part is based on the above theoretical, historical analysis of the growth of grassroots leading cadres, starting from the growth field, growth mechanism and growth role. In terms of field optimization, this book provides resource protection for the growth of grassroots leading cadres. As for sound mechanisms, this book provides the driving force for the growth of grassroots leading cadres. In terms of role shaping, this book analyzes from the aspects of role training and development and clarifies the two basic principles that character training needs to follow, the basic path of character formation, and effective strategies for character development. In conclusion, this book looks at the current expectations of the role of grassroots leading cadres in China, optimizes the growth field of grassroots leading cadres, builds a growth mechanism, and shapes the growth role of grassroots leading cadres in line with the expectations of the role, thereby ensuring the normal growth of grassroots leading cadres.

前　言

党的十九大以来，"中国特色社会主义进入了现阶段，这是我国发展新的历史方位"[1]。"在'两个一百年'奋斗目标的历史交汇期"[2]，面对人民的重托，面对新的历史阶段和新的执政考验，中国共产党要全面增强执政本领，需要建设一支能力过硬的干部队伍，这对广大党员尤其是基层领导干部提出了新的时代要求。面对新的使命和战略布局，基层领导干部要提升自身本领，适应不断变化的时代新要求，促进自身健康成长，以此担负现阶段的责任与使命。

（一）研究背景

现阶段，改革进入"深水区"，为解决"肠梗阻""中梗阻"的问题，以及让改革红利惠及，基层领导干部要起到让"最后一公里"畅通的重要作用。中国共产党的事业要不断从胜利走向胜利，正需要依靠一批又一批的实干家将实干的接力棒代代相传。

中国共产党是中国特色社会主义事业的领导核心，在带领群众开展革命、建设、改革事业中，中国共产党依靠一批又一批优秀干部，探索出一系列提升整体队伍能力的相关制度，形成了独具特色的干部成长机制，激励广大优秀基层领导干部健康成长并脱颖而出，使其在中国共产党革命与执政的不同时期发挥积极作用。

回顾中国共产党成立以来的历程，历经新民主主义革命、抗日战争、解放战争、改革开放等重大历史阶段。在此过程中，一套符合国情、具有

---

[1] 习近平：《决胜全面建成小康社会夺取现阶段中国特色社会主义伟大胜利——在中国共产党第十九次全国代表大会上的报告》，人民出版社2017年版，第10页。

[2] 习近平：《决胜全面建成小康社会夺取现阶段中国特色社会主义伟大胜利——在中国共产党第十九次全国代表大会上的报告》，人民出版社2017年版，第28页。

中国特色的干部成长机制逐渐形成。这套成长机制在基层领导干部成长过程中所发挥的作用，影响着中国共产党实现自身发展进程。可以说，基层领导干部这个群体的成长状况在中国共产党自身建设的任何阶段都一直受到高度重视。

在革命战争时期，中国共产党是全民族团结抗战的中流砥柱，肩负着领导人民抗击日本侵略的重任。为完成如此伟大的历史任务，中国共产党需要大批的军事管理人才，以及具有进步思想的工农军事人才组成的基层领导干部队伍。为此，中国共产党大力加强对干部的教育保障，特别是从实际出发，因地制宜地保障了一些优秀基层领导干部迅速成长起来，并为全面抗战路线的贯彻与执行提供了有力保障。多年战争的特殊经历便是对基层领导干部成长的一种历练，在此过程中，成长起来的基层领导干部都是经历多重考验而身经百战的革命斗士。

中华人民共和国成立初期，社会动员和经济建设工作的客观环境，迫切需要一群能进行最迅速最广泛的社会动员、激发工作热情、凝聚社会力量的基层领导干部。正是对党的宗旨的信仰，以及改变当时国家一穷二白面貌的巨大动力和开展运动的大众力量，以焦裕禄为代表的基层领导干部快速成长起来。

改革开放以来，在中国共产党从革命主导向经济建设转型的重要历史时期，需要一批懂经济，并了解各行各业先进技术的基层领导干部来推动发展。由此，中国共产党由革命年代对军事与政治人才的迫切需求，转向和平时期以培养经济发展和专业技术型人才为重心，基层领导干部的成长使命也经历了逐渐转型的过程，成长机制也相应进行不断地重新构建。这一时期，无论是家庭联产承包、企业改制、基层政权建设，还是招商引资、干部制度改革、推进依法办事进程，工作中的"千条线"都须向基层领导干部的"针眼儿"里穿。

随着社会进程不断更迭，经济发展程度不断提高，民主政治发展不断推进，政治生态环境也在不断发生变化。2010年"以人为本"理念被提出，这成为了新时代中国共产党自身发展中的一大亮点，使得中国共产党在开始迈向人才大国到人才强国的征程中，更加重视处于一线的基层领导干部成长问题。这一时期，中国共产党不断加强制度建设，出台了一系列相关规定，为促进基层领导干部成长规范化提供了重要保证。党中央颁布并实施了一系列的干部管理条例与人才发展项目的有关文件，大力改革与积极致力于干部队伍的培养与建设，与此同时，这些举措也推动了我国基层领导干部成长进入科学化和规范化建设阶段。

在新的历史条件下，面对错综复杂的国际形势、日趋严峻的政治生态环境、更加繁重的改革重任，"发展机遇和风险挑战前所未有"，基层治理进入了改革攻坚期、矛盾凸显期、经济转型期的"三期叠加"期，这是中国共产党的事业发展的一个重大关节点、转折点。许多新情况、新问题、新态势正在考验着基层领导干部的战略眼光、战略思维，也考验着基层领导干部对自身所处的历史地位和作用是否有清醒的认识和强烈的责任担当。这迫切需要中国共产党在新形势下不断进行内部自身优化，也充分体现了基层领导干部健康成长的紧迫性与重要性。现阶段，着力并有效地保障基层领导干部健康成长，把优化干部成长机制作为要务来进行，全面提升基层干部队伍能力水平，仍是中国共产党自身发展进程中的重要任务。

(二) 研究目的

"为政之要，莫先于用人"。一个稳定充满活力和生机的中国能否在新时期获得更大发展，取决于党的基本理论和基本路线的长期坚持，归根到底取决于基层领导干部队伍的贯彻落实情况。新时代对基层领导干部的能力素质提出了新要求和新定位，要求基层领导干部在实现自身健康成长的过程中，不断提高科学发展和治国理政的核心能力。然而，基层领导干部健康成长并非自发，而是多方因素共同作用的过程。在此过程中，在特定成长场域下，干部成长机制发挥重要作用。如何促进基层领导干部队伍健康成长呢？这需要认真研究干部成长机理，善于发现并遵循其成长规律，合理利用有利因素和特殊优势，有效规避成长的不利因素。基层领导干部成长是特定场域之中，在成长机制与成长场域相互作用的基础之上，通过场域影响、机制培养与自我养成的一系列塑造过程来实现。由此，促进基层领导干部队伍健康成长应优化成长场域，积极完善成长机制，把握基层领导干部成长角色塑造策略，从而努力打造一支为党分忧、为国干事、为民谋利的高素质、专业化基层领导干部队伍。中国共产党在基层领导干部健康成长方面积累了很多成功经验，但是相对于现阶段世界环境不断变化所提出的严峻要求，以及国内各方面局势考验，还需要不断考察何种场域有利于基层领导干部成长、他们在成长过程中普遍经历过哪些不同寻常的发展道路、他们的成长机制是什么。这有利于缩短成长使命与成长现实之间可能存在的巨大反差，从而帮助更多符合时代要求的基层领导干部脱颖而出，从而助推国家顺利转型与蓬勃发展。本书旨在研究基层领导干部这一特殊群体，分析这个群体的成长场域、成长机制、成长角色，归纳影响成长相关因素，期望能为其他干部成长提供有益的参考。

鉴于此，本书以基层领导干部成长问题为研究对象，通过考察基层领导干部成长历史与现状，分析成长影响因素，把握成长规律，并以此为着眼点，科学合理地优化基层领导干部成长场域与健全成长机制，并塑造符合新时代要求的角色期待，期望为中国共产党干部队伍成长提供一定参考价值，从而为中国共产党自身发展注入持续活力，使其为实现"中国梦"迈出更加坚实的一步。

（三）研究对象

本书基于这样的前提条件，即基层领导干部成长具有时空性，遵循一定的成长机理，也就是成长场域、成长机制与成长角色的相互作用过程。

本书以基层领导干部成长为研究对象，通过成长场域、成长机制与成长角色的分析框架，分析基层领导干部成长机理。在此基础上，本书总结了基层领导干部成长经验，通过实践上升理论，通过优化基层领导干部场域、构建基层领导干部成长机制，塑造基层领导干部成长角色，规避基层领导干部成长的不利因素，化解成长障碍，从而促进基层领导干部健康成长。

在对基层领导干部进行考察的过程中，本书主要验证以下研究假设：基层领导干部成长过程具有时空性，也就是受历史因素与现实因素相互作用影响。具体来说，历史因素主要包括社会变革、经济发展、文化变迁、政治制度演变等方面。现实因素主要着眼于基层领导干部成长场域、成长机制与成长角色等，包括基层治理结构、单位政治生态、家庭资源、组织培养以及个人禀赋等方面。以上这些方面包含了一系列具体影响因子，在某种程度上影响因子相互作用，共同作用于基层领导干部成长过程。由此，研究基层领导干部成长机理，应着眼于以上方面所涉及的具体因素。基层领导干部成长过程具有社会性，也就是在不同国家的客观现实条件下，基层领导干部成长过程也具有某种特殊性。由此，在分析基层领导干部成长机制变迁基础上，研究基层领导干部成长应合理分析现实条件，因地制宜地合理利用相关实践成果。除此之外，由于客观时空的变化性，在某一时期有利于基层领导干部成长的合理因素，在新的客观条件下，可能会变为不合理甚至是阻碍因素。由此，我国应把握现阶段我国基层领导干部角色期待，优化成长场域，构建成长机制，塑造符合现阶段角色期待的基层领导干部成长角色，以促进基层领导干部健康成长。

(四) 创新点

本书所研究问题切合现阶段基层领导干部成长所需，也是提升中国共产党执政能力的重要保证，并从以下几个方面进行创新。

"新理念"：本书根据基层领导干部成长的历史性与社会性，从现阶段对基层领导干部所提出的角色期待，以及基层领导干部成长现实情境出发，优化成长场域，完善成长机制，包括培养原则、培养路径，提出基层领导干部自我角色塑造策略，从而合理塑造基层领导干部成长角色。

"新模式"：分析基层领导干部成长机理，即成长场域、成长机制与成长角色的互动过程与变迁过程，从成长场域、成长机制与成长角色角度分析基层领导干部成长机理，进而有针对性地优化成长场域、健全成长机制、塑造成长角色。在此基础上，基于现阶段我国基层领导干部成长场域，结合我国国情，构建有效的成长"新模式"，实现成长常态化，切实提升基层领导干部应对挑战的能力，为我国干部培养实践指明方向。

"新方法"：为准确了解基层领导干部成长的真实情况，主要根据扎根理论调研方法，采用访谈与问卷结合的方式，通过对基层领导干部不间断的访谈，了解一些日常生活和工作的真实状态，并采用编码技术，对访谈的结果进行逐字转录，通过扎根编码的方式对转录稿进行加工。采取自下而上的编码方法，从原始资料提炼测量因素，形成成长场域、成长机制与成长角色框架内的各项测量内容。在此基础上，采用网络问卷调查的形式向基层领导干部群体发放相关问卷，以辅助进一步分析成长机理问题。

"新角度"：本书以基层领导干部成长为独特角度，来研究我国干部成长机理，从而合理把握基层领导干部成长过程，这是一个新的角度，具有一定的学术价值与实用价值。此前学者大多着眼于选任、考核、薪酬、监督或者权力制约等角度。本书力图通过优化成长机理，来保障基层领导干部健康成长，使更多符合角色期待的基层领导干部脱颖而出，从而打造一支过硬的干部队伍，为中国共产党自身建设输入血液。

目 录

第一章 核心概念与理论框架 …………………………………（1）
  第一节 基层领导干部成长基本界定 ………………………（1）
  第二节 基层领导干部成长机理分析 ………………………（11）

第二章 理论阐释：基层领导干部成长机理要素及其变迁 …………（34）
  第一节 基层领导干部成长场域分析 ………………………（35）
  第二节 基层领导干部成长机制分析 ………………………（57）
  第三节 基层领导干部成长角色分析 ………………………（74）

第三章 场域优化：基层领导干部成长的资源保障 ……………（88）
  第一节 优化基层领导干部成长公共场域 …………………（89）
  第二节 优化基层领导干部成长单位场域 …………………（98）
  第三节 优化基层领导干部成长生活场域 …………………（107）

第四章 机制健全：基层领导干部成长的动力基础 ……………（115）
  第一节 健全基层领导干部成长促进机制 …………………（116）
  第二节 健全基层领导干部成长保障机制 …………………（143）

第五章 角色塑造：基层领导干部成长的目标指向 ……………（162）
  第一节 角色塑造原则：基层领导干部成长基本遵循 ……（163）
  第二节 角色塑造路径：基层领导干部成长资源累积 ……（168）
  第三节 角色养成机制：基层领导干部成长有效策略 ……（188）

结语 ………………………………………………………（199）

参考文献 …………………………………………………（203）

索引 ………………………………………………………（215）

Contents

1 **Key concepts and theoretical framework** ········· (1)

   1.1 Basic Definition of the Growth of Leading Cadres at the Basic Level ········· (1)

   1.2 Mechanism Analysis of the Growth of Leading Cadres at the Basic Level ········· (11)

2 **Theoretical Explanation: Elements and Changes of Growth Mechanism of Leading Cadres at the Basic Level** ········· (34)

   2.1 Analysis of the Growth Field of Leading Cadres at the Basic Level ········· (35)

   2.2 Analysis of the Growth Mechanism of Leading Cadres at the Basic Level ········· (57)

   2.3 Analysis of the Growth Role of Leading Cadres at the Basic Level ········· (74)

3 **Field Optimization: Resource Guarantee for the Growth of Grassroots Leading Cadres** ········· (88)

   3.1 Optimize the Public Field for the Growth of Leading Cadres at the Basic Level ········· (89)

   3.2 Optimize the Unit Field for the Growth of Leading Cadres at the Basic Level ········· (98)

   3.3 Optimize the Living Field for the Growth of Leading Cadres at the Basic Level ········· (107)

4 **Sound Mechanisms: the Driving Force for the Growth of Leading Cadres at the Basic Level** ……………… (115)

    4.1 Improve the Growth Promotion Mechanism of Leading Cadres at the Basic Level ……………… (116)

    4.2 Improve the Growth Guarantee Mechanism of Leading Cadres at the Basic Level ……………… (143)

5 **Role shaping: the goal of the growth of Leading Cadres at the Basic Level** ……………… (162)

    5.1 Role-shaping Principles: the Principles that the Growth of Leading Cadres at the Basic Level Follows ……………… (163)

    5.2 Role-shaping Path: the Resources that the Growth of Leading Cadres at the Basic Level Needs ……………… (168)

    5.3 Role Development: Effective Strategies for Growth of Leading Cadres at the Basic Level ……………… (188)

Conclusion ……………… (199)

Reference ……………… (203)

Index ……………… (215)

第一章

核心概念与理论框架

本章第一节首先对"基层领导干部"进行清晰界定，明确"基层领导干部"这一群体的研究范围，清晰界定成长相关概念。其次，阐释基层领导干部成长主客观因素，包括主体性精神与客体性因素。最后，分析基层领导干部成长内外规定性，主要从公共权力和角色期待两方面来论述。在成长机制载体方面，分析基层领导干部成长过程所运用的公共权力内在规定性；在成长角色方面，描述基层领导干部的角色期待。

本章第二节阐明基层领导干部成长机理的作用过程。成长机理的构成要素包括成长场域、成长机制与成长角色。基层领导干部成长机理的构成机制包括融入内化机制、协同共进机制与外化反馈机制。基于此，具体分析成长机理的耦合作用，主要结合党的十九大以来的相关政策法规来展开，为研究基层领导干部成长问题提供一个理论框架。

第一节 基层领导干部成长基本界定

为准确地把握基层领导干部成长的内涵，深刻理解基层领导干部成长的内在特性和本质属性，本书第一节对基层领导干部成长相关概念进行分析界定。

一 核心概念

"基层领导干部"与"成长"是研究基层领导干部成长问题的核心概念。本书主要着重于分析基层领导干部在现有岗位的成长现状与成长机理，以此为基层领导干部未来在政治上成熟和在能力上提升提供成长积累，基层领导干部成长到另一职位的未来成长阶段并不是本书所着重分析的内容。

（一）基层领导干部的范围界定

在我国，"干部"一词的正式使用可追溯到民国时期，随着政治领导人的频繁使用而广为传播。1922年7月，中共第二次全国代表大会制定的党章首次使用了"干部"一词。二大党章中规定了干部的性质和职责，随后在党和国家的官方文件中被广泛使用。"领导干部"这一概念在我国沿用已久，但至今没有统一的界定。从领导干部的内涵来看，领导干部是指担任一定领导职务的公职人员；从领导干部所在单位的性质这一外延来看，领导干部可以分为党政机关领导干部、国有企事业单位领导干部、社会团体领导干部、军队领导干部和其他领导干部。

"基层领导干部"具有更加具体化的含义，包括"在党和国家、军队、人民团体、科学、文化等部门和企事业单位的基层组织和基层单位中任职的人，主要是指县处级以下的组织，包括县级以下的党政机关、企事业单位、社会团体组织、非公有制组织、中小企业的干部"[①]。具体是指乡、镇的农村干部，城市的街道社区干部，从事一线生产的指挥或管理的干部等，且这些干部具有管理基层公共事务职能的各类国家法律、法规授权认可的组织中的工作人员。

基层领导干部既具有领导干部的一般特征，同时在工作环境、工作内容、个体素质上又具有基层的特殊性。基层领导干部在国家政策落实、上传下达、树立公众形象方面担负着重要的职责，基层领导干部的担当决定着国家治理各项政策的顺利推进，也关系着广大人民群众的根本利益。在我国基层领导干部中，党政机关领导干部在推动党和国家事业发展上起着直接作用，是领导干部队伍中的"主力军"。本书将基层领导干部的研究范围聚焦于党政机关之内，将基层领导干部界定在县（市、区）及以下的党政机关担任一定的领导职务，为实现组织的共同目标，依靠法定赋予的权力，以人民为中心，行使职责、履行义务的公职人员，具体包括县（市、区）、乡（镇）两级党政机关中的党委、人大常委会、政府、政协、纪委、人民法院、人民检察院及其工作部门或者机关内设机构的领导成员；上列工作部门内设机构的领导成员。

[①] 刘卫军：《新时期基层党员干部廉政教育研究》，硕士学位论文，四川师范大学，2016年，第12页。

（二）成长概念界定

"成长"这一概念本意指智能或才能的提升，主要是指个体向一个期待方向靠近的过程，也就是向成熟阶段发展方向靠近而不断获得增进的过程。对于党的领导干部来说，如何理解成长呢？成长是指向时代、组织和群众对党的领导干部的角色期待方向靠近的过程。这个成长过程是各种影响相互作用的结果，既包括政治上的成熟，也包括职务上的晋升。从现代领导科学的角度来看，成长是指个体在长期工作与实践过程中自身素质能力的提升。进一步说，"成长是指干部自身内在的马克思主义理论素养、领导能力以及道德品质的不断提高和增强，可以说，党的干部自身素质能力的提高是成长的本质，而职位职级的晋升仅是成长的一种外在表现形式"①。从这个意义来看，"干部成长的标志，不能用职务的高低来衡量，关键在于努力提高理论素养和工作水平"②。当然，更高更合适的职位可以为成长提供更好的发挥能力的平台，但是一位真正优秀的干部，在任何岗位都可以找到发挥自身作用的机会。换句话说，干部成长的实质不是晋升，而是凭借自身素质能力的提升来做大事。当然，尽管如此，组织部门仍要为那些获得更多成长积累的干部提供更广阔的成长平台，为其提供更多机会，使其更好地发挥自身价值。从这个意义上说，职务晋升表明组织给予干部更好的为人民服务的平台，这也是干部成长的一个外在标志。

成长是个体向一个期待方向靠近的过程，也就是向成熟阶段发展方向靠近的、不断获得增进的过程，既包括政治上的成熟，也包括职务上的晋升。那么，对于基层领导干部自身来说，本书的"成长"主要是指向时代、组织和群众对基层领导干部角色期待方向靠近的过程。这个成长过程是各种影响相互作用的结果，通过社会环境塑造、组织培养、个体努力综合作用而实现的个体提升过程，内在体现为党性修养与能力素质提升，外在表现为清正廉洁、勤政务实、合理用权等。在某种程度上，检验一个基层领导干部成长健康与否的核心标准便是看其是否合理用权。这是因为能力不足会造成不善为，信仰不坚定或用权不足会造成权力的"真空"与不作为，用权过度则体现为滥作为或乱作为。

基层领导干部在自身成长过程中要把握好方向。一是把好政治方向。

---

① 张亚勇：《干部教育成长与执政党建设》，天津人民出版社2015年版，第36页。
② 谈宜彦：《领导干部成长八论》，红旗出版社2008年版，第2页。

保持政治清醒与立场坚定，强化"四个意识"与"四个自信"，这是对基层领导干部最基本的政治要求。二是把好发展方向。作为基层领导干部，把好发展方向就是要解放思想，找到一条科学的发展路径。三是把好成长方向。作为基层领导干部，为了更好地把握自己的成长方向，一定要按照好干部的标准严格要求自己。

二 基层领导干部成长主客观因素

基层领导干部成长过程体现为主体的"人"和客体的"场域"（包括人）通过成长机制互相作用的过程，涉及"人"的主体性方面，也涉及场域中的关系与实践，也就是基层领导干部的个人特质与场域构件互动作用。基层领导干部的成长受到各种因素影响，也遵循一定规律，这体现在成长的各阶段与各方面。为此，保证基层领导干部健康成长需要了解有哪些因素影响基层领导干部成长过程，并有效利用这些因素来指导基层领导干部健康成长。

在关于基层领导干部成长"主体性精神"方面，"人的'主体性精神'的各方面，都程度不同地影响和制约着人素质的提高，影响人的成才"[1]，这是由人的本质属性决定的。所谓"主体性精神"，它作为一种"非智力因素"，涉及作为主体的"人"的意识、思维和心理状态等。基层领导干部的成长也离不开这些"主体性精神"，它们涉及价值观、人格、心态与心理等方面，体现对客观事物的评价与态度和对崇高精神和人生境界的追求。也就是说，基层领导干部的内在"精神动力因素"在促进其成长过程中起着重要作用。"这种'精神动力因素'来源于人的实践，不仅开始于社会生活实践的具体行为，而且以其作为最终的归属，这需要个体正确理解与把握人的主体性"[2]。

在关于基层领导干部成长的"客体性因素"方面，基层领导干部成长过程离不开"人是社会的人"这一基本前提，并受"客体性因素"影响，这便涉及基层领导干部成长场域与成长机制。"人的本质并不是单个人所固有的抽象物。在其现实性上，它是一切社会关系的总和"[3]。对于

---

[1] 李家兴、沈继英：《面向21世纪的人才素质》，北京大学出版社1998年版，第195页。
[2] 李家兴、沈继英：《面向21世纪的人才素质》，北京大学出版社1998年版，第195页。
[3] 《马克思恩格斯选集》第1卷，人民出版社1995年版，第56页。

基层领导干部来说，影响成长的"客体性因素"主要存在于成长场域之中，也就是那些独立存在于"主体性精神"之外的场域构件，这些场域构件具有客观性、多样性、关联性等特性，能够影响基层领导干部的个体特质的形成过程，并对基层领导干部的价值观、人格和心理形成起到阻碍或促进作用，包括场域内的结构、制度、关系和文化符号等。

基层领导干部处在特定成长场域之中，面对场域内"客体性因素"具有一定的能动性，但是也应承认场域的客观性对基层领导干部成长的影响作用，防止任意夸大"精神动力因素"。基层领导干部成长场域内的各种场域构件具有多样性和关联性，这些场域构件也要经历一个不断演化变迁的过程，并在不同时空条件下形成不同"合力"，对基层领导干部成长产生不同综合作用的效果。

某种程度上，基层领导干部可以在"主体性精神"的作用下通过实践能动地改造客观成长场域构件而实现个体不断成长。这里的"实践"既非纯粹的"精神动力因素"，也不是纯粹的"客体性因素"，而是"主观见之于客观"的过程。个体在实践的过程中，会遇到很多其他特殊情境，比如个人境遇。总之，"主体性精神"与"客体性因素"并不是截然分开的，它们都处于不断变化之中，并共同作用于基层领导干部的成长过程。

三 基层领导干部成长内外规定性

基层领导干部成长的内外规定性，主要指基层领导干部在成长过程中受到可能的影响而具有一定明确的规律性、确定性，或者因某些限制或指引而区别于其他的固有特性。基层领导干部成长总是发生在"由制度、机制、文化作用而形成的场域中，这个场域由国家政权的各级领导机构，以及系统中一系列构件的目标群体等行动者构建，这些行动者的本身特质和场域结构（即场域资本配置状况），又会影响行动者的行为选择，使其在场域逻辑中表现出一定行为倾向，从而形成策略互动的网络系统"[1]。基层领导干部成长场域便是一个由各个构件组成的复杂关系网，这个关系网作用于基层领导干部成长机制，进而影响基层领导干部成长状况。

---

[1] 马正立：《少数民族村干部成长进路选择——基于场域、机制与角色分析框架》，《贵州社会科学》2018年第2期。

(一) 基层领导干部成长机制载体

基层领导干部成长需要借助成长机制的作用发挥来实现，主要包括选拔、储备、培训、考核、激励和保障等一系列过程。在基层领导干部成长的过程中，既存在与其他干部一样的普遍成长机制障碍因素，也存在基层领导干部独有的成长机制特征。公共权力作为基层领导干部成长机制载体具有一定的内在特性，这种内在特性主要体现在职位权力方面。

职业是"在社会分工背景下个体稳定地从事有酬工作而获得身份并扮演角色"①。每种职业都由各种类型或各个层级的职位所组成，与职位相应的便是职位权力。特定组织职位所赋予的职位权力，源自领导层级的个体对下属所产生的影响作用②，以及可以支配的相应资源，对占据具体职位的个体来说，由于有制度和规范作为客观保障，职位权力便具有强制性和非个人化特征。对于基层领导干部来说，基层领导干部的职位权力是上级部门正式合法授予的一种显性或刚性权力，具有相应规范和制度的保护和约束。

对于基层领导干部这一职位来说，职位权力也是一种公共权力。公共权力的社会公共性这一本质属性必然地要求政治权力本身必须为社会公众服务，而社会公众的生命安全、财产安全也需要得到公共权力的有效保护。基层领导干部获得和运用公共权力的行为过程，是政治行为主体的"价值理性"外在的、可感知的、可评价的客观形态。另一方面，这一行为过程既要受到公共权力的公共性的客观制约，还要受到政治行为客体社会评价和社会承认的客观制约。同时，也正是"公共权力公共性的本质属性和政治行为客体对于政治行为主体的社会评价、社会承认，外在地、客观地确证了政治行为主体价值理性的'工具性'"③。因此，对于基层领导干部来说，公共权力的公共性这一本质属性，以及这一本质属性对于自身作为政治行为主体获取和运用公共权力过程中的行为方式的客观规定，必然地决定了基层领导干部行为理性的"工具性"基本特征。基层领导干部的价值理性——主体的自利性必须通过主体"公共性行为"的方式

---

① 家兴、沈继英:《面向21世纪的人才素质》，北京大学出版社1998年版，第225页。
② EioniA, *A Comparative Analysis of Complex Organizations M*, New York: Free Press, 1961, p. 34.
③ 刘志伟:《理性政治——政治哲学视域下的比较分析》，国家行政学院出版社2014年版，第79页。

得以实现,而且,这一政治主体行为方式还必须得到政治行为客体的社会承认才能够真正实现。

此外,"公共权力既具有成为负担或乐趣的两面性,同时还具有独占性、排他性和扩张性三大天性",① 那么合理运用公共权力,则需要足够的内在定力、能力、素质和良好的外在组织环境、制度条件相匹配。为保障掌控公共权力的基层领导干部健康成长,既需要内在的道德约束力、法制敬畏力和规范执行力,更需要外在的制度约束力。当外在的制度力量弱化、监督缺失时,内在的思想力、道德力、自制力往往难以抵御"威严、美色、歌颂"和"钱财"的诱惑和考验。公共权力是一柄双刃剑,不但要认识到权力具有独占性、排他性和扩张性三大天性,更要探索和把握制度之力控制权力事故、权利之笼套住权力之虎的规律。通过不断地认识、探求和运用权力运行规律,化腐朽为神奇,化乐趣为负担,使公共权力成为一种外化为制度结构、内化为负担或乐趣(核心价值)的一种力量。②

(二) 基层领导干部成长角色期待

在每一个社会中,人们都倾向于为各种情形中的社会行为建立起或多或少的标准或模式,这种标准或模式被称为"角色"。"角色就是在社会或某一群体中处于一定地位并按相应的行为模式行动的一类人"③。角色是由身份、地位决定,并在互动过程中形成的行为模式构成的。罗伯特·帕克(Robert M. Parker) 指出"社会上没有抽象的个人,只有充当各种社会角色的具体的个人"④。在这些角色中,许多人都会对在特定情形下的适当行为有大致一样的预期。"人们都扮演着种种不同的角色,而且频繁地从一种角色转换到另一种角色"⑤。角色"是与社会职位、身份相连的被期望的行为"⑥。多种角色的总和被称为角色丛。基层领导干部的多重身份决定了相关的角色丛。

---

① 李永忠:《负担与责任:权力的解密》,北京出版社2012年版,第18页。
② 李永忠:《负担与责任:权力的解密》,北京出版社2012年版,第21页。
③ 昝宝毅:《社会地位与社会角色》,转引自丁水木、张绪山《社会角色论》,上海社会科学院出版社1992年版,第45页。
④ [美] 乔纳森·特纳:《社会学理论的结构》,邱泽奇译,华夏出版社2001年版,第48页。
⑤ [美] 罗伯特·A. 达尔:《现代政治分析》,吴勇译,中国人民大学出版社2012年版,第39页。
⑥ [英] 邓肯·米切尔:《新社会学词典》,上海译文出版社1987年版,第265页,转引自丁水木、张绪山《社会角色论》,上海社会科学院出版社1992年版,第27页。

对于基层领导干部个体而言,在社会中所扮演的角色体现为一种私人角色。此外,基层领导干部还要扮演公共角色,体现为一种政治角色。在任何给定的时刻,这些政治角色的承担者都是些特定的个人。但在许多体系中,即便人员时有更迭,角色却不会发生多少变化。诚然,不同的演员可能通常在以不同的方式,有时甚至是以颠覆性的方式来扮演角色。政治角色的扮演也一样。① 在政治系统中,基层领导干部角色扮演的领域是所辖基层,角色期待为基层领导干部在特定领域的角色扮演过程中提供价值引导与规范模式,这促进基层领导干部健康成长。

洛克（Locke）曾提出"谁应当拥有权力"的问题,从角色扮演与伦理角度来回答,那么便是品德高尚和人格健全的人才应当拥有权力,由此才能保证权力遵循伦理正义,角色扮演才是可靠的。可以说,人格特质与权力范围影响着角色扮演过程。每一个人在社会舞台中扮演着一定的角色,观众对角色也抱有一种期待;基层领导干部作为一种角色,也承载着一种先在的、预期的公共角色期待。我们还可以从角色认同的视角理解这种公共角色期待。所谓角色认同,是指在社会这个大舞台中的人们,必须在特定的情境扮演特定角色,且包括基层领导干部角色在内的各种角色都有约定俗成的社会行为标准。角色个体如果能够认识特定角色的行为标准,并自觉遵守这个行为标准,便体现出角色个体对特定情境的角色认同。与此同时,当角色个体满足社会角色期待,并且社会肯定个人角色的行为符合标准时,便表明社会对角色个体的一种角色认同。可见,角色认同是建立在符合角色期待基础之上的。同理可知,公众对基层领导干部的角色认同,便建立在基层领导干部的角色符合特定时代的角色期待基础之上。角色期待也随着不同时空的客观条件而不断变化,新时期对基层领导干部提出一定的角色期待。

1. 政治角色明白人

基层治理是国家治理的关键所在。随着治理时代的到来,基层作为处于国家治理结构末梢的最基本治理结构,承担着各领域更多的治理事务。基层领导干部的一言一行,一举一动对于基层治理的影响极其深刻。基层领导干部担负着重要的政治责任,讲政治是"根本"。只有扮演好政治角

---

① ［美］罗伯特·A. 达尔:《现代政治分析》,吴勇译,中国人民大学出版社2012年版,第39页。

色，强化政治意识、大局意识、核心意识、看齐意识，才能始终保持政治本色，如果不能运用好对党忠诚这一"定海神针"，在各种考验面前就很容易败下阵来。基层领导干部要对上下组织同时负责，提升组织意识，忠诚于党的组织。作为国家治理层级中一个重要单元的领导者，基层领导干部应该自觉把个人愿望融入到共产党人的信仰中，忠于党的信仰，做到思想上"不失准"、理论上"不跑偏"、道德上"不失范"、行为上"不脱轨"。

基层百姓处于一种公共生活中，往往会结成一定的社会关系，产生集体行动，这便需要基层领导干部通过运用权力来服务大家，并引领集体行为实现最大的公共利益。也就是说，公益性和服务性是基层领导干部存在的基本理由。如果没有集体行动和公共生活，就没有超越个体的公益性需求。这是因为公益性是领导者职业特点的第一品性。随着治理时代的到来，市场经济发展迅速，基层领导干部面临更多更大的诱惑，甚至还会受到"围猎"。为此，基层领导干部要想保持公益性的职业特点，便要做到"六个守住"，即守住"微"，不失小节；守住"独"，耐住寂寞；守住"初"，严把关口；守住"心"，不碰"高压线"；守住"友"，慎交游焉；守住"终"，廉洁从政。

2. 改革发展开路人

在治理时代，基层领导干部担负改革与发展的重担，便要扮演好能挑起"千斤担"的角色，真正做到"有干劲""在状态""敢担当"，也就是要保持对事业的信心、对发展的定力和干事创业的激情，提高履职能力的专劲、转变作风的狠劲和工作一抓到底的韧劲，在大是大非面前不"和稀泥"、困难面前有魄力，危机面前敢于直面。

面对治理时代的全面深化改革使命，公众对基层领导干部抓改革具有哪些角色期待呢？一是紧跟上级"规划图"。将"上意"与"下情"有机结合，找准改革的结合点，结合"北京话"与"地方话"，结合"规定动作"与"自选动作"，结合地方特色，因地制宜，使改革既符合上级精神，又彰显地方特色。二是夯实改革基础。协调好涉及改革的各个单位和部门，统筹协调好各方面力量，注重各环节间的有机链接，来推动改革。同时，还要调动好社会各界力量，形成推动改革的强大合力。三是迈开步子。基层领导干部遵循"点、线、面、体"梯次推进的路子，逐步培育新生利益、打破旧的利益格局。四是破除阻力。改革是一场攻坚战，基层领导干部不仅要做好各自所负责领域的"一线指挥员",还要做好"后勤保障员"。

党的十八届五中全会提出了"新发展理念"。基层领导干部要扮演好发展开路人的角色,便要充分抓好发展,深刻领会新发展理念,将先进的发展理念内化于心、外化于行,并贯彻到谋划发展和推进发展之中。一是理清发展思路。先进理念是角色行为的先导。基层领导干部应根据本地的基础资源和环境特点,理出先进发展理念,二是激活"内力"推动发展;巧借"外力"加快发展。从政策层面上寻找破艰化难的"治病良方";汇集更多要素资源。三是破解发展难题。开展调研,把脉难题,坚定信心,科学施策;统一思想,集中优势,抓住关键,重点"攻坚"。

3. 人民群众贴心人

自古以来,民心向背一直是最大的政治。一是抓民生。听民声、知民意是基层领导干部的角色职责所在。这便要求基层领导干部深入基层,扮演好一个合格的倾听者角色,而不是一个蹩脚的布道者。解决民生问题要求基层领导干部出实招。那种讲空话、摆花架子、干脸面活,或者做形象工程、政绩工程等的行为,与基层群众对基层领导干部的角色期待背道而驰。只有"不唯上、不唯书、只唯实",才是基层群众所真正期待的角色行为。

二是确保基层社会稳定。由于我国正处在治理转型的过程中,社会矛盾的凸显期,公民维权意识日益增强,受此因素驱使,群体性事件时有发生。能否妥善处理群体性事件,是对基层领导干部执政能力和执政水平的极大考验。对于基层领导干部来说,基层社会稳定是第一责任。基层群众期待基层领导干部实现领导责任的落实,这便要求基层领导干部学会通过政策性措施、制度化手段,有效化解矛盾,防止大规模信访事件发生。

三是抓工作落实到位。基层是"最后一公里"的关键环节,在党和国家的大政方针确定后,最重要的就是提高有效推动工作落到实处的执行力。在抓工作落实的过程中,基层领导干部的角色作用发挥程度依靠严格的程序来保证,这便对基层领导干部提出了更多的角色期待。

4. 公共形象代言人

基层领导干部的公共形象具有标签作用。基层领导干部能否符合角色期待影响着整个领导队伍在基层群众心中的形象。由此,产生于集体行动过程中的基层领导干部,要为人们作出表率,呈现出开明政府的标识。那么，基层领导干部如何保证在责任担当、能力水平和作风品格等方面，真正履行角色职责呢？一是要做立党为公的表率。要具有善作善成的本事，善于出思路、做决策、谋发展、促落实，抓好班子、带好队伍。二是要做善于学习的表率。在治理时代，"未知远大于已知"，"本领恐慌"问题依然存在。基层领导干部要端正学风，学以致用，在求实和务实上下功夫。三是要做干事创业的表率。重实情，出实招，求实效。在脚踏实地、真抓实干方面以身作则，还要善于分析发展的优势和劣势，把握发展趋势，抓住机遇。

总而言之，尽管就公共权威的品质本身而言，"没有一种是难能可贵、稀世罕见的"。事实上，人们都具有某些这种品质。由此，任何"公共期待"，都不免带有某种理想主义色彩。但是，基层群众对基层领导干部群体总是存在着某种"崇高"预期，这种崇高的角色期待作为一种民意，形塑着基层领导干部的角色行为。

第二节 基层领导干部成长机理分析

基层领导干部成长是一种通过场域要素建构、机制循环运转、角色塑造与养成等互动环节而发生作用的内生过程。在基层领导干部成长过程中，成长场域与成长机制相互影响，并共同作用于角色塑造与养成过程。成长机制在规范性构建过程中发挥作用，而成长场域在非正式构建过程中发挥作用。在特定成长场域内，场域要素（包括结构要素、关系要素与文化要素等）的相互作用是影响基层领导干部成长的前提条件。场域要素能够形成输入与输出系统，对基层领导干部成长的全过程产生影响，与此同时，基层领导干部可以采用对场域要素进行选择或重新编码等方式来重塑成长场域。成长机制的作用过程遵循成长场域的基本逻辑，它作为基层领导干部成长的动力来源，为基层领导干部成长提供基本保障。

一 基层领导干部成长机理的构成要素

"成长机理"体现特定成长过程的机制原理，主要指个体成长的影响机制与作用原理。这个过程具体表现为个体与其所处的外部环境之间的互动作用过程。这个过程发生在特定场域内，场域内各种场域要素能够激励个体采取行动，为其发展提供一定的开放空间，或对其发挥约束作用，而个体也会在这种互动中充分发挥主观能动性，选择、调整或适应各种场域要素。对于基层领导干部群体来说，成长机理主要体现为在成长场域内对基层领导干部成长产生影响的一系列因素之间相互作用所形成的发展性结构和功能性关联，成长场域、成长机制与成长角色三者共同构成成长机理的基本要素。

（一）成长场域

法国学者皮埃尔·布尔迪厄在对社会实践进行不断的研究探索中总结出了"场域"这一概念，也就是"在各种位置之间存在的客观关系的一个网络，或一个构型"[①]。简而言之，场域就是存在于特定空间或环境中的各个参与者与各种制度、机构之间彼此互动而形成的某种关系结构，只有行动者存在，场域才会存在。在场域中，场域要素的复杂关系构成了场域的复杂性。具体到基层领导干部成长过程，场域要素之间存在相关关系、反相关关系，或者非线性关系等，具有这种复杂关系的场域要素相互作用而形成基层领导干部成长场域。换言之，基层领导干部成长发生在场域要素相互作用的过程之中。场域要素在某种程度上共同作用影响着基层领导干部成长过程；与此同时，基层领导干部个体对场域要素的选择、解码与反馈过程具有能动性，在某种程度上也影响着自身成长，从而导致个体之间成长差异性发生。

对于基层领导干部成长来说，成长场域孕育角色期待[②]。由于"角色期待对人的思想与行为具有导向性和渗透性"[③]，基层领导干部的思想、观念与行为也受到角色期待的影响，角色期待作为一种行为导向，被基层领导干部内化于心后，便转化为各种行为动机。角色期待转化为行为动机，需要一个中间过程，这个过程只有具备必要的条件才能顺利实现这种转化。换言之，基层领导干部能否认同角色期待，能否将角色期待内化为成长动力，这一过程主要受到两个因素影响：其一，角色期待应与场域要素对基层领导干部的成长作用方向保持一致性，只有这样，才能维持甚至增加角色期待对基层领导干部的影响；其二，这个过程还需要一系列强化

---

① ［法］皮埃尔·布尔迪厄：《时间与反思》，李康、李猛译，中央编译出版社1998年版，第34页。

② 所谓角色期待，是指与人们的社会地位、身份相一致的一整套权利、义务的规范和行为模式。

③ 奚从清：《角色论——个人与社会的互动》，浙江大学出版社2010年版，第48页。

基层领导干部对角色期待认同感的作用机制，使基层领导干部更好地将角色期待内化于心。这个过程不仅会受到场域要素的影响，还会受到成长机制的作用，更重要的是基层领导干部的主观能动性要被充分调动起来。这是因为基层领导干部的成长过程会受到所处成长场域影响，与此同时，他们的角色选择与行为过程也会反作用于成长场域，进而在成长场域中发挥创造性作用。基层领导干部的成长场域是一种"自然—经济—社会—政治"，世情—国情—党情，"行"情与"事"情的复合系统，包含着"关心价值观"、"关心人"和"关心任务"序列的影响力等要素。这些要素孕育着基层领导干部适应现阶段的角色期待，角色期待的影响或渗透作用也会使基层领导干部创造性和策略性地应对和反馈回成长场域。

（二）成长机制

"机制"原指机器的内部结构、构造，或是某种机器设备的工作原理或作用规律。对于基层领导干部成长的过程来说，机制体现各种关系与结构的相互作用或影响规律，成长机制则是指基层领导干部在成长过程中的各项促进或保障制度之间的互动作用规律，及其作用过程中呈现的各种关系、结构与原理等，涉及基层领导干部的教育培训、评价考核、激励保障与制约监督等方面。

成长机制对基层领导干部的成长过程起着决定性影响。成长机制会反作用于成长场域进而对成长路径产生一定影响。如果说基层领导干部将角色期待内化于心的过程受到成长场域的影响，那么再将内化于心的角色期待外化为行动自觉的过程，则要受到成长机制的影响。成长机制是基层领导干部成长机理的基本动力机制，承载着成长机理各工作系统的全部指令，对基层领导干部的价值取向与行为逻辑起着决定作用。而基层领导干部在成长过程中的角色感知与行为选择等又会反作用于成长机制，这个不断的互动与博弈的复杂过程决定了基层领导干部成长状况。

一方面，成长机制对基层领导干部成长具有影响作用。成长机制构建的指导理念是基层领导干部成长遵循的基本原则，作为成长过程的重要导向，它决定着基层领导干部的行为模式，甚至决定角色选择。基层领导干部在成长过程中的行为逻辑与成长机制作用过程息息相关。基层领导干部可以将成长机制作为决定行动模式的准则。例如，当基层领导干部"依赖于传统价值观或魅力型领导的特质，日益转向依赖于理性或法律的基础"① 时，行为逻辑便发生了转型。基层领导干部必须要遵守规范性要求才能确保自身角色塑造符合更广泛的社会价值观。成长机制所发挥的强制性、规范性与模仿性等功能，能够促进基层领导干部角色选择符合角色期望，使基层领导干部群体在成长过程中呈现出某种共性或规律性特征。为此，成长机制构建过程也必须根据功能必要性，来对基层领导干部角色进行合法化塑造，从而实现基层领导干部角色扮演与外部期望的一致性。

另一方面，基层领导干部成长过程中可以发挥主观能动性来影响成长机制的运转过程。基层领导干部的成长过程主要涉及教育培训机制、评价考核机制、薪酬保障机制与监督制约机制等，除此之外还有一些具有规定性或是制度性的基本要素，这些要素在成长机制中可以表现出扩散性，进而导致基层领导干部成长过程差异性。除此之外，可能导致成长呈现差异性的因素还包括个体的内在特质不同、或者存在认知差异，以及对成长机制所传输信息的编码过程存在差异等。基层领导干部在其成长过程中往往会采取各种手段来重构成长机构，这主要是由于组织中并不全是正式结构，还包含着一些非正式结构。前者体现为获得官方赞同和认可的原则，后者则反映了组织内部的实际运行模式或工作惯例。

总体而言，基层领导干部成长机制在我国各项领导干部制度政策框架下进行。基层领导干部成长过程会呈现出某种规律性，这主要是由于基层领导干部个体共同受到成长机制的同向作用影响。尽管如此，基层领导干部个体成长过程又会呈现各种特殊性，这主要由于个体所处的成长场域具有某种特性，不同个体的成长资源存在着一定差异性，以及存在偶发性的成长机遇等等。

（三）成长角色

"角色"一词最初源于舞台概念。人们在舞台上会扮演成其他"人物"，这个"人物"就是角色。"角色和结构指的是每个人的能够观察得到的行为"②。对于基层领导干部成长来说，外界对基层领导干部群体持

---

① Charlie descott, *Institutions and Organizations: Ideas and Interest*, Trans by W. Richard Scott, California, Sage Publications Press, 2009, pp. 61-64.

② ［美］加布里埃尔·A. 阿尔蒙德、小 G. 宾厄姆·鲍威尔：《比较政治学：体系、过程和政策》，曹沛霖、郑世平、公婷、陈峰等译，东方出版社 2007 年版，第 14 页。

有各种角色期待，这些角色期待使基层领导干部的角色选择不能仅仅是一种单一角色，而是角色组合。实际上，角色组合是指基层领导干部能够表现出来的，被人们轻而易举观察到的一种行为模式，而不是基层领导干部所处的部门或从事的职位。"一个角色就是一种规则化的行为模式，它是通过人们自己和他人的期望和行动而建立起来的"①。

对于基层领导干部个体来讲，在一个特定的成长场域之中，处在特定位置，人们会对这个位置上的个体存在着某种特定的角色期待，角色期待便界定了处于不同位置之上个体之间的互动方式。个体在成长任何阶段都会获得某种特定的角色期望，随着处于特定场域内的个体不断受到成长机制的作用影响，各种角色选择会相应出现。在这个过程中，角色选择对应着他们获得的奖励，或是其履行了某种义务后产生的荣誉感与满足感，或是由于不按照规则行事而受到的惩罚。

基层领导干部成长过程与成长角色塑造过程相辅相成。成长角色塑造就是成长场域中行为者之间策略性的互动结果，而政策场域的结构特征又决定了成长机制的作用效果。基层领导干部在角色塑造过程中可以通过自我感知、自我反思与自我选择，在客观环境中发挥主观能动性，更好地优化成长场域（包括单位政治生态、互动交往场域、家庭氛围等），进而使主观能动性与客观环境能够更加协调统一。这不仅是成长场域内在要求的结果，同时也是基层领导干部不断成长的必然选择。基层领导干部在促进自身发展的同时，必须认识到应将主观能动性与实践活动相融合，只有这样才能正确把握和认识客观环境，在角色塑造过程中更加充分地发挥主观能动性，并促进自身健康成长。

二 基层领导干部成长机理的构成机制

基层领导干部成长机理的构成机制包括融入内化机制、协同共进机制与外化反馈机制。在基层领导干部成长过程中，基层领导干部必须将角色期待融入基层领导干部成长场域之中，通过相关各方的协同作用，根据实施过程反馈，不断进行调整，这里所包含的便是融入内化、协同共进和外化反馈。融入内化、协同共进和外化反馈是基层领导干部成长机理的基本

---

① ［美］加布里埃尔·A. 阿尔蒙德、小 G. 宾厄姆·鲍威尔：《比较政治学：体系、过程和政策》，曹沛霖、郑世平、公婷、陈峰等译，东方出版社 2007 年版，第 62 页。

构成。用公式表示为：成长机理＝融入内化（机制）＋协同共进（机制）＋外化反馈（机制）。基层领导干部成长机理每一个层次（宏观、中观、微观）都由融入内化、协同共进和外化反馈三大要素构成。

（一）基层领导干部成长机理的构成机制之一：融入内化机制

根据角色期待要求与基层领导干部成长规律，融入内化机制作为基层领导干部成长机理的基本机制之一（如图一），其内在规定性是将角色期待融入基层领导干部群体的价值内生过程与成长场域之中。如果说价值内生对基层领导干部成长发挥内推作用，那么，成长场域则发挥外推作用，二者相互作用、互相促进。

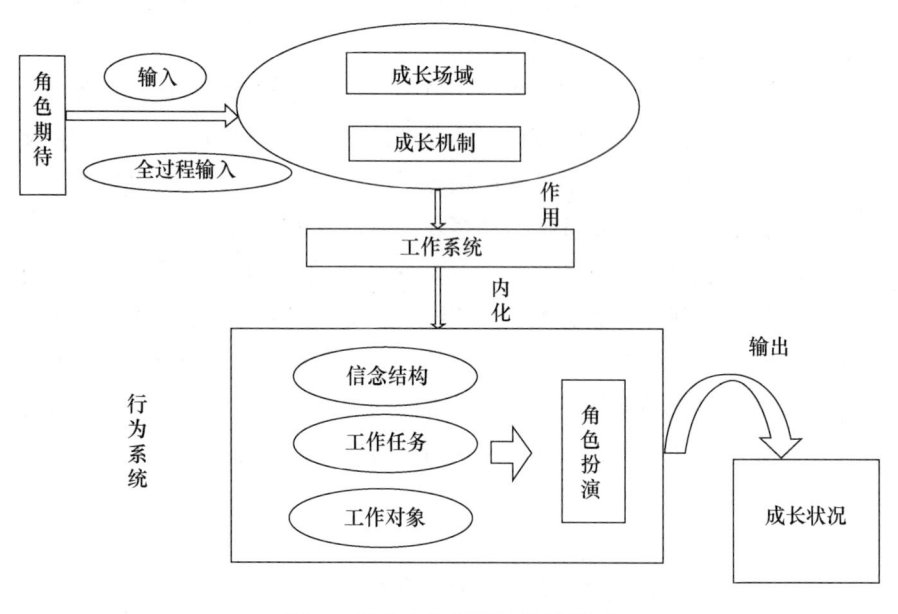

图一 融入内化机制结构示意图

基层领导干部成长机理涉及成长机制运转与角色塑造过程，以上都在特定的成长场域内发生。这个基本运转过程为：根据成长场域所提出的要求，作出政策性选择，然后再作用于成长场域，取得预期效果。在这个过程中，成长场域中各要素（如文化要素）会影响基层领导干部角色选择过程，为塑造符合角色期待的基层领导干部群体，就需要优化成长场域。例如，净化政治生态、培育优良的政治文化、形成正常的人际交往模式与好家风等。在优化成长场域过程，角色期待需要融入基层领导干部成长所处的客观环境中。党的十八届六中全会审议通过的《关于新形势下党内政治生活的若干准则》（以下简称《党内准则》），着眼于营造风清气正的政治生态，对基层领导干部成长场域优化起到了促进作用。与此同时，现阶段，基层领导干部成长场域在客观上也会发生变化，对基层领导干部群体的角色期待也发生调整，面对新矛盾新目标，就需要对基层领导干部群体进行角色塑造。

角色塑造涉及将角色期待融入基层领导干部成长的内生过程。在融入内化层面上，基层领导干部成长的内生过程体现为"自我定位（价值观）—服务对象（宗旨观）—工作职责（权力观）—工作方法（政绩观）"的有机统一过程。从物理学角度来看，这个过程可以表述为"作用点—方向—大小"有机统一的过程。在此意义上，角色期待必须融入作用点、方向和大小三个要素之中，才能确保角色期待作用力有效发挥。作用点主要着眼于用习近平现阶段中国特色社会主义思想武装头脑，基层领导干部群体需要增强"四个意识"，坚定"四个自信"，坚决做到"两个维护"，不断提升适应现阶段发展要求的本领能力。在作用方向上，基层领导干部群体需要"鲜明树立重实干重实绩的用人导向"[1]。2018年新修订的《中华人民共和国基层领导干部法》（以下简称"2018版《基层领导干部法》"）进一步完善了基层领导干部的选拔任用标准，也就是将第七条的"任人为贤、德才兼备"扩展为"德才兼备、以德为先，坚持五湖四海、任人唯贤，坚持事业为上、公道正派，突出政治标准"。

在作用力上，则"坚持严管和厚爱结合、激励和约束并重"[2]，这需要通过完善基层领导干部考核评价机制、建立健全容错纠错机制，从而激励基层领导干部担当作为。《关于进一步激励广大干部现阶段新担当新作为的意见》（以下简称《激励意见》）从满怀热情、关心、关爱的角度对此做了具体要求：完善和落实谈心谈话制度、健全待遇激励保障制度体系、完善基本工资标准调整机制与奖金制度、推进职务与职级并行制度，

---

[1] 《关于进一步激励广大干部现阶段新担当新作为的意见》，人民出版社2018年版，第4页。

[2] 《关于进一步激励广大干部现阶段新担当新作为的意见》，人民出版社2018年版，第6页。

健全党和国家功勋荣誉表彰制度等。

　　健全的机器结构一般包括动力机、方向机、传动机、工作机和制动机五部分。用这一原理来分析融入内化机制，基层领导干部成长的内生过程可以表述为"力源—传送—做功—方向—制动"的有机统一过程。

　　"动力机"解决领导行为的"动力问题"，包括获得基本需求满足、精神与价值驱动力等。《激励意见》提出"政治上激励、工作上支持、待遇上保障、心理上关怀，增强干部的荣誉感、归属感、获得感"。2018年，中组部、人社部印发的《事业单位工作人员奖励规定》（以下简称《奖励规定》），对充分调动基层领导干部积极性、主动性、创造性发挥了一定的作用。2018版《基层领导干部法》新增第十一条"基层领导干部工资、福利、保险以及录用、奖励、培训、辞退等所需经费，列入财政预算，予以保障"，便是对此做出的回应。

　　"方向机"解决基层领导干部成长的"方向问题"。2019年中共中央印发的《党政领导干部选拔任用工作条例》（以下简称《选任条例》），第三条规定"选拔任用党政领导干部，必须把政治标准放在首位"，这个过程坚持"五条标准"，即"信念坚定、为民服务、勤政务实、敢于担当、清正廉洁"，注重政治过硬与实绩突出。

　　"传动机"解决基层领导干部行为的"传动问题"，确保"大力宣传"与"以身作则"实现有机统一。《激励意见》要求各级党组织"增强政治领导力、思想引领力、群众组织力、社会号召力"[①]。2018版《基层领导干部法》新增第九条"基层领导干部就职时应当依照法律规定公开进行宪法宣誓"；第十三条新增"（四）具有良好的政治素质和道德品行"，便是对此做出的回应。

　　"工作机"解决"有何为"的问题，即德才兼备中的"才"的问题与"本领恐慌"中的本领问题；2018版《基层领导干部法》原第三十五条"重点考核工作实绩"改为"重点考核政治素质和工作实绩"。

　　"制动机"解决"行为管控"的问题。2018年新修订的《中国共产党纪律处分条例》（以下简称《处分条例》）中诸多新增或修订的纪律"高压线"，便是为了有力解决此方面的问题。2018版《基层领导干部

[①] 《关于进一步激励广大干部现阶段新担当新作为的意见》，人民出版社2018年版，第6页。

法》第五十条新增"基层领导干部的职务、职级实行能上能下。对不适宜或者不胜任现任职务、职级的,应当进行调整";新增第五十八条"基层领导干部应当自觉接受监督,按照规定请示报告工作、报告个人有关事项",也对基层领导干部行为管控发挥了作用。

从以上层面看,角色期待融入基层领导干部成长的"动力机""传动机""工作机""方向机"和"制动机"等环节中,涉及"德、能、勤、绩、廉"方面,力求建设"忠诚干净担当"的高素质专业化基层领导干部队伍。

角色塑造过程体现为将角色期待转化为行为逻辑遵循和角色选择,并融入基层领导干部成长全过程,形成一种行为自觉。如果没有这个"融入"过程,角色期待与基层领导干部的行为自觉就只是"平行线",甚至可能出现基层领导干部成长过程偏离正常轨道的情形。作为基层领导干部成长机理构成机制之一的融入内化机制,可以促进基层领导干部内化角色期待的自觉性。基层领导干部内化角色期待是一种行为自觉。从基层领导干部自觉性的形成变化与发展来看,也有一个内因与外因共同作用的过程。其中,内因是基层领导干部自身的认识水平及其作为认识成果的自身素质,外因是成长场域内外部环境的角色期待。融入内化机制便是承载客观环境期待的载体,其构建过程是根据新时期的世情、国情、党情的深刻变化,及其对基层领导干部的角色期待,以及基层领导干部队伍建设的实际需要而做出的制度设计。融入内化机制作用过程应促进将角色期待融入到角色扮演和行为选择的全过程,也就是将角色期待融入行为动机、行为实施和行为结果等基本要素之中。确保融入内化机制将影响角色选择的各个外在因素与自身构成要素有机统一起来,通过制度设计,使得"全过程融入"具有可操作性,从而使得基层领导干部健康成长具有现实的可能性。

(二)基层领导干部成长机理的构成机制之二:协同共进机制

协同共进机制作为基层领导干部成长机理的构成机制之二(如图二),其内在规定性包括横向维度与纵向维度。这两个环节都需要坚持"党管干部原则,切实加强党组织领导和把关作用"[①],落实近年来出台的

[①] 《党政领导干部选拔任用工作条例》,人民出版社2019年版,第12页。

相关新政策新法规①。

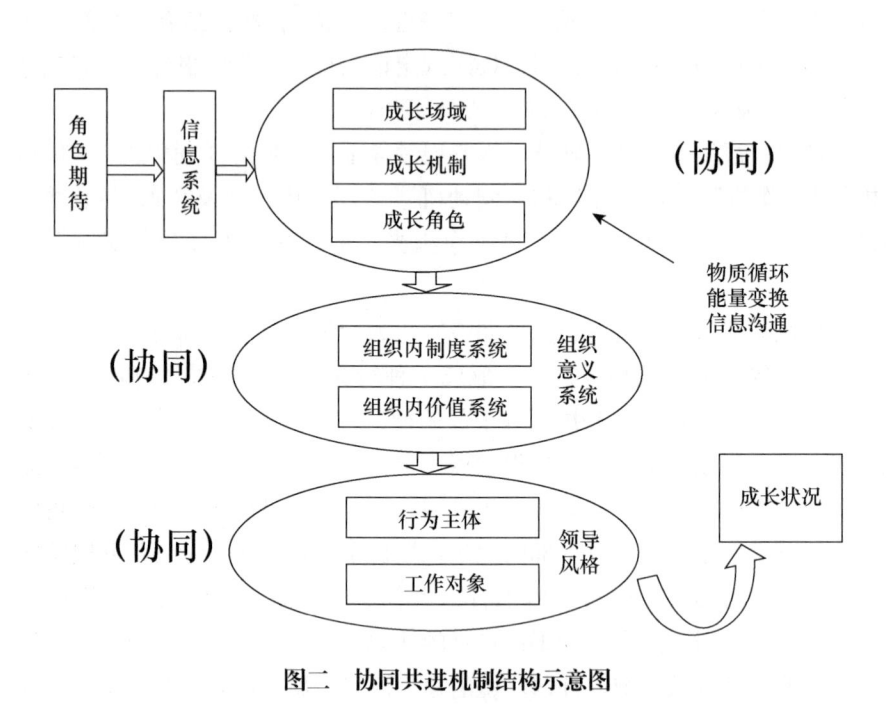

图二 协同共进机制结构示意图

在关于横向维度的协同共进方面，在实践中，与基层领导干部成长相关联的机制，包括促进机制（考核、晋升、培训与薪酬等）与约束机制（制约、监督、问责与惩戒等）。在特定成长场域内，基层领导干部的成长过程既涉及选拔任用、考核评价、教育培训与激励机制，还涉及权力制约、监督、问责与惩戒机制等，这两种力量应沿着角色期待的方向协同共进，这个推进过程坚持将从严要求贯穿始终，目标是严格把好基层领导干部的"政治关、品行关、能力关、作风关、廉洁关"。为此，党的十九大以来，国家围绕建立健全基层领导干部素质培养、选拔任用、从严管理、正向激励的体系不断完善相关配套制度。

在关于纵向维度的协同共进方面，成长机制要达到开放性，必然要建

---

① 例如：修订了《中华人民共和国公务员法》，颁布了《2018—2022年全国干部教育培训规划》《干部人事档案工作条例》《中国共产党重大事项请示报告条例》《党政领导干部选拔任用工作条例》《基层领导干部职务与职级并行规定》《党政领导干部考核工作条例》《干部选拔任用工作监督检查和责任追究办法》等。

立起一整套有效的机制，以扩大成长机制与成长场域之间的物质循环和能量变换。信息循环系统构成了二者之间物质循环和能量变换最基本的手段。一个有效的信息循环系统应当是一个双向的循环系统。"信息循环系统一般有两大类：下行信息沟通和上行信息沟通"[1]。为了使成长场域与成长机制之间达成更好的动态平衡，就需要寻找能够促进平衡形成的交流机制。从一定意义上而言，纵向的协同共进，就是成长场域、成长机制与角色塑造之间通过物质循环、能量变换与信息沟通实现动态平衡的过程。

按不同层次来分析，纵向协同共进具有三个不同的关键点：形成一种明确的指示精神及强烈的角色期待；重构组织的意义系统，使组织的制度系统与价值系统相互协调并进；重组个体的价值取向，使角色期待成为个体内在素质与外化惯习。角色期待对基层领导干部成长具有正向作用，在此基础上，还必须有一个与角色期待同心、同向、同行的成长机制。协调共进机制便对基层领导干部角色塑造发挥协调整合作用，可以协调整合基层领导干部的各种角色行为，具体体现在以下两个方面。

第一，协调整合基层领导干部成长机制的制度体系，将角色期待的基本要求融入到成长机制的制度体系之中，使之贯彻落实角色期待的基本要求。成长机制的制度体系是影响基层领导干部成长的重要刚性因素和关键媒介。它是否贯彻落实角色期待的基本要求，是基层领导干部能否得以健康成长的关键环节。在实践中，若贯彻落实角色期待的力度不够，就可能导致基层领导干部成长异化。为此，要教育引导基层领导干部把握自身角色定位，守纪律、讲规矩。组织对基层领导干部不能"放养"，而要及时掌握动态，有针对性地补短板、强弱项，帮助基层领导干部一步步成长起来。

现阶段，基层领导干部面对新使命，应增强适应现阶段发展要求的本领能力。正如党的十九大报告指出，"注重培养专业能力、专业精神，增强干部队伍适应现阶段中国特色社会主义发展要求的能力"[2]。《2018—2022年全国干部教育培训规划》（以下简称《培训规划》）正是对此做出的回应，通过突出精准化培训、优化基层领导干部成长路径，来强化能力

---

[1] 王沪宁：《行政生态分析》，复旦大学出版社1989年版，第56页。
[2] 习近平：《决胜全面建成小康社会夺取现阶段中国特色社会主义伟大胜利——在中国共产党第十九次全国代表大会上的报告》，人民出版社2017年版，第14页。

培训和实践锻炼，提高基层领导干部的政治能力与专业素养，使其将外部角色期待转化为内在自觉性，增加担当作为的底气。在此过程中，把对基层领导干部的理想信念教育、知识结构改善、能力素质提升贯穿到成长全过程，《规划》对此做了系统安排。此外，还要增强基层领导干部素质培养的系统性、持续性、针对性，优化成长路径，积极创造条件、搭建平台，不能预设晋升路线图，采用"蹲苗培养"，从基层选拔基层领导干部，注重培养年轻基层领导干部群体。正如党的十九大报告指出"在基层一线和困难艰苦培养锻炼年轻干部"[1]，并明确了"使用经过实践考验的年轻干部"[2]的选拔导向。《选拔条例》第三条也规定"树立注重基层和实践的导向"，"注重发现和培养选拔优秀年轻干部，用好各年龄段干部"。2018版《基层领导干部法》第七十二条新增"上级机关应当注重从基层机关公开遴选基层领导干部"，并将此前的"国家有计划地加强对后备领导人员的培训"修改为"国家有计划地加强对优秀年轻基层领导干部的培训"。

第二，整合协调组织领导行为取向，使领导过程符合角色期待的基本要求。基于"关心人"取向与"关心任务"取向的份量变化情况，领导过程呈现出不同的特点，有权威型、民主型等。这种划分是中性标准，与角色期待的要求并不相关。但是，如果任何一种取向极端化，甚至异化，比如致使造成"目中无人"，或者搞"宗派群体"，则明显不符合角色期待的基本要求。如果将角色期待融入基层领导干部成长机制的领导理念与精神价值层面，那么领导过程也将随之具备角色期待的底蕴，从而使基层领导干部沿着正确的轨道健康成长。2016年10月党的第十八届中央委员会审议通过的《中国共产党党内监督条例》（以下简称《监督条例》）的一系列规定便发挥此作用。其中，明确规定"坚持民主集中制，严肃党内政治生活"，可以说，《监督条例》可以解决组织领导弱化、组织建设缺失问题，确保基层领导干部步调一致，维护组织团结统一，确保基层领导干部群体发挥模范作用，保证忠诚干净担当。为促进落实现阶段党的建

---

[1] 习近平：《决胜全面建成小康社会夺取现阶段中国特色社会主义伟大胜利——在中国共产党第十九次全国代表大会上的报告》，人民出版社2017年版，第14页。

[2] 习近平：《决胜全面建成小康社会夺取现阶段中国特色社会主义伟大胜利——在中国共产党第十九次全国代表大会上的报告》，人民出版社2017年版，第16页。

设总要求和党的组织路线，2019年3月中共中央印发的《关于加强和改进中央和国家机关党的建设的意见》（以下简称《党的建设意见》），从纵向协调共进层面可以有效整合协调组织领导行为，在某种程度上促进了领导过程中角色期待的融入过程。

（三）基层领导干部成长机理的构成机制之三：外化反馈机制

外化反馈机制是基层领导干部成长机理的构成机制之三（如图三）。在理论层面，融入内化机制主要解决基层领导干部成长的内因问题，协同共进机制主要解决基层领导干部成长的外因问题，实践层面的调控问题则有待外化反馈机制来解决。

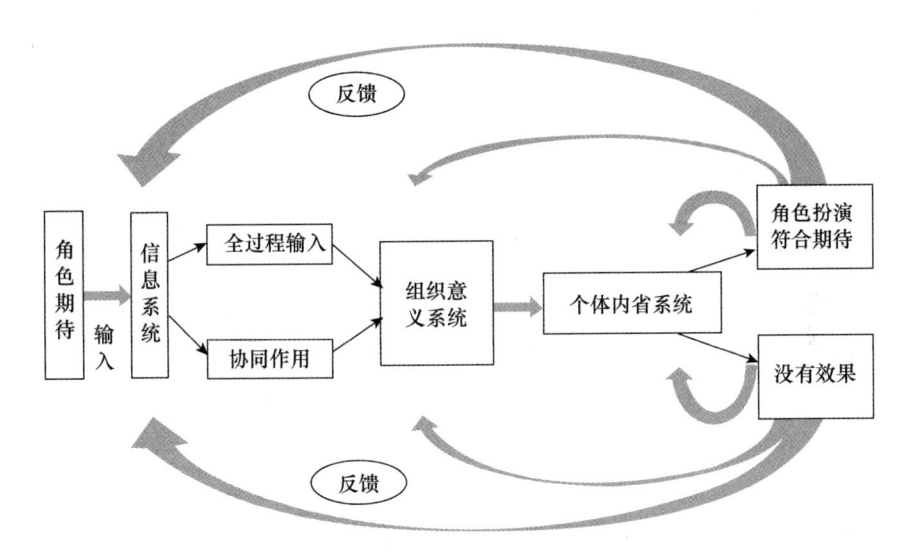

图三 外化反馈机制结构示意图

基层领导干部成长过程是个系统工程，为了确保工程质量，必须要实施全过程管理，将基层领导干部成长外化作为输出信息返回输入端的反馈机制。外化反馈便体现为这种全过程管理。在外化反馈所在的系统中，输入端将角色期待输入系统之中，输出端所输出的是基层领导干部成长中的核心价值涵量。以此作为输出信息，再返回输入端，对基层领导干部成长过程施加影响。例如，中国共产党的主题教育实践活动中的制度化建设阶段、总结阶段以及"回头看"阶段，都是发挥外化反馈作用的具体体现。

外化反馈并不是一次就可以完成的简单工作,它是多级反馈过程,涉及宏观成长场域系统层级、整个组织系统层级和基本工作系统层级,各个层级都可作为输入端,不断输入反馈回来的阶段性输出信息,再对各层级履行职责情况施加进一步的影响。基层领导干部成长本身也是一个多层级的系统。在这个系统中,存在促进基层领导干部成长的各种监督力量,这种监督力量作用的发挥便是通过反馈来实现的。中国共产党的主题教育实践活动中的"开门"搞教育的办法,就是体现外化反馈所发挥的监督功能。

外化反馈是实践检验机制。在基层领导干部成长过程中内因和外因都具备的基础上,还必须经过"理论联系实际""方案付诸实践"的外化实践阶段。在这一阶段,外化反馈机制的功能在于对基层领导干部的行为和角色选择在反馈的基础上进行综合检验。如果基层领导干部成长过程存在着"曲高行伪"类的畸变,例如,口头上高唱着"四有"角色,行动上却与之背道而驰,这一现象会助长"潜规则胜于显规则"的社会畸形风气。外化反馈机制的调控功能在某种程度上便可以防止这种成长异化现象发生。这是因为外化反馈机制可以将内化与外化有机统一起来,通过加强内化来改进外化,通过对外化的反馈来评估内化;将奖励与惩罚有机结合起来,通过施以奖励来鼓励提升,通过给以惩罚来调控外化;将内省与约束有机联系起来,通过坚持内省来强化约束,通过加强约束来促进内省。

综上所述,纵横交融是基层领导干部成长机理体系的内在结构和重要特征(如图四)。以纵向为主、横向为辅,基层领导干部成长机理的构成要素包括融入内化机制、协调整合机制和外化反馈。以横向为主、纵向为辅,基层领导干部成长机理体系的层次结构包括成长场域、成长机制与角色塑造。每一个成长场域都有相应的成长功能及相应的成长机理。在基层领导干部成长过程中,宏观层面(社会系统)的主要功能是"统领作用"(统领机制);中观层面(组织系统)的主要功能是"形塑作用"(形塑机制);微观层面(包括个体工作系统、家庭系统与交往系统)的主要功能是"能动作用"(能动机制)。

三 基层领导干部成长机理的耦合作用

"耦合"原指物理学上两个或两个以上的体系或两种运动形式间通过相互作用而彼此影响以致联合起来的现象。在此,本书借用"耦合"这

		融入内化机制		协同共进机制		外化反馈机制

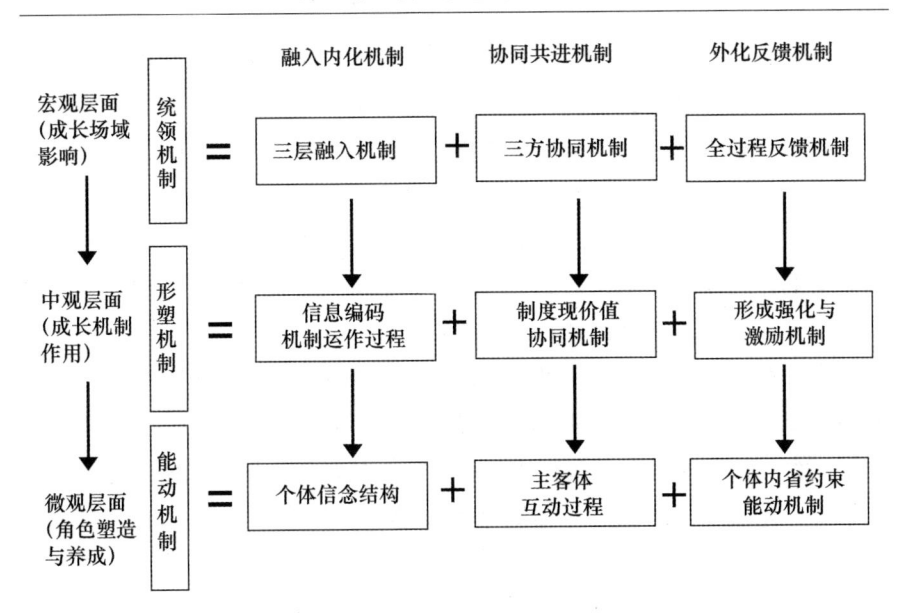

宏观层面
(成长场域影响) 统领机制 = 三层融入机制 + 三方协同机制 + 全过程反馈机制

中观层面
(成长机制作用) 形塑机制 = 信息编码机制运作过程 + 制度现价值协同机制 + 形成强化与激励机制

微观层面
(角色塑造与养成) 能动机制 = 个体信念结构 + 主客体互动过程 + 个体内省约束能动机制

图四 成长机理纵横交融结构示意图

个概念，来揭示基层领导干部成长机理体系中各要素纵横交融的内在状态。基层领导干部成长机理体系是各要素之间以及各机制之间的联合而形成的，各联合之间的相互作用与彼此影响的具体表现方式不同，因而区分为不同的耦合关系。总体而言，基层领导干部成长机理体系所含耦合关系包括纵向和横向两类："融入—协同—反馈"横向耦合与"统领—形塑—能动"纵向耦合，每一类又包括三大具体形态。

（一）"融入—协同—反馈"横向耦合

在"融入—协同—反馈"横向耦合中，存在着"精神价值—制度政策—目标任务""政治生态—制度政策—工作考核"耦合、"精神价值—制度政策—监督检查"耦合三种具体形态。

1. "精神价值—制度政策—目标任务"耦合

"精神价值—制度政策—目标任务"耦合是基层领导干部成长机制的基本耦合形态。目标任务是指基层领导干部所承担的具体工作任务，涉及关心任务取向和关心人取向。在基层领导干部成长实现过程中，精神价值是目标任务的题中应有之意。与此相配套的制度政策，不仅应该与目标任务完成的情况相联系，而且还应该与精神价值贯彻落实的情况相衔接。这是三者之间的内在逻辑关联，也是三者耦合在一起的内在原因。

"精神价值—制度政策—目标任务"耦合呈现有机统一状态，其中任何环节的弱化或缺位，都将导致耦合畸变。如果精神价值弱化或缺位，行为选择中将缺失角色期待涵量，这将导致"蛮横无理""目中无人"式基层领导干部成长畸变；如果目标任务缺位，会使角色期待与基层领导干部成长处于"两张皮"状态，这将导致角色期待出现"破窗效应"；如果制度政策弱化或缺位，基层领导干部成长的推动力将被弱化，则将导致基层领导干部成长发生"曲高和寡"式畸变。

　　在此耦合过程中，需要以制度政策形式来教育并引导精神价值实现。2019年5月中共中央印发的《中国共产党党员教育管理工作条例》便在此层面上发挥作用。在此过程中，还需要以目标任务导向来明确并强化精神价值。党的十九大报告对基层领导干部群体提出"忠诚老实、公道正派、实事求是、清正廉洁"的要求，强调"匡正选人用人风气，突出政治标准，提拔重用牢固树立'四个意识'和'四个自信'、坚决维护党中央权威"，并要求"坚持德才兼备、以德为先，坚持五湖四海、任人唯贤，坚持事业为上、公道正派"。2017年10月通过的《中国共产党章程》继续将"对党忠诚老实"规定为党员的义务之一，并首次提出"把政治标准放在首位"。这正是明确了基层领导干部成长的价值导向，为确保基层领导干部成长提供了基本遵循。为突出政治品德在"德"中首要位置，坚持五湖四海选人，事业为上用人，应建立"以德为先、任人唯贤、人事相宜的选拔任用体系"①，关键是"坚持好干部标准，把政治标准放在第一位"②，避免"政治上的两面人"出现。

　　2. "制度政策—政治生态—工作考核"耦合

　　制度政策、政治生态与工作考核，这三者是基层领导干部成长生态系统中的组织层次的主要因素。制度政策反映了基层领导干部选拔任用、教育管理中所秉持的路线、原则和标准。是否坚持"德才兼备、任人唯贤"的路线、原则和标准，是评价制度政策好坏的一个重要指标，这从实质上体现了制度政策在基层领导干部成长中所发挥的作用。政治生态是政治制

---

① 《习近平在全国组织工作会议上的讲话》，共产党员网，http://www.12371.cn/2018/09/17/ARTI1537150840597467.shtml，2018年7月3日。

② 《习近平在全国组织工作会议上的讲话》，共产党员网，http://www.12371.cn/2018/09/17/ARTI1537150840597467.shtml，2018年7月3日。

度、文化与生活等要素相互作用的综合反映。其中，显规则与潜规则在政治生活中的地位，是评判政治生态好坏的一个重要指标，这也对基层领导干部成长具有重要影响。工作考核过程所体现的指导思想、根本原则和主要方法，是确定考核办法是否科学的重要影响因素。这些因素决定了基层领导干部工作评价的导向，影响着基层领导干部成长的取向，因而是基层领导干部成长的主要因素。

以上三个因素相互作用，共同影响基层领导干部成长过程。一方面，这三个因素都是角色塑造的重要载体，对基层领导干部群体的精神价值和行为方式的形成与变化发挥作用；另一方面，政治生态既是制度政策与工作考核的影响因素，又是作用结果。制度政策与工作考核则是"一而二、二而一"的紧密关系。由于三者之间的相互作用与影响而联成一体，共同构成了"政治生态—制度政策—工作考核"耦合。

"政治生态—制度政策—工作考核"耦合呈现有机统一状态，任何一个环节的弱化或缺失，都将破坏其内在有机统一关系，从而导致耦合畸变。如果中间环节的政治生态恶化，则"显规则与潜规则的矛盾"将出现，政治生态中不良风气盛行，负面潜规则大行其道，制度政策和工作考核亦会因负面潜规则的作用而变成形式主义，从而出现"破窗效应"，使基层领导干部的成长过程偏离预期的正常轨道。如果制度政策弱化或缺位，或者角色期待没有效融入制度政策之中，则制度政策会出现"破窗效应"，或者不良风气充斥其中。致使良好的政治生态难以持久，缺乏制度规范支撑的工作考核过程亦将形同虚设，基层领导干部自身成长也会动力不足。如果工作考核作用弱化，则基层领导干部成长过程将滋生主观主义。"尽说空话、不做实事"的状态将大量出现，基层领导干部成长符合角色期待的目标也将无从实现。

在此耦合过程中，2016年新修订的《党内准则》规定新形势下加强和规范党内政治生活的若干原则和着力点等，便是对此的有效回应。党的十九大报告又进一步要求"尊崇党章，严格执行新形势下党内政治生活若干准则"，"自觉抵制商品交换原则对党内生活的侵蚀，营造风清气正的良好政治生态"，这便为基层领导干部健康成长提供了基础保障。现阶段，面对新使命，中国共产党还应继续充分发挥工作考核的激励作用，以增加基层领导干部行为动机。"适应现阶段新任务新要求，完善干部考核评价机制"①,"建立日常考核、分类考核、近距离考核的知事识人体系"②。合理设置考核指标,改进考核方式方法,完善政绩考核,强化考核结果分析运用与反馈。2019年4月,《党政领导干部考核工作条例》(以下简称《考核条例》)的颁布实施进一步发挥了工作考核对基层领导干部成长的助推作用。

3. "精神价值—制度政策—监督管理"耦合

精神价值、制度政策与监督管理,三者三管齐下,形成对基层领导干部成长过程不可或缺的推动力量。在一定意义上,精神价值层面的主要作用就是要不断地提升角色期待力。涵养精神价值的工作机构与工作体系,是推进基层领导干部成长机制有效运转的必要力量之一。除此之外,还要发挥监督管理对基层领导干部成长过程的规范作用。具体而言,凡是能够对基层领导干部成长发挥规范作用的主体,都具有监督管理的作用效果,包括纪委、监察部门、新闻媒体、人民群众等。在基层领导干部成长机制发挥作用过程中,精神价值决定基层领导干部成长动力,是不可或缺的前提;制度政策决定成长方向,是不可或缺的条件;监督管理过程决定成长周期,是不可或缺的保障。因此,三者之间联成一体,组成"精神价值—制度政策—监督管理"耦合。

"精神价值—制度政策—监督管理"耦合呈现有机统一状态,其中任何环节的弱化或缺位,都将导致耦合畸变,使基层领导干部成长发生异化。具体而言,如果精神价值弱化或缺位,则基层领导干部成长将失去前提与动力;如果制度政策弱化或缺位,则基层领导干部将失去成长方向指引与成长路径遵循;如果监督管理功能发挥不足,则基层领导干部很可能长期偏离既定的成长轨道。

为避免以上问题出现,需要持之以恒正风肃纪,规范基层领导干部成长。党的十九大报告指出,健全党和国家监督体系,重点强调"强化党的自我监督和群众监督""加强对权力运行的制约和监督",建立巡视巡察上下联动的监督网,并深化对基层领导干部的政治巡视;指出"深化

---

① 《关于进一步激励广大干部现阶段新担当新作为的意见》,人民出版社2018年版,第6页。

② 《习近平在全国组织工作会议上的讲话》,共产党员网,http://www.12371.cn/2018/09/17/ARTI1537150840597467.shtml, 2018年7月3日。

国家监察体制改革",从而实现监察全覆盖,"制定国家监察法,改革审计管理体制,完善统计体制"等等部署。可见,各个监督环节的无缝衔接,监督合力的极大程度增强,将为基层领导干部成长铸牢防护墙。

党的十九大报告指出,"凡是群众反映强烈的问题都要严肃认真对待,凡是损害群众利益的行为都要坚决纠正","继续整治'四风'问题,反对特权思想和特权现象",这便是为基层领导干部成长把好第一道关口,可谓"抓早抓小、防微杜渐",并强化基层领导干部的纪律意识。党的十九大报告还指出,"赋予有干部管理权限的党组相应纪律处分权限,强化监督执纪问责",可见,这体现出更加注重形成基层领导干部管理监督链条,从严监督管理基层领导干部;党的十九大报告还指出,"在市县党委建立巡察制度,加大整治群众身边腐败问题力度",以及"以县处级以上干部为重点,在全党开展'不忘初心、牢记使命'主题教育",这便是通过采取差别化措施,提升对基层领导干部群体健康成长的针对性。基于此,还应建立行为管理和思想管理统一的全方位管理体系,着眼于管思想、工作、作风、纪律等方面,强化对工作圈与生活圈的日常监督,发挥好党内监督、群众监督与舆论监督的合力。

(二)"统领—形塑—能动"纵向耦合

基层领导干部成长涉及成长场域、成长机制与角色塑造过程。成长机制在不同场域发挥不同的功能倾向,也就是"统领""形塑"与"能动"。只有这三项功能都得到充分发挥,基层领导干部群体才能在正确轨道上健康成长。这三项功能的有效发挥体现在"统领—形塑—能动"的纵向耦合过程中,形成"角色期待—组织认同—价值取向—工作理念—行为逻辑—公众舆论—公共形象"过程,这个过程存在着三种具体耦合形态。

1."角色期待—组织认同—价值取向"耦合

基层领导干部成长场域内存在着一个承载角色期待的层级系统。这个层级系统,在宏观层面,输入外界对基层领导干部的角色期待,发挥"统领"功能;在中观层面,承载符合角色期待的组织认同,发挥"形塑"功能;在微观层面,形成符合角色期待的个体价值取向,这是微观机制的"能动"功能得以发挥的前提。

作为成长机理体系的融入内化功能得以发挥的必要路径,"角色期待—组织认同—价值取向"耦合之所以得以形成,是基于三者之间存在着输入与输出的可衔接性。基层领导干部成长发生在成长场域中，在优化成长场域过程输入对基层领导干部群体的角色期待，输出的是构成组织生态系统良性循环的组织文化与组织认同等要素。在成长机制作用过程中，将组织认同待输入组织生态系统，输出的是符合角色期待的价值取向，将此价值取向输入基层领导干部群体成长过程，输出的是符合角色期待的价值追求与理想信念，这涉及对基层领导干部群体的角色塑造与养成过程。"角色期待—组织认同—价值取向"耦合呈现有机统一状况。这三者之间是期待与承接的关系，缺一不可。如果角色期待弱化或缺位，基层领导干部成长便会缺乏正确方向指引；如果组织认同弱化或缺位，基层领导干部正确的价值取向形成过程就会缺少必要的媒介；如果缺乏正确的价值取向引导，基层领导干部群体就可能处于精神懈怠状态。

在此耦合过程中，基层领导干部需要锤炼对党绝对忠诚的行动自觉，"严格遵守政治纪律和政治规矩，在政治立场、政治方向、政治原则、政治道路上同党中央保持高度一致"[①]。《培训规划》便是通过现阶段干部教育培训的有效开展来实现这一目标。《培训规划》以学习贯彻习近平现阶段中国特色社会主义思想为中心内容，教育引导基层领导干部深刻把握"八个明确""十四个坚持"，并以此对照检视思想言行。[②]《培训规划》突出政治导向，以全面增强执政本领为重点，提出"把提高政治觉悟、政治能力贯穿全过程"[③]，还强调"坚持以德为先、注重能力"[④]，对专业化能力培训和知识培训两方面做了详细安排。

2. "价值取向—工作理念—行为逻辑"耦合

"价值取向—工作理念—行为逻辑"耦合的内在逻辑是将符合角色期待的价值取向转化为一种工作理念，进而转化为基层领导干部的行为逻辑。这一耦合的形成是基层领导干部成长机理融入内化功能的必然要求。基于角色期待的基本要求，只有先转化为工作理念，形成一种行为逻辑，融入成长全过程，才可能最终转化为行为自觉，这也是基层领导干部健康成长的内在需求。在基层领导干部成长的过程中，角色期待是前提、价值

---

① 习近平：《决胜全面建成小康社会夺取现阶段中国特色社会主义伟大胜利——在中国共产党第十九次全国代表大会上的报告》，人民出版社2017年版，第62页。
② 《2018—2022年全国干部教育培训规划》，人民出版社2018年版，第13页。
③ 《2018—2022年全国干部教育培训规划》，人民出版社2018年版，第14页。
④ 《2018—2022年全国干部教育培训规划》，人民出版社2018年版，第12页。

取向是方向、工作理念与遵循行为逻辑是基本遵循。正确的价值取向与合理的行为逻辑是引领基层领导干部健康成长的基本条件。只有在工作理念的引领下，基层领导干部涵养正确的价值取向与遵循合理的行为逻辑才会成为可能。

"价值取向—工作理念—行为逻辑"耦合呈现有机统一状态。任何环节的弱化或缺失都将导致耦合畸变。如果价值取向弱化或缺位，工作理念与行为逻辑会变为没有系统规划的简单堆砌，甚至为基层领导干部角色选择带来负面影响；如果工作理念缺位，价值取向就可能发生错位，甚至束缚基层领导干部干事创业过程，基层领导干部也可能处于"只说空话，不做实事"的虚化状态；如果行为逻辑出现耦合断裂，基层领导干部角色选择与行为过程就可能因缺乏基本遵循而处于混乱状态。

在此耦合过程中，中国共产党需要为基层领导干部消除障碍，确保其沉下心来调研、俯下身子做事。对此，《党内准则》规定"建立容错纠错机制，宽容干部在工作中特别是改革创新中的失误"。党的十九大报告强调，"完善干部考核评价机制，建立激励机制和容错纠错机制，旗帜鲜明为那些敢于担当、踏实做事、不谋私利的干部撑腰鼓劲。各级党组织要关心爱护基层干部，主动为他们排忧解难"[①]。《激励意见》的制定出台也是对此做出的有力回应。《激励意见》对建立健全容错纠错机制专门作出要求，还提出在科学制定政策、关心关爱干部等方面加大力度，健全待遇激励保障体系，推进基层领导干部职务与职级并行制度，做好有关表彰奖励工作，关注干部心理健康等。《激励意见》还提出"对不担当、不作为的干部，根据具体情节该免职的免职、该调整的调整、该降职的降职，推动能上能下成为常态"[②]。

现阶段，激励干部新担当新作为，不但应坚持严格管理和关心信任相统一[③]，还要特别注重对基层领导干部这个群体的关心关爱。例如，完善和落实谈心谈话制度，注重围绕现阶段的重大任务做好基层领导干部的思

[①] 习近平：《决胜全面建成小康社会夺取现阶段中国特色社会主义伟大胜利——在中国共产党第十九次全国代表大会上的报告》，人民出版社 2017 年版，第 64 页。

[②] 《关于进一步激励广大干部现阶段新担当新作为的意见》，人民出版社 2018 年版，第 15 页。

[③] 《关于进一步激励广大干部现阶段新担当新作为的意见》，人民出版社 2018 年版，第 7 页。

想政治工作。"健全待遇激励保障制度体系,例如,完善基层领导干部奖金制度,推进基层领导干部职务与职级并行制度"①,特别要给基层基层领导干部以及工作在困难艰苦地区和战斗在脱贫攻坚第一线的基层领导干部更多保障,激励其更好地履职奉献。②

3. "行为逻辑—公众舆论—公共形象"耦合

"行为逻辑—公众舆论—公共形象"耦合过程是基于公共舆论导向这个对基层领导干部群体会产生潜移默化影响的作用因素。公众舆论对角色期待发挥重要引领作用,同时又是基层领导干部思想意识形成变化发展的重要外在力量。公共形象涉及基层领导干部群体的精神价值与行为表现等。在公众舆论中凝聚共识,树立正面形象,可以促进基层领导干部健康成长。这一耦合是成长机制的反馈回路,呈现有机统一状态。行为逻辑是必要基础,公众舆论是必要媒介,公共形象是必要目标。三者相互作用,相互影响,紧密联系。任一环节的脱钩都将导致耦合畸变。行为逻辑与公众舆论之间如果脱钩,基层领导干部成长便被置于无事实依据的不可信状态;公众舆论与公共形象之间如果脱钩,公共形象的塑造就会缺乏必要的媒介,基层领导干部便很难顺利成长为应有的状态与境界。2019年3月中共中央办公厅印发的《关于解决形式主义突出问题为基层减负的通知》要求着力解决党性不纯、政绩观错位,文山会海等形式主义,以及不敢担当作为等问题,这在某种程度上可以防止此耦合过程脱节。现阶段,面临"四大考验"与"四种危险",为确保此过程耦合效应发生,基层领导干部要增强忧患意识、坚持底线思维、保持斗争精神,尤其是在大是大非面前态度不能暧昧,基本政治立场不能动摇,更不能被错误言论左右。

综上,构建科学的基层领导干部成长机制,确保基层领导干部成长机理体系的纵横与横向耦合的有效衔接,可以有效促进基层领导干部健康成长。由此,需要以创新培养机制,带动基层领导干部成长。现阶段,促进基层领导干部健康成长,需要形成有利于营造鼓励基层领导干部干事创业的组织氛围和社会环境,放手让基层领导干部队伍活力竞相迸发。基层领

---

① 《关于进一步激励广大干部现阶段新担当新作为的意见》,人民出版社2018年版,第7页。

② 《关于进一步激励广大干部现阶段新担当新作为的意见》,人民出版社2018年版,第8页。

导干部的培养不可能一蹴而就，必须要用长远的眼光培育储备。为此，"建立源头培养、跟踪培养、全程培养的素质培养体系"[①]。培养好基层领导干部之后，还要合理使用基层领导干部，这需要扫除身份障碍，努力破解束缚人才脱颖而出和充分发挥作用的体制机制障碍。在基层领导干部使用过程中，要发挥人事管理激励作用。正如党的十九大报告指出，"坚持严管和厚爱结合、激励和约束并重，完善干部考核评价机制"[②]。可以说，基层领导干部培养使用的过程是一个完整的链条，唯有充分遵循干部成长发展规律，科学规划、合理用人，才能让更多优秀干部发展其才、创其业、建其功，为实现"伟大梦想"提供不竭动力。

[①] 《习近平在全国组织工作会议上的讲话》，共产党员网，http://www.12371.cn/2018/09/17/ARTI1537150840597467.shtml，2018年7月3日。

[②] 习近平：《决胜全面建成小康社会夺取现阶段中国特色社会主义伟大胜利——在中国共产党第十九次全国代表大会上的报告》，人民出版社2017年版，第64页。

第二章

理论阐释：基层领导干部成长机理要素及其变迁

　　基层领导干部的成长过程便是在特定场域内，利用场域资源，通过特定的成长机制，扮演符合期待的角色过程。基层领导干部的角色构建过程不仅要受到规范性制度的构建作用，还要受到情境性的场域所影响。成长机制要素主要影响基层领导干部角色的规范性构建过程，而成长场域构建主要影响基层领导干部角色的非正式构建过程。

　　基层领导干部成长过程是一种通过场域意义建构、机制互动作用、角色塑造等活动起作用的内生过程。成长场域内的各种要素不仅作为输入者影响基层领导干部成长过程，这些要素也是输入对象，会被基层领导干部重新解码、转述与使用。成长机制构件则受制于一定的场域运作逻辑，在由结构要素、文化要素和行动者等构成的场域中产生并运行，作用于基层领导干部成长过程，并为其提供成长动力与保障。

　　本章第一节主要分析基层领导干部与成长场域要素互动作用，分别从理论分析与变迁过程两个角度展开。在理论分析部分，主要基于皮埃尔·布尔迪厄的场域理论，分别论述结构构件、制度要素、符号系统，与基层领导干部成长的互动作用。从而得出结论：由于基层领导干部个体编码过程差异，即使在同一场域各要素的同种相互作用过程中，基层领导干部成长状况仍存在差异。在场域变迁分析部分中，从历史唯物主义中找到分析变迁的"结构—关系—文化"框架，来分析基层领导干部成长场域变迁的内在逻辑，以及不同时期成长场域内基层领导干部的整体成长状况。

　　本章第二节主要分析基层领导干部成长机制，分别从理论分析与变迁过程两个角度展开。在理论分析部分，主要研究基层领导干部成长机制构件的互动作用,与基层领导干部成长机制的能动作用。在变迁分析部分,主要阐述了各个阶段基层领导干部成长机制的指导原则变迁,并分析了基层领导干部成长机制的逻辑基础变迁过程,也就是人伦性逻辑—结果性逻辑—正当性逻辑。

本章第三节主要分析基层领导干部成长角色,分别从理论分析与变迁过程两个角度展开。在理论分析部分,以加布里埃尔·A.阿尔蒙德的政治社会化理论,以及米德的角色理论为基础,分析基层领导干部的政治社会化与角色社会化过程。在变迁分析部分,揭示在不同时空背景下,基层领导干部角色塑造的指导原则变迁与基本逻辑转型的整体过程。

第一节 基层领导干部成长场域分析

特定场域会生成特定的场域要素,包括结构要素、关系要素和文化要素(场域符号)。结构要素决定着关系要素,影响个体之间的关系形态,进而影响文化要素的形成。关系要素与文化要素又呈现出一种双向互动。这是因为人在处理各种关系的过程中所形成的价值观、心理结构、思维方式和行为模式,又会反作用于关系的进一步发展。对于基层领导干部来说,基层场域要素会传输各种信息流,这些信息流承载基层治理过程所生成的各种信息,这些信息引导基层领导干部根据规则来进行各种行为选择,从而形成特定文化形态。由此,治理结构与关系形态变迁是文化转型的基础,反之亦然。

成长场域对基层领导干部行为会产生重要的影响,会塑造基层领导干部角色,以及影响基层领导干部成长过程。基层领导干部在其场域中所处的位置和所发挥作用的重要性,是由所处的公共领域、结构位置以及各种关系互动的作用过程所反映的。基层领导干部会受到场域的影响甚至渗透,但是它们也能够创造性地和策略性地反作用于场域。

一 场域"结构—关系—文化"框架分析

结构与过程是事物存在的基本状态。从横向或静态上看,任何事物都是由一些基本要素及其关系构成的整体。所谓结构,是指构成一事物各要素之间的比例、顺序、关系,它决定着事物的本质和发展状况。从纵向或动态上看，任何事物都处于运动变化之中，过程性或历史性是事物存在的基本方式。所谓过程，是指一个事物的各个发展阶段及其内在联系。"只有把握一个事物的发展过程及其所处的历史阶段及其本质特征，才能认识一事物的过去、现在和未来"①。

结构决定性质、状态和功能，揭示了事物的发展和内在规律。结构建立在实践基础之上，反过来又影响实践过程。基于此，治理实践决定着治理结构的形成和发展过程。在治理实践过程中存在生产实践（物质生产、精神生产与人口生产等）与交往实践（经济交往、政治交往、精神交往）。基于生产实践形成的各种交往活动，相应地构建起各种关系模式，并进一步外化为组织、制度、风俗和文化等，从而形成特定治理结构。这种治理结构在不同时期呈现不同形态，又进一步影响或调整各种关系，并推动文化发展与转型。由此，通过"结构—关系—文化"的框架来分析基层场域，可以把握基层领导干部成长的深层逻辑。

（一）"结构—关系—文化"系统分析

在自然科学意义上结构的实体性概念与社会科学意义上的结构含义之间存在着许多重大差别。在生物学领域，"当一个人谈及心脏的结构时，他会谈到明显可感知的物质（上下心房、动脉血管），而不是心脏有节奏的收缩。后者是一种功能"。也就是说，在自然科学领域，"结构不是某种规律性节奏，像舞影一样，而是那种固有的像个椅子。所以，对于生理学家来说，通过心血系统的血流规律，或者心脏收缩酶节奏，或者肺部呼吸的状况，都不是我们所理解的结构功能所具有的稳定关系或规律"②，然而，"这种收缩行为，以及规则的功能过程的类比，却可以形容社会科学领域的结构"③。

在社会科学领域，结构不是指实体存在。以实体的方式去理解结构，就会与具体环境产生混淆，比如时空中的实体。后者可以被建构，但它并不是结构本身。"结构不是现象；结构应当是事物的内在特质，而不是事物本身。否则我们就会被诟病为所谓的实体错位的谬误——用事物的内在

---

① 韩庆祥、王海：《结构分析与过程分析》，《学习时报》2016年5月16日第3版。

② [美]戴维·伊斯顿：《政治结构分析》，王浦劬译，北京大学出版社2016年版，第47页。

③ [美]戴维·伊斯顿：《政治结构分析》，王浦劬译，北京大学出版社2016年版，第47页。

特质替代事物本身"①。例如，当生物学行为诸如生理过程停止的时候，解剖的结构还在那里。但是，当社会活动停止了，结构就消失了。

结构不同于文化、人格和行为等因素，并不是与这些因素在同一理论层面上的内容。这可以从两方面来理解结构：分析性和具体性。如果结构只是在分析层面上区别于这些因素，那么，它便只能是这些因素的某种特质。在这个意义上，它可以构成这些因素的表现形式。一方面是具体实体的集合（这些实体或要素构成了结构）；另一方面是它们之间的关系（形成了结构），两者之间存在不同。对结构的理解需要弥合这种差别，这便可以比较容易地从实体意象转移到社会和政治现象。结构在此体现为人与人之间反复且稳定的关系模式，不包括其可感知的行为。这是因为行为催生关系，但这个行为之后——结构的行为模式可能会不同。也就是说，"结构，也就是所称之为的功能、活动或过程的模式。结构被作为一个宽泛的抽象而不是具体的群集来理解"②。"结构不涉及实体本身或实体行为本身，而是涉及它们之间的关系，以及这种关系也是模式运行的方式"③。

在社会科学领域，对于结构有两种意象来理解。一种意象是从实在或者具体的角度来理解的。作为一个实体或一套制度存在于时空之中，就像一个盒子或者一栋建筑，然后我们将诸如行为、人格或者文化习惯等内容充实其中。另一种意象是一种关系的抽象模式，它独立发生于具体要件之中，而这些要件则构成了各种关系，当然它只通过人们以及制度之间的具体互相影响来实现。这就是说，结构是行为的一种内在特质。所以，我们一般用两种含义来使用结构："一种涉及群集要件，具体实体。另一种涉及实体之间交互影响的某个方面或某个特质，也就是其关系所具有的模式。"④

如果对结构的理解是为了帮助形成关于场域如何运行的理论，那么，

---

① ［美］戴维·伊斯顿：《政治结构分析》，王浦劬译，北京大学出版社2016年版，第36页。
② ［美］戴维·伊斯顿：《政治结构分析》，王浦劬译，北京大学出版社2016年版，第47页。
③ ［美］戴维·伊斯顿：《政治结构分析》，王浦劬译，北京大学出版社2016年版，第49页。
④ ［美］戴维·伊斯顿：《政治结构分析》，王浦劬译，北京大学出版社2016年版，第50页。

作为关系的某种特质的结构是并且应该是什么含义？无论在个体还是集体中，关系有很多特质。这些特质在参与者的显著度上、在发生频率上、在态度上（如敌对或友好，剥削或合作）、在地位上（主导或从属，平等或不平等）以及其他方面都有很大不同。对此而言，这些关系的重要性也可能在其特质的建构上有很大不同。在人与人之间临时而短暂的接触中，其关系可能没有结构性可言，而在立法机关、行政机关和法院之间的稳定系统下，其关系可能会展现出很明确且持久的结构类型。结构会涉及一个系统不同要素之间关系的模式，也就是说，涉及系统成员之间或者其他要件诸如集体和群体之间相对稳定的安排。

简言之，结构是一个经验性和描述性的特质，这种特质涉及研究客体局部之间或客体本身之间相对稳定的关系。这个概念明显会涉及结构惯用的最为普遍的意义。通常来说，当谈及特定关系的客体时，结构的这个含义会在其他社会科学研究中得到证实。人类学家往往把结构定义为局部的一种有序安排，这种安排是可换位的和相对不变的，虽然局部本身是可变的。同样，社会学家认为社会结构就是社会生活所洞见的模式，观察的规律和发现的配置。就此而论，"社会关系"与"社会结构"相对应，而"社会结构"只能通过一个"模式"的基本关系来具体表达，并且这种基本关系强调了客观的社会关系。

结构影响个体或集体行为的关系模式，也受到场域内各局部之间关系的模式的影响。对场域内的个体行为而言，有很多来源于结构本身的作用力，而这些又不仅仅来源于关系模式本身。场域系统中各要素也具有其结构，也就是其组成部分之间关系或组织的内在模式。这些要素的结构也对局部本身以及与之相关的行为有所影响。比如，当谈及政治人格类型时，就会涉及人格组成诸如动机、态度、认知实践等之间的相对稳定关系，这可以帮助解释个体理解以及参与政治过程的方式。以此，当谈及政治态度、信念或意识形态系统模式时，便识别了政治文化（稳定关系模式）的组成要素。[1] 此外，制度规则也是政治文化的一种外在显现，并且就其稳定程度而言，制度规则可以影响政治文化要素。制度规则并不代表行为，而是人们服从的规范。但这些制度规则可能影响行为，并形成各种制

---

[1] ［美］戴维·伊斯顿：《政治结构分析》，王浦劬译，北京大学出版社 2016 年版，第 50 页。

度规则的文化要素，这可以在政治系统的行为模式中得到体现。

（二）"结构—关系—文化"互动关系

场域内各要素依据特定顺序和状态排列运行而形成结构。场域中行动者作为实践的主体成为贯穿于各种结构中的主线。行动者在实践中形成各种作为存在形式的具体关系，这种普遍性关系模式则促进结构形成，也就是说，结构是关系的稳定性模式，并影响关系的深层本质。关系形态反映行动者的存在方式，文化则是行动者的观念反映。在不同场域内，关系形态不同，文化也呈现出不同的模式。

1. 结构要素决定关系形态

一方面，结构形态影响关系形态。在治理场域内，结构涉及行动者在内的各要素之间的互动过程，这个过程与特定的生产力与生产关系相联系。生产力作为根本力量决定了关系的发展形态。正如马克思所说："在土地所有制处于支配地位的一切社会形式中，自然联系还占优势。在资本处于支配地位的社会形式中，社会、历史所创造的因素占优势。"[1] "随着新生产力的获得，人们改变自己的生产方式，随着生产方式即谋生方式的改变，人们也就会改变自己的一切社会关系。"[2] 在以自然经济为主的治理条件下，不发达的生产力促使人们组成共同体结构来获得生存空间，血缘和地缘成为关系形成的基本纽带，治理场域内形成"人的依赖关系"状态。随着生产力的提高，关系形态发展为"物的依赖"状态，但这仍不会越出治理场域内特定结构的作用范围。

另一方面，结构影响行动者的关系状况。行动者作为关系性的存在，相互之间的关系状况就是场域内行动者的存在状况，并受到特定结构的制约。关系对于行动者来说是以认可的结构为基础而形成的。虽然行动者在某种条件下可以重塑结构，但是在特定场域中更多是为结构所制约。例如，在以封建专制为结构特征的场域中，平等关系形态很难普遍存在，而在以民主法治为结构特征的场域中，君民关系形态也很难有发育空间。

由此可知，结构是各种关系形态形成的基础，并通过关系形态作用于个体。结构变化必然会带来关系形态的变迁。与此同时，关系形态又是

---

[1] 《马克思恩格斯全集》第46卷，人民出版社1979年版，第67页。

[2] 《马克思恩格斯全集》第46卷，人民出版社1979年版，第45页。

结构的外在形式。结构作为治理各要素的运作基础，实际上决定着人的存在方式与生活方式。我国改革开放以前，在特定的"社会层级结构"下，关系形态的政治性特征显著。改革开放以后，市场与社会领域逐渐分化，治理结构发生转型，关系形态也随之发生变化。

2. 关系形态与文化要素双向互构

"人们的观念、观点和概念，也就是，人们的意识，随着人们的生活条件、人们的社会关系、人们的社会存在的改变而改变"[①]。任何类型的文化在本质上都是人之自由意志根据结构与关系的变化而做出的个性化的"适应"产物。文化呈现出多样性，结构与关系是特定文化类型产生的土壤。

在特定场域内，关系形态为文化要素的形成提供了现实基础。在不同的关系形态中，道德规范、价值取向、思维方式等文化要素也不相同。关系形态是文化要素的基础。文化是行动者在处理各种关系和在关系互动过程中产生的观念反映。作为实践活动的基本方式，关系形态具有客观性和实在性。文化作为观念体系是行动者在关系互动中长期固化而形成的结构，它受到各种关系形态的影响。关系形态又被文化所牵引，也就是说文化要素也会反作用于关系模式，这是因为在人头脑中形成的思维方式、价值观、行为模式与心理结构等文化要素具有相对独立性。虽然以往特定的结构与关系发生变化，但是已经形成的文化要素依旧存在于个人头脑之中。由此，尽管文化要素以关系为基础，但由于关系的互动过程总是在某种观念的指引下展开，文化要素也会对关系产生正向建构与反向解构的双重作用。而处于场域中的行动者即为结构、关系与文化三者所塑造，也具有创造主体的能动作用。

二 基层领导干部成长场域要素互动作用

基层领导干部成长发生在特定场域中，特定场域会生成特定场域要素，包括结构要素、关系要素和文化要素（场域符号）。特定场域内的各种场域要素会向基层领导干部传输各种信息流，这些信息流承载特定场域所生成的各种信息，这些信息引导基层领导干部根据规则来进行角色选择和角色扮演。这就是说角色可以被正式地建构，"在不断地发生着神圣化

---

① 《马克思恩格斯全集》第46卷，人民出版社1979年版，第291页。

的过程中，日益形成一种价值观"①。在角色扮演过程中，基层领导干部获得一种独特身份，并逐渐形成了为保持一套独特而唯一的价值观念而努力的倾向。这就是为什么场域涉及"一种结构，在其中有权力的人们效忠于某些价值观或为某种利益服务"②。这便可以理解为成长在特定场域内的基层领导干部所形成某些价值观的共性与特殊性。场域要素影响基层领导干部行为，"同时对行为又具有使能作用（即为行为提供权力、资源等支持）"③，进而影响基层领导干部成长。与此同时，根据这个观点，在某种程度上也可以解释为成长在同一场域内的基层领导干部，会出现腐败行为与廉洁行为。这是因为基层领导干部作为特定场域内的行动者，会能动地采取行为，从而出现角色选择和角色扮演的差异。

（一）结构要素与基层领导干部成长互动作用

从结构角度来看，场域内结构要素即是实践的中介，又是实践的结果。结构要素是由规则与资源构成的。结构要素即场域内行动者各种行动的产物，也是行动者的行动平台。结构要素也对场域内的行动者的行为施加了强大的影响：建构其行动议程、关注、偏好与模式，为此，基层领导干部行为过程，以及成长过程会受到这些结构要素影响。然而，基层领导干部的行为选择也会影响场域内的结构要素，但这并不能确定这些结构要素一定会得到他们所意图的结果。

在成长场域内，作为基层领导干部成长平台的结构要素，在某种程度上，也受基层领导干部成长过程的影响。例如，基层领导干部的发展理念与领导能力在某些方面影响着基层发展。基层领导干部的成长场域更多发生在政治系统内。政治系统不同于市场系统，在政治系统中，基层领导干部是不能简单从事市场交易的行动者，他们必须要在重要的规则框架中进行决策。正如社会建构理论的代表彼得·伯杰（P. Berger）和托马斯·吕克曼彼得（T. Luckmann）在一篇有关知识社会学的论文中指出，"所有这些行动者——以及大量的其他行动者——都是社会地建构的；所有这些行

---

① Charlie descott, *Institutions and Organizations: Ideas and Interests*, trans. by W. Richard Scott, California in the United States: Sage Publications Press, 2009, pp. 63 - 71.

② Charlie descott, *Institutions and Organizations: Ideas and Interests*, trans. by W. Richard Scott, California in the United States: Sage Publications Press, 2009, pp. 63 - 71.

③ Charlie descott, *Institutions and Organizations: Ideas and Interests*, trans. by W. Richard Scott, California in the United States: Sage Publications Press, 2009, pp. 64 - 72.

动者的存在,都要依赖于具有建构作用的规则框架,尽管这些具有建构作用的规则框架,出现于特定的互动背景中,但都已经逐渐固化于外在的文化规则中,并作为一种指导方针而输入各种新的背景中"[1]。然而,随着对具有建构作用的结构要素作用的不断强调,人们也会发现个体行为也常常反映个体意图。正如利益不是"自然而然的"存在,而是会因场域内结构要素而变化,并要求结构要素对这种利益及其变化做出解释的存在。根据以上分析便不难理解,基层领导干部作为特定成长场域内的行动者,一方面受到结构要素建构过程的影响;另一方面呈现出一种内在生成的、自足的选择和驱动以及具有确定目的的过程。

(二) 制度要素与基层领导干部成长互动作用

每个场域由特定场域要素构成,场域要素形成涉及各种制度要素,这些制度要素是由公共或私人行动者构成的。基层领导干部成长在特定场域中,场域内的一系列制度要素所形成的各种规则也在向基层领导干部传递各种信息流。这些信息流如同结构要素所产生的信息流一样,也会对场域内行为者施加强大的影响:建构其行动议程、关注、偏好与模式。从而形成把基层领导干部的行为引向一种有价值的规范秩序的各种力量。例如,默顿 (Merton) 曾描述了规则纪律对个体的作用,并认为"规则纪律力量的压力与要求是如此强大……在这个过程中个体被灌输价值观,并用以指导其决策"[2]。

美国社会学家、结构功能主义的代表人物塔尔科特·帕森斯 (Talcott Parsons),在《社会行动的结构》(1937 年) 和《社会体系》(1951 年) 等著作中,强调的都是制度的"主观"维度,即认为个体内化共同规范作为行动的前提。但是,对于基层领导干部成长来说,应更多关注"客观"维度,即"一种'界定个人(或组)之间的关系应该是什么样的关系'的规范系统"[3]。由此,才可以理解基层领导干部在行动内化共同规范过程中呈现出的成长差异性。

---

[1] P. Berger, T. Luckmann, *The Social Construction of Reality*: *A Treatise in the Sociology of Knowledge Garden City*, New York: Doubleday: 1966, p. 67.

[2] Charlie descott, *Institutions and Organizations*: *Ideas and Interests*, trans. by W. Richard Scott, California in the United States: Sage Publications Press, 2009, pp. 55 - 63.

[3] [美] 塔尔科特·帕森斯:《社会行动的结构》,张明德、夏遇南译,译林出版社 2012 版,第 34 页。

场域通过"执行程序"与"搜寻程序"来促进行动者形成"惯习",从而影响行动者的行为选择和角色选择,进而影响行动者的成长。美国学者詹姆斯·马奇(James G. March)和赫伯特·西蒙(Herbert Alexander Simon)在《组织》一书中指出,在场域内中,"个人的搜寻与选择过程被大大简化。价值观、认知框架、规则与惯例,这些是导致行动者理性地行事的重要力量"[①]。不过,在基层领导干部成长过程中场域中的制度因素还起着一定作用。这是因为行为受到规则所驱动,基层领导干部的行为选择过程实际是把情景与职位的各种需要进行匹配的过程。在不考虑个体人类行动者本身的能力与倾向的情况下,个体成长是在成长场域内发生的,并受到场域内制度要素影响。构成并支撑场域内制度的三大基础要素是规制性要素、规范性要素和文化—认知性要素。可以借此推出,这三大基础要素对基层领导干部成长过程的影响会被扩散到整个成长场域。

规则性制度涉及过程的制度与状态的制度,其对行为者的作用是制约、引导与支持。各种制度构成似乎是一种由多种因素所决定的系统。基层领导干部可能会受到规制性制度的支配或影响,但是"遵守"这种制度仅仅是他们做出的很多可能反应之一。

规范性制度对于基层领导干部既赋予权利也施加责任。尽管一些学者认为所有行动者都是追求各自利益的行动者,但行动者并不是理性的行动者,而是会进行即兴创作、参与冲突和做出妥协的参与者。在某种情况下,基层领导干部也确实会变成一个非理性的行动者。正如阿瑟·斯廷奇库姆(Arthur Steenkieum)认为,"人们普遍认为制度有其道德根源"[②]。

文化—认知制度在很大程度上是场域内行动者对环境的内在表象的一个函数。行动者会对制度正反两方面的结果进行权衡,对制度的原因与结果进行评估,会设想各种所能想到的方案,并从中选择一个方案。从以上观点出发,便可以更好地理解制度对基层领导干部这个行动者所产生的制约与使能作用的那些方式。可以说,各种文化—认知制度性的框架,为基层领导干部成长提供了明确模式,同时又为基层领导干部行为选择提供支

---

① [美]詹姆斯·马奇、赫尔伯特·西蒙:《组织》(第二版),邵冲译,机械工业出版社 2008 版,第 48 页。

② Charlie descott, *Institutions and Organizations: Ideas and Interests*, trans. by W. Richard Scott, California in the United States: Sage Publications Press, 2009, pp. 54–62.

持，并使这种活动更可能得到理解、接受和更具有合法性。

对于基层领导干部来说，存在一种"身份认同政治"来产生持续的社会承诺以给予各种行为意义是重要的。场域内的行动者并非简单遵守传统的模式，相反他们会做出不同的反应，有时也会创造新的行为方式，这便解释了"小圈子"文化，或者潜规则对基层领导干部的影响。也就是说，在制度要素的创造过程而非既存场域的日常运行中，能动性与利益驱动可能会影响基层领导干部成长状况。对此，基层领导干部可能会基于各种动机而采取不同策略，例如妥协策略，回避策略与操纵策略等。基层领导干部可能会试图使用这些策略来应对制度要求。当然，策略选择也可能会低估了制度的社会事实（物）的性质，因为制度不仅仅是形成社会生活之网的这种社会事实，个体也是特殊的具有支配作用的社会能动者。这就是说，基层领导干部可以具有策略选择，但是制度要素在某种程度上仍影响或促进基层领导干部成长，虽然基层领导干部对制度要素也具有能动作用。

尽管认识到基层领导干部对于制度要求有着不同的应对方式。但是，了解制度要素在何种程度上影响和制约基层领导干部行为仍是很重要的。一个策略在某个场域中可能是适当的，在另一个场域中则可能是被禁止的。那么，我们也要明确这一点，尽管在各种不同的场域内，制度的要求或压力都会导致基层领导干部成长过程的趋同性，但在很多方面，即使在同样制度框架下也可能导致趋异性的结果。为什么会这样呢？在讨论这些趋异性机制与过程时我们应考虑如下内容：制度传播的对象对信息存在不同的解码、解释和重新编码。正如社会心理学家们已经通过研究得出"个人对同一情境的定义与反应是不同的"结论一样，基层领导干部对"同一"场域内的制度要素也有着不同的应对方式。如果进行更加细致和深入的研究，就可以更容易地解释基层领导干部为何面对同样的制度要素，却存在趋异而非趋同的反应，进而能够很好地解释基层领导干部成长过程的趋异性。例如，在面临十分多样繁杂的制度要素时，"他们有可能以仪式性的方式来应对制度要求，对它们的正式结构进行变革以表现出自己对制度的遵守，但会使内部单元不受这些制度要素的影响而独立地运行"[1]。当然，这只是可能使用的应对策略之一，但这种应对策略是存在

---

[1] Charlie descott, *Institutions and Organizations: Ideas and Interests*, trans. by W. Richard Scott, California in the United States: Sage Publications Press, 2009, pp. 186–194.

的。基层领导干部可能会抵制甚至是十分公开地抵制制度要素的各种要求，在现实中这种抵制主要体现为"不作为"或者"形式主义"。

（三）符号系统与基层领导干部成长互动作用

早期的社会理论家埃米尔·杜尔凯姆（Émile Durkheim）在《个人的代表性及集体的代表性》一书中提出，"社会与文化结构决定着精神模式（'集体表象'）"①。然而，人们（特别是未社会化的婴儿）远非一张白纸，相反一出生就具备，各种基本的思维能力，如具有空间、数字、因果关系等概念和认知范畴。埃米尔·杜尔凯姆后期的著作《道德教育》（1902—1903年）与《道德事实之测定》（1907年）对此形成相对成熟的理论，他强调"（象征）符号系统——信念系统与'集体表象'——是社会秩序的轴心……共同的认知框架以及图式，有着某种道德或精神的特质"②。

组织文化有某些永恒的东西，其注定要在所有具体的符号中存在下来，组织文化已经成功地用这些具体符号把自己包装起来。任何社会都存在有规律地、周期性地支持与重申集体情感与集体思想的需要，这些情感与思想使社会得以统一起来，并影响个体人格形成。基层领导干部作为场域内行动者，也会受到符号系统内化作用，并体现为人格结构中的一种内在需要倾向，从而形成一种惯习或习性。在这个意义上，基层领导干部是由"道德性"而非工具性关注驱动的：个体遵守符号系统的基本动机，在于符号系统对个体所施加的道德权威。

在某种程度上，研究基层领导干部成长问题应视文化为"外在于个体的一种客观导向"，而非西格蒙德·弗洛伊德（Sigmund Freud）在《群体心理学与自我的分析》中所认为的符号系统"主要是作为内化的人格系统要素而起作用"③。因此，不应过于强调符号系统客观视角而非主观视角的重要性。符号系统不仅有认知维度，还具有评价维度，而不应仅仅作为一种"价值导向"。这些符号系统尽管是人类互动的产物，但又被个

---

① Charlie descott, *Institutions and Organizations: Ideas and Interests*, trans. by W. Richard Scott, California in the United States: Sage Publications Press, 2009, pp. 187 - 195.

② ［美］理查德·斯科特：《制度与组织：思想观念与物质利益》，姚伟、王黎芳译，中国人民大学出版社2010年版，第17页。

③ ［奥］西格蒙德·弗洛伊德：《群体心理学与自我的分析》，国际文化出版公司2000年版，第78页。

体经验视为客体。这些符号系统尽管是主观形成的,但又会逐渐"结晶化"或固化。在埃米尔·杜尔凯姆看来,它们是"社会事实":个体所感知到的现象(对于该个体)既是"外在的",又是"强制性的"[1]。基层领导干部并非仅仅对符号系统的刺激做出机械的反应;相反,他们会首先理解它们,然后才决定做何反应。如果不考虑基层领导干部对社会行动具有协调作用的意义,就不可能理解基层领导干部的行为选择。

从实际情况来看,那些被选任到领导干部职位的人们,首先应具备一些可以胜任这一职位的基本素质。在这个职位任职一段时间之后,他们的成长状态如何呢?在他们成长过程中又会受到哪些因素影响呢?也就是说,基层领导干部个人成长过程是否遵循某种逻辑呢?这种逻辑是指对各种情景中遇到的相似性与差异性的思考,包括抽象推理("计算性的")模型,"范式—认知"("关联主义的")模型。后一种理论模型似乎既与关于人类学习的研究相一致,也更适合用来解释基层领导干部处理他们遇到的不确定性之方式。

文化理论家普遍强调符号系统的重要性。根据现有理论可以得知,基层领导干部"内心的习惯"便是受到符号系统的影响。正如罗伊德·安德雷德(Royds Andrade)所指出的:"思想、感情和意图都是由符号的刺激引起的,并因此是符号性意义的一部分。"[2] 社会学的很多研究(如符号互动理论和各种测量方法论),都认为信念主要是内化的和主观的。相反,新的文化研究者们所偏好的数据则是"更容易观察的各种行为"[3],如口头言谈、仪式,以及编码化的知识与文化性的人工器物,"而不是(那些)被人们锁藏于私人深处的行为"[4]。这些新的理论路向,不再关注内化的、主观的文化本质,而强调符号是外在的、客观的现象。知识社会学家彼得·伯格(Peter Berger)、托马斯·卢克曼(Thomas Luckmann)

---

[1] [美]理查德·斯科特:《制度与组织:思想观念与物质利益》,姚伟、王黎芳译,中国人民大学出版社2010年版,第17页。

[2] [美]理查德·斯科特:《制度与组织:思想观念与物质利益》,姚伟、王黎芳译,中国人民大学出版社2010年版,第46页。

[3] Charlie descott, *Institutions and Organizations: Ideas and Interests*, trans. by W. Richard Scott, California in the United States: Sage Publications Press, 2009, pp. 40 – 47.

[4] Charlie descott, *Institutions and Organizations: Ideas and Interests*, trans. by W. Richard Scott, California in the United States: Sage Publications Press, 2009, pp. 41, 48.

在 1966 年出版的《现实的社会建构》一书中提出了共同意义系统的建构理论，他们强调了意义建构的三个时段：外化（extemalization）①、客观化（objectification）②、内化（internalization）③，以及呈现一个"制度化"的过程。

对于研究场域中的文化—认知性层面而言，社会心理学家欧文·戈夫曼在《日常生活中的自我呈现》中所阐释的符号互动论研究，首先使用了"文化框架（frame）"这个概念，他认为所谓的文化框架，就是一种"理解图式"，这种理解图式能够使个人"定位、感知、界定与标名"意义的事件。此后，社会运动理论学家切斯诺·科夫（Chestnokov）及其同事对这种文化框架的概念进行了修正，他们避开了作为名词的文化框架概念，而强调作为动词的文化框架概念（文化架构④）。

美国社会学家乔治·H. 米德，也强调自我与社会之间的相互依赖，但不同的是，他特别关注符号系统在创造人类与社会的过程中所具有的重要作用。他认为，人们在互动过程中，通过手势等姿态，特别是声音性的表达（语言），在自我与他人之中唤起同样的反应，意义得以创造或产生出来；当个体在达成自我理解中"接受、感知他人的态度"时，自我就在互动中出现了。⑤ 由此可知，共同知识与信念系统的创造对基层领导干部成长具有重要意义。正如德国著名社会学家马克斯·韦伯（Max Weber）所认为，人类是一种社会动物，悬浮于其自己编织的意义之网中，文化就是这些网的基本要素，文化是由社会确立的意义结构组成的。

在"文化的认知类型"习得过程中，基层领导干部会经历以下发展阶段：散乱的认知——在这种认知状态下，生活被经验为"一系列具体的、有形的情节、事件"；模仿性（mimetic）认知——这种认知处于产生有意识的、有意图的和具象性的行为阶段（如工具制造、合作打猎）；语

---

① 符号结构从参考者的社会互动中产生，其意义逐渐为参与者共有。

② 这种互动产物"逐渐成为参与者自身之外的、与参与者对立的事实，成为"外在于那里"的物，成为一种与他人共同经验的实在过程。

③ 客观化的世界在社会化过程中被"再次投射到意识之中"的过程。

④ 切斯诺·科夫等人指出："文化架构意味着一种积极的、过程性的现象，即意味着在实在建构层次上，存在着能动性与目的性。在某些事情正在被完成的意义上，文化架构是积极的和能动的；在文化架构是一个动态的、演化的过程的意义上，文化架构是过程性的。"

⑤ [美] 理查德·斯科特：《制度与组织：思想观念与物质利益》，姚伟、王黎芳译，中国人民大学出版社 2010 年版，第 21—22 页。

言或专用术语的使用——这种文化是一种可以进行口述的系统,并容许基层领导干部在其中创造关于世界以及我们自身状态的各种模型;理论性的文化——包括书面语言和其他符号性表现形式(各种图画、音符、绘图),可以外在地存在于各种媒介(书本、胶片、电脑储存器)中,可以保留、修正和在时空中传播。

综上所述,结构要素、制度要素、机制构件和符合系统(文化要素),是影响基层领导干部成长的基本要素,场域内还有很多要素会影响基层领导干部成长过程。如果要充分理解那些影响基层领导干部成长的场域要素的决定性作用,就必须关注场域要素对基层领导干部成长影响的更长的时间周期——场域要素变迁过程。由于场域要素对基层领导干部成长会产生一定影响,故而,优化场域要素可以对基层领导干部成长起到助推和催化作用;反之,则起到负面作用。与此同时,成长场域内的各种要素不仅作为输入者影响基层领导干部成长过程,也会作为输入对象被基层领导干部重新解码、转述与使用。由于基层领导干部个体编码过程存在差异,即使在同一场域各要素的同种相互作用过程中,基层领导干部成长状况仍存在差异,这便体现出基层领导干部成长的个体能动性。

三 基层领导干部成长场域要素变迁分析

基层领导干部成长过程发生在特定场域内,不同场域存在相当大的差异,而同一场域在不同时间,也会发生相当大的变化。历史地分析场域要素的变迁轨迹以及场域要素的相互作用,可以更好地理解基层领导干部成长过程。本书从历史唯物主义中找到"结构—关系—文化"的框架,来分析基层领导干部成长场域要素变迁的内在逻辑。

基于"结构—关系—文化"的分析框架来看,关系形态受到结构要素影响,并决定文化要素变迁。中华人民共和国成立以来,基层治理场域结构要素逐渐发生分化,市场与社会领域逐渐发育,政治权力逐渐归位,私人领域空间拓宽,治理主体力量也不断发生转移。随着各领域发展成熟,治理关系要素也呈现明显变化趋势,交往环境由"熟人社会"逐渐向"陌生人社会"转型,交往主体意识由依附性逐渐转向独立性。在此过程中,社会主义市场经济所催生的主体精神、独立意识与法治观念逐渐发育,作为文化核心要素的价值、思维与心态也呈现出多元化。现阶段各种要求的提出并不都是由个人的主观意愿决定的,而是社会主义市场经济发展及其导致的社会结构转型所提出的客观要求。所以，对于基层领导干部而言，能否从结构转型的客观规律的高度来认识和把握基层的改革、发展和稳定，高瞻远瞩，把握大局，坚持全面协调可持续，统筹兼顾各方，并在实践中得以创造性地开展工作，直接影响甚至决定着自身成长状况。

（一）结构要素变迁过程

中华人民共和国成立之初，国家经过"三大改造"，社会主义公有制建立起来，农村人民公社，集体农庄、合作社成为集体所有经济的主要形式。政治权威进入基层治理场域，并延伸到自然村落，以往建立在自然经济基础之上的"乡土社会"被逐渐打破，分散的个体被高度整合。在政治、经济与社会一体化的结构下，人、财与物等被统一调配，这使基层资源被有效整合，并呈现出"蜂窝状"与"条块化"等资源集中趋势。

在计划经济体制下，政治领域与经济领域高度统一，"行政逐级发包"的任务委派往往使基层干部疲于完成上级任务，其推动基层发展的自主性也受到某种程度的限制。改革开放之后，基层结构要素逐渐发生转型，"领域合一"朝向"领域分离"方向发展，市场领域与社会领域的自主空间逐渐扩大。以此为基础，权力结构、利益结构与社会阶层也逐渐发生分化，基层内各领域的发展动力开始转移。

1. 基层治理领域逐渐发育

中国乡土社会以村落为单元形成了聚村而居的传统。中华人民共和国成立之初，传统村落具有了两个发展向度：一是基于自然或血缘而形成的自然村落；二是国家建构的管理和服务范畴的行政建制村和社区。随着家庭联产承包制改革从农村开始，特别是1983年全国实行家庭联产承包责任制之后，经济力量推动市场逐渐发展，政治力量重新归位，工业化、新型城镇化过程推动基层各领域向逐渐分化方向发展，基层治理场域的开放性和流动性不断增强，基层百姓逐渐获得了更多的自主性空间。

一是政治权力开始归位。中华人民共和国成立之初，政治权力的运行逻辑是对基层内各种事项大包大揽，这在某种程度上可能引发管理失灵状态。邓小平同志便深刻地指出："我们的各级领导机关，都管了很多不该管、管不好、管不了的事。"[①] 改革开放之后，政治权力边界逐渐发生调整，过去的"全能"模式发生改变。随着社会主义法治进程加快，政治

---

① 《邓小平文选》第2卷，人民出版社1994年版，第328页。

领域的权力运行被规范在法治轨道上，这可以防止基层领导干部权力任性，并有效维护基层稳定，进而为基层发展提供活力保障。为此，基层领导干部需要有所为和有所不为，才可以真正实现作为。

二是市场领域获得发展。改革开放之后，随着所有制结构与分配结构发生变革，产权得到保护，市场领域获得发展活力。市场领域发展空间的日趋增大带来了基层资源配置优化，这为基层经济发展提供了基本动力。人的物质生活需要得到满足后，便会开始谋求政治上的利益表达权利，追求个人生活的意义，产生自我价值实现的需求。在此过程中，基层百姓的平等意识、责任意识与独立意识逐渐发育，这也为基层内社会领域的发展创造了条件，为基层领导干部依法贯彻中央大政方针提供了基础保障。基于此时代背景，基层内出现了一些乡村企业家，他们可以带动基层百姓共同致富，比如，通过创办企业等方式吸收基层内剩余劳动力。在调研杭州市A村过程中，当地一位企业家提到，"我做生意发了财不能不造福村里人，我每年会为村里兴建公共基础设施"（访谈实录）。这为基层领导干部推动经济发展提供了基本动力。

三是社会领域逐渐发育。中华人民共和国成立之初，政治领域的管控模式在某种程度上弱化了社会领域发育的自主性。改革开放之后，个体从共同体中独立出来并有了主观上发展自身的可能性，基层百姓摆脱了宗法关系而获得了个体解放，这为社会领域进一步发育提供了条件，社会领域的逐渐发育则为基层百姓提供了发展平台，在参与社会交往过程中，基层百姓的认知能力与素质也获得了极大提升。社会领域发育并不意味着脱离场域整体系统或结构要素而独立存在，这是因为各领域相互之间的联结对于整体基层治理场域运行具有极为重要的意义。社会领域的逐渐发展，为基层百姓自治意识与独立意识提供了发育空间，在某种程度上避免了其他领域可能面临的运转失灵状态，从而为基层治理提供了稳定保障，也为基层领导干部治理基层提供了有效方式。由于市场领域的分工和交换天然地催生着平等的社会秩序，加之各领域控制手段逐渐法制化、规范化，这为社会领域规范运行提供了可能性。

四是私人空间开始拓宽。中华人民共和国成立之初，在基于血缘与地缘的家国同构的客观时空条件下，基层百姓的个体意识与独立意识的发育土壤并不肥沃。改革开放之后，个体经济自由得到认可，经济合法地位得到法律承认，基层百姓摆脱对土地的依附性，私人空间开始拓宽，自身利益表达愿望更加强烈,这为竞争意识与权利意识发育提供了动力源。正如毛寿龙在《政治社会学》中所指出的"自由活动空间的出现实际上与自由资源的出现同步"①,"国家政策允许、支持和扶植下,农民工开始进城,在城市里也找到了自由的活动空间。农民重新获得了身份自由,这种自由与改革开放政策所提供的自由活动空间相结合,就出现了中国农村的结构性变革"②。这便要求基层领导干部在推动基层发展、改革与治理现代化过程中,需要改变过去的权力运行模式,用治理方式取代过去的管控方式或管理方式。

2. 场域结构要素逐渐分化

中华人民共和国成立70年以来,基层要素结构分化主要体现在权力结构分化、利益结构分化与基层阶层分化等方面。中华人民共和国成立之初,各领域权力力量较集中,并存在党政不分的问题,这在某种程度上影响了党的领导作用发挥。正如邓小平同志在1980年8月的政治局扩大会议上的发言中提到,"权力不宜过分集中",要"着手解决党政不分、以党代政的问题"③。1986年,邓小平同志进一步指出,"党政要分开,解决党如何善于领导的问题"④。此后,随着改革进程的逐渐深入,权力结构发生分化,以往的家长制、官僚主义、特权等现象,与权力结构分化过程所带来的平等、自由、公正理念格格不入,权力行使过程逐渐向法治化科学化方向发展。基层领导干部成长过程也逐渐摆脱特权现象,权力行使过程逐渐向科学化、民主化、法治化方向发展。与此同时,党政分工与权力适度下放,权力的一元化结构被分化。然而,权力结构分化过程也带来了党的领导弱化与虚化,这为基层领导干部职能作用发挥带来一定阻力。

改革开放以来的多种所有制结构极大地促进了基层阶层的分化。例如,农村大集体被家庭联产承包制取代,基层内阶层分化逐渐形成,并催生出新的阶层,各阶层的利益诉求与表达方式呈现多元化。陆学艺提出的"十大社会阶层",也适用于县级领域。利益分化增加了贫富差距,既得利益集团与阶层固化也随之产生。贫富差距与阶层固化所引发的矛盾冲突

---

① 毛寿龙:《政治社会学》,吉林出版集团有限责任公司2007年版,第57页。
② 俞睿:《国家与社会关系视阈中的私人领域建构》,人民出版社2014年版,第58页。
③ 《邓小平文选》第2卷,人民出版社1994年版,第321页。
④ 《邓小平文选》第2卷,人民出版社1994年版,第177页。

是基层领导干部所面临的最大治理障碍。

场域结构要素逐渐分化伴随而来的是治理主体力量逐渐转移。基层治理主体主要由基层治理场域内行动者组织，既包括"建构性的行动者"，也包括"生成性的行动者"。"建构性的行动者"作为治理体系的最初构成者，发挥着维护基层稳定的治理作用。"生成性的行动者"作为逐渐发育起来的治理主体力量，发挥着推动基层发展的动力作用。其行动空间便基于"建构性行动者"对这种治理主体力量的转移程度，场域结构要素转型便体现在这种治理主体力量的转移过程。

一方面，基层发展动力由政治力量向资本积累倾斜，又转向文化软实力。在国家政治动员的权力强制性逻辑下，基层发展主要靠政治力量推动。改革开放以来，在由农业现代化向工业现代化、再向信息化转变的过程中，权力与资本都是基层发展的动力支撑。相对而言，社会力量仍相对不足，基层领导干部面临着激发社会发展动力的挑战。

另一方面，随着现代化治理体系不断推进，伴随着基层力量转移到来的是利益分化与不同利益集体博弈过程。基层治理场域内主体的"多元化"与"非均衡"并存，需要通过多元主体互动协同，以实现各方利益的平衡与整体最大化。党的十九大报告围绕"打造共建共治共享的社会治理格局"基层治理目标，明确指出："加强社区治理体系建设，推动社会治理重心向基层下移，发挥社会组织作用，实现政府治理和社会调节、居民自治良性互动"，这就为基层领导干部开展工作提供了方向指导。

（二）关系要素变迁过程

中华人民共和国成立之初，农村集体经济消灭了私有制中不平等关系，单位内同志式平等关系初步形成，这种关系逐渐取代血缘与地缘关系，维系基层百姓之间关系的宗法伦理发生弱化。在单一公有制下形成的社会主义生产关系，更多地强调人人平等的普遍平均主义。在"以阶级斗争为纲"的政治运动中，经济问题与社会问题往往归纳为政治问题，"政治挂帅"成为基层百姓之间合法关系基础。基层百姓被组织到一起，以人民公社作为"大家庭"，生产队承担着传统宗族所具有的各项职能，包括基层利益格局的调整与分配。由于在封闭的关系场域内，互动与流动性不足，家长式与组织性依附关系仍存续，劳动者被分为"干部""社员"与"工人"，他们很容易会对掌握着资源分配权的基层干部产生一种依附性，这很容易催生权力与权利的不平等。

改革开放以来，随着经济体制与户籍制度的改革、城乡关系政策的调整，城乡之间生产要素流动加快，城乡关系由"封闭静止"和"二元结构"逐渐走向"开放一体"与"壁垒区隔"共存，基层治理场域关系形态发生转型。

一是交往环境发生变迁，由传统农耕背景下依靠小农经济关系维系的人情社会与"熟人社会"，开始逐渐向"陌生人社会"转型。从总体上看，尽管仍保留着传统关系文化中的人情因素，但随着城镇化过程加快，求学、务工人员逐年增多，原有基于血缘与地缘的大家族的利益纽带逐渐松动。"陌生人社会"逐渐呈现出正如乌尔里希·贝克（Ulrich Beck）预测的风险社会特征，以往依靠道德伦理规范行为的"熟人舆论场"被逐渐消解，在行为自主选择空间增大的同时，契约与法律开始成为约束人们行为的权威力量，基于此我国需要培育社会信任资本的价值土壤。由于户籍控制尚未完全解冻，城乡之间资源和要素的交换仍受到某种程度的限制，城乡治理的壁垒和区隔仍然存在。基层内关系要素变迁远未及城市速度快，在伦理道德约束松动的同时，基层百姓法治意识发育还未及时跟上。与此同时，基层生产与生活方式发生变革，人口流动加速，以往的"熟人社会"逐渐瓦解。尽管如此，错综复杂的人际交往方式，以血缘、地缘维系的传统关系并未完全消失，这种传统关系仍在某种程度上发挥作用，进而维护村庄生产生活秩序。在调研中，一位基层领导干部谈到，"我经常和百姓交流，熟悉他们的话语体系，一般讲话不用演讲稿，都是手写的稿子，是我对平日调研时所了解到情况的一些思考和提炼"。

二是交往主体意识发生变迁，交往主体意识由依附性转向独立性。中华人民共和国成立之初，国家通过政治权力和计划体制对社会资源进行分配，真正的私人领域发育一直较晚。在家国同构的集权结构与地缘共同体的宗法血亲影响下，个体处理各方面事务往往依赖于单位，这很容易孕育出依附性人格。改革开放以来，市场领域开始逐渐发育成熟，关系主体活动范围开始扩大，平等、独立与竞争精神逐渐发育，基层百姓权利意识逐渐觉醒，并更加积极表达自身需求与利益诉求，关系要素呈现构建性特征。在关系要素变迁过程中，个体走出共同体束缚，这也意味着没有了共同体的监督和保护。关系要素的变迁使人成为"原子式的个体"，由于缺乏多层次的关系网络，个体受自我保护欲望和利益动机驱动，可能朝着

"经济人"的方向发展。① 在此过程中，基层百姓求富意识增强。在现代转型过程中，"传统的道德认同不断式微，经济评价逐渐获得价值评价的优先性，农民自我意识逐渐强化并对村庄道德共识造成冲击"②，这种关系要素的变迁对基层领导干部治理过程带来诸多挑战。在对江苏徐州B村进行调研时，63%的村民认为"金钱"是衡量生活水平的重要指标，并位居各选项之首。此外，以往贫困群众"等、靠、要"的状态明显改变。在关于"您认为致富主要依靠以下哪种力量？（依靠国家、依靠自己、依靠国家和自己）"的调研中，32%的调查对象认为要依靠自己。

三是关系形态发生变迁，呈现双重性依赖共存。改革开放以来，基层百姓逐渐走出基于血缘与地缘的"人身依附关系"与基于政治认同的"同志关系"（这两种关系的关系形态都呈现为一种"人的依赖关系"）。随着社会主义市场经济领域发展，关系形态主体在摆脱对共同体依赖与政治组织管制的同时，依赖经济纽带的"物的依赖关系"逐渐形成。由于基层内经济实体发育较晚，"人的依赖关系"与"物的依赖关系"这两种关系形态同时并存。"物的依赖关系"遵循市场逻辑，在塑造理性、法治与规范的同时，也体现出人与人之间的工具性、功利性、实用性等。基层治理场域内治理主体各自聚焦自身利益。个别村干部希望取得政绩，村民则致力于保护自身利益。这种实用性的行为逻辑会衍生出一种"分利秩序"的关系形态。这种逻辑的负面效应若不断凸显，就很可能成为基层领导干部个人成长的负面因素。

（三）文化要素变迁过程

文化要素包括价值观念、思维意识与精神情感等一系列要素，这些要素构成一整套逻辑上相联系的意识与观念并指导行动。这些要素在某种程度上受到结构要素和关系要素的作用，反过来又影响特定场域内的关系要素和结构要素。中华人民共和国成立70年以来，新旧体制不断交替、利益格局不断调整，在基层治理场域内，结构要素与关系要素不断发生变迁，文化形态存在的客观环境发生变化，作为文化核心要素的价值、精神与情感也在发生调整。

---

① 俞睿：《国家与社会关系视阁中的私人领域建构》，人民出版社2014年版，第32页。
② 刘昂：《新乡贤在乡村治理中的伦理价值及其实现路径》，《兰州学刊》2019年第4期。

1. 基层文化形态发生变迁

在一定程度上，文化形态是基层治理场域的核心要素，不仅影响着基层干部个体的价值偏好和角色选择，而且也影响着基层百姓的政治意识与独立精神的发育过程。中华人民共和国成立70年，随着国家的生存方式由封闭转向开放，个人的存在方式则从共同体转向原子化，政治文化占主体的文化形态逐渐转向文化多元化，精英文化开始转向大众文化。

随着市场在资源配置中发挥更大作用，文化领域中经济要素开始占有一席之地，这也反映出基层百姓的经济与利益关系形态。过去一段时间，"政治挂帅"被国内生产总值（GDP）政绩观取代。在社会主义市场经济条件下，个体的物质享受获得承认，致富能手成为基层百姓心中的标杆。这个过程催生了文化世俗化。文化世俗化从某个层面体现为宗教禁忌的消亡，从而更加注重现世的善。在文化世俗化过程中，消费主义与享乐主义逐渐出现，甚至演变为经济物质与货币崇拜的功利主义。与此同时，也附带产生了一种畸形心理。例如，崇高信仰受到世俗利益冲击，导致基层干部精神懈怠与理想信仰淡化。

由于"家国同构"衍生的宗法观念、"官本位"和特权意识残余仍未完全消失，以及治理变迁过程发生的"价值突变"，对公仆精神和行政伦理文化，尤其是集体逻辑所追捧的奉献与牺牲精神产生了冲击，这直接影响了基层干部的思维方式与价值观念，由此衍生出的"双重"人格使思想与行为发生脱节，甚至存在认知误区，即把"官场"当"市场"，把"权力"当"商品"①。比如，表面上作为党的好干部讲党性、为民谋利，背地里作为腐败分子谈私心、徇私舞弊。基于此，重塑公仆精神是推动基层治理现代化的最基本条件。

2. 主体精神与独立意识逐渐发育

中华人民共和国成立之初，社会主义所倡导的价值观被普遍认为是实现没有差别的绝对平均。在资源极大匮乏的条件下，对资源的平均分配是一种优选方案。然而，建立在小农经济基础之上的平均主义，是一种基于个人身份的等级范围内的平均主义，这会形成一种"等、靠、要"心理。由于平均主义是以等级差别为前提的，承认个体身份的差异性，部分干部可以对一些资源进行调配，对普通百姓来说，这会产生对拥有特权干部的

---

① 傅如良：《公仆的嬗变》，社会科学文献出版社2012年版，第23页。

依附心理。基层百姓的主体精神与独立意识的发育过程往往会受到一定程度的限制。

改革开放以来,基层百姓逐渐摆脱物资匮乏的局面,加之当前精准脱贫政策的贯彻落实,基层百姓在解决温饱的同时,开始寻求多样化的存在方式,基层百姓的权利意识也开始发育。正如王沪宁所说:"真正能够动摇村落家族文化的应该是物质生产力的高度增长以及由此带来的其他变革。"[①] 因此,在基层生产力发展同时,先进政治文化要素也逐步成熟,基层百姓的治理意识与法治意识不断获得提升。社会主义市场经济所培育的平等、民主与独立精神是先进文化发育的心理基础。对基层百姓而言,只有摆脱被束缚的状态,自主意识和自由意志才可以真正觉醒;只有生存需求和物质保障得以实现和满足,才有闲暇以独立的个体身份为争取自身权益而从事政治活动,才能够自愿地遵守法律和契约所规定的各种义务,并形成对追求个人利益最大化的自我约束。可以说,中华人民共和国成立以来,基层经济不断发展,从而催生了基层百姓的平等、自由、法治、民主意识,进而为先进政治文化的形成提供了精神基础。从某种程度上来说,这是可以促进基层领导干部更好治理基层的有利因素。

3. 价值观呈现多元化

在基层治理场域变迁过程中,经济领域产生与以往不同的运行逻辑与发展模式,随着社会主义市场经济进入私人生活领域,基层百姓的生活节奏加快,社会阶层分化、利益多元化,"整齐划一"的价值理念发生消解,基层百姓的物质需求、审美情趣、休闲消遣、个性追求等呈现多元化。价值理念的"多元结构"催生一些悖论,并带来诸多矛盾与冲突,使基层百姓在精神与心理上产生无所归属感。"随着'公共生活'与'私人生活'的相对分离,私人生活领域的'道德自由'便作为正式的要求被提出并获得了承认"。出身门第、长官意志、等级特权等观念逐渐消解,依附性人格向追求独立、平等、自由的人格方向转变。与此同时,"交换性""求利性"被演绎到政治领域之后,变异出钱权交易理念,催生了"权力寻租"。基于权力与身份的浓厚人情与关系依然存在,这对理性精神与法治思维的形成产生了一定的反作用。在传统因素与现代因素此

---

① 王沪宁:《当代中国村落家族文化——一项对现代化的探索》,上海人民出版社1991年版,第62页。

消彼长的基础上，基层百姓的思想、观念、思维和行为方式不可避免地会具有时代的烙印。

随着大众传媒迅速发展，信息传播便利化，知识生产多元化，过去的一元价值形态也逐渐转型为"一元主导、多元主体"的价值形态。多元价值形态包含多种相互交织范畴，在为基层治理场域注入活力的同时，也会冲击主流价值观，甚至导致基层百姓的价值误判。尤其是在多种价值理念难以调和的情况下，多元价值形态会加剧社会矛盾激化，极端与暴力的民粹主义也会借助民族矛盾造势，这对基层领导干部维护民族地区稳定带来挑战。

4. 地域归属感发生变化

随着社会主义市场经济发展速度的加快，基层百姓摆脱了以往地域流动限制，自由活动空间增加，对土地依赖程度消解，对原有生活地域的归属感也逐渐弱化。随着家庭联产承包制度的巩固延续，农业税的取消，粮食补贴被直接打到个人卡上，医疗补助救助直接到医院去报销，基层百姓在生产、生活上的自主权和独立性日益增强。在调研中，村民对村"两委"班子换届选举、对谁当村干部表现出漠不关心，特别是一些长年在外流动人员更是如此，其主动回村投票的积极性不高，尤其是年轻群体对农村的感情逐渐淡化。改革开放以来出生的农村一代人，大都接受过九年义务教育，文化教育程度较高，思想开放活跃，对生活有着更高的预期和追求。随着这代人长期在城市求学或就业，对外部世界的依赖逐步增强，乡土观念和对农村的感情渐渐弱化，务农收益偏低、基础建设滞后、发展空间有限的现实和城市优越生活环境与生活质量，使他们不想再回村发展和居住的愿望更加强烈。

第二节　基层领导干部成长机制分析

成长机制通过特有的独立性、关系性与动态性，直接或间接影响着基层领导干部成长的各个阶段。基层领导干部成长机制作用过程，实际上与成长机制构建过程一样，是一个充满着连续不断的互动与博弈的复杂过程，这个过程决定了基层领导干部成长状况。

一　基层领导干部成长机制构件互动作用

基层领导干部成长过程具有一定的有序性，呈现某种特征，这归功于一系列制度所构成的成长机制作用的发挥。基层领导干部的成长过程与由一系列制度所构成的成长机制作用密切相关。

（一）成长机制构件对基层领导干部的影响作用

关于"如何才能选择政治官员作为控制他们科层组织的'代理人'；政治制度对于政治行为有什么影响；政治官员求其权力位置的机制是什么"这一问题。美国管理学家汤姆·彼得斯（Tom Peters）和罗伯特·沃特曼（Robert Waterman）曾在《追求卓越》中这样指出，"制度在很大程度上被界定为对个人的一套积极（诱导性的）或消极（规制性的）激励，在这些模型中，个人功利最大化为个人提供了动力"[①]。可以说，合法性秩序中存在的信念是行动者的模板。在现代社会中，成长机制的指导原则与基本理念，是"决定行动模式的公理和准则等"，有很多因素诸如追求潮流、地位强化与替代学习等，可以促使基层领导干部遵从制度要素的要求。而从个体角度来说，基层领导干部也可以做出能动选择，"他们在某些方面必须或可以仿效"这些模型（焦裕禄是这种优秀基层领导干部模型）。基层领导干部会模仿那些他们感觉会成功或有声望的领导干部，所有模仿行为都涉及成长机制作用过程。强制性同形、规范性同形与模仿性同形这三种同形机制，会促进基层领导干部角色扮演与外部期望相一致，使基层领导干部彼此之间日益相似，但这不一定会直接促进基层领导干部成长过程发展。

罗伯特·基欧汉（Robert O. Keohane）与约瑟夫·奈（Joseph Nye）在《权力与相互依赖》中指出，"制度不仅仅是反映建构它的单元之偏好与权力；制度本身也会影响这些偏好与权力"[②]。由此推知，基层领导干部成长机制所构建的术语反映着一系列规定。这种成长机制建构过程表明，成长机制对基层领导干部成长过程的影响往往与工具理性无关。也就

[①] ［美］汤姆·彼得斯、罗伯特·沃特曼：《追求卓越》，胡玮珊译，中信出版社2009年版，第56页。

[②] ［美］罗伯特·基欧汉，约瑟夫·奈：《权力与相互依赖》，门洪华译，北京大学出版社2012年版，第89页。

是说，塑造基层领导干部角色的那些术语受更广泛的场域构建影响，这种塑造过程表明，基层领导干部被共同成长机制作用而日益形同，从而那些受到共同成长机制塑造的基层领导干部获得了一种相似的角色模式。基层领导干部所遵循的行为过程必须是能够最好地适应某一特定场域，也就是"社会适当性"，即基层领导干部所采用的行为模式或所扮演的角色是某一特定成长机制塑造的结果，即强制性同形、规范性同形与模仿性同形。这三种同形机制会使基层领导干部彼此之间日益相似，这便解释了受到相同成长机制作用的基层领导干部，其行为过程具有明显的相似性。那么，成长机制作用过程对基层领导干部成长是如何发挥这种趋同性影响的呢？

若从制度的各种产生和维持机制来看，成长机制中涉及思想观念与物质利益，这种一系列自我激发过程的制度化对基层领导干部成长过程产生着影响作用。对基层领导干部成长机制进行研究，其重点又在于研究制度的影响是如何产生的。美国学者乔恩·艾尔斯特（Jon Elster）在《政治心理学》中认为，"机制是社会过程的基本构成要素（如螺母和螺钉）"①，德芒·赫尔尼斯（Gudmund Hernes）又对乔恩·艾尔斯特的理论进行了适当的补充，即"这些机制是社会过程的齿轮……是传动装置，制度通过这些装置而产生某种影响和结果"。基层领导干部个体成长过程便常常受到成长机制构件相互作用的影响，也就是说，基层领导干部个体成长过程常常是成长机制构建过程相互作用的产物。

从基于回报递增的成长机制构建来看，学习效应与协同效应，促进了各种博弈者对正式规则与非正式规则的认可。美国著名经济学家道格拉斯·C. 诺斯（Douglass C. North）认为，"制度矩阵的相互依赖网络，产生了大量的、日益增加的回报"②，这种基于回报递增的制度化具有物质激励作用。这便解释了基层领导干部在成长过程中所受到的潜规则影响过程，从而存在着一种回报递增过程。

从基于承诺递增的成长机制构建来看，基于承诺递增的制度化则会产生更多身份的作用，这便不仅是在强调激励（成本和收益）的作用，还

---

① ［美］乔恩·艾尔斯特：《政治心理学》，陈秀峰、胡勇等译，吉林出版集团有限责任公司2010年版，第67页。

② Charlie descott, *Institutions and Organizations: Ideas and Interests*, trans. by W. Richard Scott, California in the United States: Sage Publications Press, 2009, pp. 114 – 122.

强调承诺或忠诚机制的作用。正如塞尔兹尼克（Selznick）认为，"从其最重要的意义来看，'制度化'就是向手头任务灌输技术要求之外的价值观"①。这种基于承诺递增的制度化，对基层领导干部心理契约的形成产生重要作用。例如，国家规定的公仆观、为人民服务思想等，会通过各种特殊的社会网络而传播，从而影响基层领导干部的行为过程，以及作用于基层领导干部的成长过程。

除此以外，还存在一种所谓的"浓"的制度化。"浓"的制度化是一种积累过程，发生于历史过程之中。菲利普·塞尔兹尼克的制度化思想与尼尔森（Nelson）和温特（Winter）的制度演化观非常接近。在分析制度的路径依赖时，他们把制度看成是一种"日常惯例"，并分析了由波动造成的动态变化，这种动态变化表明了不同的制度结构在长期中是如何演化的。基于此理论，基层领导干部成长机制便可以看成为一种"遗传机制"，并对基层领导干部心理契约形成产生重要作用。随着关系网络的进化，个体在选择"发声"而不是退出策略过程中，收益和成本逐渐被分担。正如麦克尼尔（Macneil）在《新社会契约论》中所指出的，"声望、友谊、相互依赖，以及利他性的'复杂网络'，是整个关系不可分割的部分"②。在这个"复杂网络"中，"思想观念——信念、图式和各种预设——常常逐渐嵌入组织惯例、形式或公文档案而更加'日益浓厚和固化'"③，这便解释了思想政治教育对基层领导干部成长潜移默化的影响作用。

按照制度基础要素的顺序，以上解释了关于导致制度化的三种类型的成长机制。尽管这些观点基于不同的机制，所强调的制度层面不同，但这些观点并非是冲突性的。基层领导干部成长过程常常会受到这些相互作用并相互强化机制的共同作用。

（二）基层领导干部对成长机制构件的能动作用

基层领导干部成长机制由升迁、薪酬、考核和培训等规制性、制度性

---

① Charlie descott, *Institutions and Organizations: Ideas and Interests*, trans. by W. Richard Scott, California in the United States: Sage Publications Press, 2009, pp. 114 – 122.

② ［苏格兰］麦克尼尔：《新社会契约论》，雷喜宁译，中国政法大学出版社1994年版，第63页。

③ Charlie descott, *Institutions and Organizations: Ideas and Interests*, trans. by W. Richard Scott, California in the United States: Sage Publications Press, 2009, pp. 70 – 79.

规则或激励性制度要素构成，这些制度要素具有扩散性，也就是在要素运行过程中会产生不同结果而导致基层领导干部成长过程的差异性。成长机制在运行过程中会影响其所传递信息的内涵，这种影响因传递者所传递的信息不同而不同，也就是说，这种影响会因所使用的信息传递机制是理论化、认知框架、重新组合、人工器物、牟利还是动员机制不同而不同。

人们往往关注强制性制度对基层领导干部成长的作用过程。实际上，基层领导干部并非完全那样无力、消极或被动地受到成长机制塑造。个人的认知要素对制度的选择与重新编码过程的差异，才是真正影响基层领导干部的成长差异化。基层领导干部成长过程绝不是单单受到某一方面作用的过程，而是多因素的一种合力影响。而且，成长过程往往更会受到网络所传递的规范的影响。例如，非正式规则，或者被重新编码的制度，会使得成长机制在对基层领导干部成长作用过程中被修正和改变，这便解释了基层领导干部成长的差异性。为此，普遍认为成长机制对基层领导干部"影响"的单向作用的理解，应逐渐转向一种综合的互动过程。也就是说，尽管基层领导干部同形的出现和存在验证了成长机制的作用过程。但制度要素影响基层领导干部行动以及集体行动又塑造制度要素的复杂循环过程。基层领导干部群体会集体地或单独地采取行动，通过各种博弈方式来重新界定或操纵各种制度安排。正如法国科学社会学家布鲁诺·拉图尔（Bruno Latour）在《科学在行动》所概括的："任何事物——主张、秩序、人工器物、产品——在时空中的扩散，都必须通过人的手；而所有人都可能以不同的方式行事"[①]。这便解释了为什么受到共同成长机制作用，基层领导干部成长过程会具有如此大的差异性。

保罗·迪马吉奥（Paul J. Dimaggio）与沃尔特·鲍威尔（Walter W. Powell）在《组织分析的新制度主义》中，把专业化过程看作"一个职业中的成员，为了界定他们的工作条件和方法而进行的集体斗争过程"[②]。由此，基层领导干部这个集体也会产生一种集体斗争过程，这种支配组织的规范可能是渐渐地以非正式方式出现的。基层领导干部成长是

---

① [法]布鲁诺·拉图尔：《科学在行动》，刘文旋、郑开译，东方出版社 2005 年版，第 78 页。

② [美]保罗·迪马吉奥、沃尔特·鲍威尔：《组织分析的新制度主义》，姚伟译，上海人民出版社 2008 年版，第 89 页。

各种动机与情感变量确定的有机体状态，以及有机体受到影响的理解与选择性记忆的过程。在成长机制对基层领导干部成长产生作用的过程中，基层领导干部个人的特质会导致成长差异化发生。在某些情境中，基层领导干部会通过使其自身特质与其行动相脱耦，或者以某种方式通过防止自身受到成长机制塑造，来策略性地应对制度要素的要求。在另一些情景中，基层领导干部会采取集体行动，以影响制度要求，并构建界定成长机制，同时通过协商而形成新的规则要求，这便是一种非正式规则的产生过程，也是一种利益博弈过程。

基层领导干部类似博弈者的行动者，这可能会影响成长机制构建过程，试图设计有利于自己的规则，并常常试图通过政治手段和其他手段来变更这种规则，这主要涉及规则实施过程，这是因为在组织中既存在正式制度，也存在非正式制度。各种制度规则本身之间也可能存在各种互动作用，或者因为它们会与其他因素相互结合而影响基层领导干部的行动选择过程与形象塑造过程。这也就是说正式制度与非正式制度之间的冲突，使得二者产生互相作用的过程，基层领导干部个人对正式制度与非正式制度的选择与重新编码过程的差异性，导致基层领导干部角色差异与行为差异，进而导致基层领导干部成长的差异性。也可以把基层领导干部看作一种信息系统，这便形成了一种更为一般性的过程导向观，即把基层领导干部成长过程视为一种符号处理过程、意义制造过程的理解系统。如此便可以很好地理解成长机制对基层领导干部成长的作用过程，以及基层领导干部成长的差异性。

尽管如此，不应假定基层领导干部个体是一种直率的、统一的"需要—反应"模型，相反，基层领导干部个体在信息不对称状态下，也往往有着模糊或不确定的行为目标和意图，在应对成长机制作用过程复杂性时，各种特征也存在着细微差别。基层领导干部对于成长机制的能动作用，并非仅仅是自动遵守，基层领导干部也会提出不同的问题，比如"这种成长机制适合我吗"？或者"我对于规则要求可以做出哪些反应"？

基层领导干部与成长机制之间存在微妙的相互作用。由此，不能仅仅强调成长机制外在的、客观的和理性的作用。相反，成长机制要受到成长场域影响，而成长机制的作用力量也受到自身与被作用对象之间的互动影响。基层领导干部会从他们自身立场来进行意义建构，并试图有选择性地重构成长机制来应对不断变化的要求。基层领导干部对于成长有着自己不同的理解，但是，基层领导干部成长往往存在一些潜在的无法解决的、根本的价值冲突——特别模棱两可，甚至即使具有合作态度的基层领导干部也不知道如何遵守，或者不知道遵守它们意味着什么。由此，成长机制引起复杂的意义建构过程，在这个过程中，需要通过对象谈话，宣讲某些道理，并试图不断完善成长机制。

基层领导干部面对共同成长机制，可以获得某些资源来促进自身成长，也会受到某种制度要素限制，以确保自身履行责任。基层领导干部会受到双重控制过程，一种是政治控制，另一种是同行影响。同行的影响会形成一种共同认知，"形成广泛的共同认知"，然后这种共同认知作为一种潜规则而运行：只有通过这种形成共同认知的话语，基层领导干部日常工作才能逐渐得到协调。

从现实情况来看，那些在对正式与非正式规则的重新编码过程中，更加遵守正式规则的基层领导干部，相比那些缺少正式规则支持、认可的基层领导干部成长的更快。"合理性逻辑"对于基层领导干部的生存能力具有重要的影响，但这种影响与基层领导干部的直接生产绩效无关，而是表现为一种更好的为民服务的能力。遵循工具主义逻辑的行动，往往更多以结果为导向。遵循适当性逻辑的行动，则更多关注"如果我的角色在这种情境中是既定的，那么这种情境对于我的期待是什么"。后者强调的是制度中的规范性要素，认为选择根植于社会背景之中，并以解释某人对这种情景中他人的关系和责任的道德框架为导向。在这种背景中，"适当性逻辑"限制了工具主义的行动逻辑，在制度框架下，基层领导干部会考虑适应性逻辑行动，这就是依规治党的重要意义。

二 基层领导干部成长机制构件变迁分析

中国共产党是中国特色社会主义事业的领导核心，在带领基层群众开展革命、建设、改革的事业中，依靠一批又一批优秀基层领导干部，探索出一系列提升整体队伍能力的相关制度，形成了独具特色的基层领导干部成长机制，并激励广大优秀基层领导干部脱颖而出。基层领导干部成长机制的指导原则不断随着客观条件变化而相应做出调整，其指导基层领导干部对时代的回应能力，这具有一定历史的逻辑性和合理性。可以说，基层领导干部能否健康成长，除自身因素外，很大程度上还取决于组织培养的成长机制作用，离开了组织培养，个人成长就失去了平台和机会。正是因为组织提供了锻炼机会，才使基层领导干部的"潜能"变为"显能"，"潜势"变为"显势"，个人的素质和能力得到展现和提高。

（一）基层领导干部成长机制变迁历史背景

基层领导干部成长机制变迁是由多元背景因素相互作用而成的，其中起决定作用的是国家各领域所面临的形势变化、政治政策变迁与干部人事制度变迁等。国家发展形势变化、政治政策选择、干部人事制度与基层领导干部成长机制是相互联动的。国家发展形势变化要求制定相应的能够反映社会经济形势变化的政治政策，以促进国家各领域不断发展进步。相应政策出台后便需要政治执行过程可以保障政策得到贯彻落实，基层政权作为政策落地的最终环节，能否确保国家大政方针得以落地，则由基层的资源禀赋、政治利益和政策偏好决定，这便需要基层领导干部具有较强的领悟力和执行力。由此，选拔和培养有利于政策执行的基层领导干部，并促进其健康成长则成为基础保障。总体关系便是国家发展形势变化推动政策选择和制定，辐射影响干部人事制度变迁来保障基层领导干部成长机制有效运作，从而确保基层领导干部健康成长以促进政策执行过程。从以上分析可知，国家发展形势变化是政治政策制度的宏观背景，而基层领导干部成长机制变迁是政策有效贯彻执行的关键条件。因此，基层领导干部成长过程受到政治利益和需要影响，并与国家政策选择过程相符合，这属于现实政治的内在要求。

改革开放以后，基层领导干部成长机制变迁过程主要由经济社会发展的形势变化、政治政策选择与政治利益因素影响。20世纪70年代末80年代初，干部人事制度改革推动了基层领导干部成长机制的变迁。这次变迁主要以改革开放重大战略为背景，传统的革命运动型基层领导干部无论在思想、知识与行动上都很难适应改革发展形势，这迫切需要一批革命化、年轻化、知识化和专业化的基层领导干部队伍。由此，"四化"方针被提出，"领导干部终身制"被废除，这使得中青年"知识—技术型"基层领导干部快速成长起来。

20世纪90年代初期，改革开放取得成绩，为促进改革开放所积累的成果，党的十四大提出经济体制改革。为配合这一指导思想，中国共产党又进行了深化人事干部选拔体制改革，更加侧重于对懂经济干部的任用。由此，一些在经济领域具备经济技术优势和管理能力的知识经济型基层领导干部得到快速成长，这种类型基层领导干部能够促进基层经济发展。

党的十八大以来,"中国梦""新发展理念""依法治国"与"国家治理体系与治理能力现代化""全面从严治党"等被相继提出。从中可以看出基层领导干部成长机制变迁的一个新起点。针对经济发展过程中的一些问题,如盲目追求经济的过快增长造成的发展不平衡、资源浪费和环境恶化等,厚植发展优势,"新发展理念"被提出,这便需要基层领导干部具备理解和落实"新发展理念"和构建和谐社会的能力。

党的十九大以来,基层领导干部成长机制的背景发生新的变化,也就是"中国特色社会主义进入了新时代"[①]。在新的历史方位,基层领导干部成长机制变迁仍在继续。新时代需要基层领导干部深刻理解习近平新时代中国特色社会主义思想,对党忠诚、具备"四个意识"。为此,年龄结构合理、知识结构丰富的"讲政治型"基层领导干部将快速成长起来。

(二)基层领导干部成长机制变迁过程分析

基层领导干部成长机制所涉及的任用、选拔、培训和考核等政治行为都需要完备的干部人事制度基础来保障。基层领导干部成长机制变迁是一个持续的政治行为发展过程,不可能一步到位,通过干部人事制度变迁可以理解基层领导干部成长角色塑造变迁过程。中华人民共和国成立之初,我国的干部人事制度相对落后,缺乏法律保障,相应保障法规政策不健全。进入21世纪以来,我国的干部人事制度不断完善。尤其是党的十八大到党的十九大以来,我国干部人事制度改革不断深化,并取得了诸多实践突破,为基层领导干部队伍建设提供了制度保证。

1. 计划经济背景下成长机制逻辑基础

中华人民共和国成立之初,以"马列主义"为时代精神,维护广大人民群众的根本利益是中国共产党的根本宗旨。由此,为人民服务、实现人民幸福,平等、集体主义等社会主义性质的理念得以确定。政治价值的选择决定了基层领导干部成长机制的价值导向,要求基层领导干部具有集体主义精神、"以党和国家的利益为重"。对于基层领导干部来说,判断工作成效的标准是人民群众的满意程度,基层领导干部的行为逻辑应以实现为人民的动机和为人民的效果的辩证统一为基本遵循。

由于当时生产力总体水平较低,"人手"本身成为当时最有价值和开

---

① 习近平:《决胜全面建成小康社会夺取新时代中国特色社会主义伟大胜利——在中国共产党第十九次全国代表大会上的报告》,人民出版社2017年版,第10页。

发潜力的资源，人才和人的科技素质和能力在大多数部门反而显得不那么重要。基层领导干部成长过程中，潜能开发受到一定程度的限制。基层领导干部成长机制功能主要是发挥关心爱护的作用，爱护的办法是：指导他们，让他们放手工作，并适时给以指示。"以恢复经济和维护政治稳定为宗旨，培养手段主要依靠社会主义觉悟、党性原则、阶级感情等"[①]。基于当时的实践来看，基层领导干部的个性与发展受到某种程度限制，集体中的个人首先是作为一名"群众"而存在，群众通过消解个性，从而使社会变得同质。同时，"集体"相对封闭的运作方式也带来"人生复制"现象，这一时期基层领导干部的培养带有"世袭"色彩。

为实现经济复苏和政治稳定提供人力保障，当时的做法是不断加强组织成员的思想教育[②]。"又红又专"作为干部选拔的原则，"社会主义觉悟"被看得比知识和技能更重要，提倡组织成员的奉献精神，要求必须艰苦奋斗，不脱离群众，不搞特殊化，不谋取个人私利。在培养干部过程中，加强干部的政治思想教育被放在突出位置，这同样要求基层领导干部以德防腐，保持清正廉洁的作风。广大基层领导干部被灌输的是勤奋、认真工作和有益于社会等观念，他们应该为人类和民族的进步做出无偿的贡献。

政治和经济高度统一的计划体系要求用行政手段对干部进行有计划的配置。在计划体制运行中，基层领导干部个人实际能够从所在的集体中获得定额的物质生活资料，个体的自由和权利都具有"定额"特点，生活在国家和集体计划中被"统筹安排"。中共基于当时对社会主义本质的理解——人人平等，确立了"劳动不分贵贱，职位不在高低的"社会主义工作观。体现在干部人事管理实践过程中，是指担任任何职务的人只存在社会分工差异，性质都是为人民服务。这也体现了当时社会主义工作观，

[①] 马正立：《完善我国公共人事管理责任对策思考》，硕士学位论文，黑龙江大学，2015年，第34页。

[②] 党的八大报告明确指出，以马列主义武装全党，党员干部要不断学习、加强思想建设，提升修养，敢于接受批评与自我批评；同时，及时纠正思想上、实践上的不足。党的九大报告中的"无产阶级专政"等词表明"革命"是当时客观条件下的首要任务。党的十大正值全国开展"文化大革命"时期，干部人事管理工作陷于混乱，基层领导干部队伍整体建设处于停滞状态，个体成长与发展也无规律可循。从党的十一大开始，干部人事管理工作进行了重新安排，这也是基层领导干部队伍建设的恢复期。这一时期，解决"作风"问题被放在首位，要求全党及各级干部提高马列主义理论水平。

实现人人有工作，保证组织内部劳动平等，没有等级差异，一律平等地满足组织成员的需求。为保证干部的公仆地位，调节和补充生活温饱，国家干部的最高工资标准不超过普通工人工资，这种工资带有平均主义色彩。例如，当时各区行政首长最高津贴每月5元，各县县长每月2.5元。

总体来看，中华人民共和国成立至改革开放前，在人民是国家主人思想的指引下，保障有工作能力的人手的生活成为基层领导干部成长机制的基本指导原则。社会主义基本理念的确立为基层领导干部成长营造了团结互助的人际氛围，这在一定程度上激发了基层领导干部的工作动力与激情，归属感有所体现，在某种程度上带来了一定的效率，保障了为人民服务责任的履行。然而，在当时特定的时空背景下，受当时客观环境以及计划经济思维影响，我国基层领导干部成长机制选择与构建过程中人为地颠倒了精神与物质的辩证关系，片面强调精神的作用，对个体利益的关注不足，集体超越个人之上并独立于个人之外存在，基层领导干部被阶级意识淹没，作为没有独立人格和利益冲动的消极服从政治目标的"公家人"或"集体人"存在，被当作满足社会主义事业建立的"人手"，在某种程度上潜能得不到发挥。集体主义、人道主义作为基层领导干部成长机制的基本理念，成为检验社会主义程度的标准，然而在某种程度上集体主义、人道主义走向了反面，在管理实践中把"个人"与"社会"和"集体"抽象地对立起来。由于忽视基层领导干部的正当权利，长期执行更造成积极性受挫，社会主义的优越性为基层领导干部成长带来的积极效应逐渐递减，导致其为人民服务动力明显不足。

2. 市场模式转型中成长机制逻辑基础

十一届三中全会以后，我国进入了改革开放新时期，由国家权力主导变为国家与市场综合作用的双轮驱动，政治与经济综合诉求成为基层领导干部成长的基本导向。以市场经济为主体的社会目标改变了人们的思维方式和行为习惯，"开放"和"高效"价值观深入人心，高效服务的理念促使基层领导干部成长空间扩大。市场经济使平等竞争思想发育，社会流动性增强使基层领导干部对原有单位的依附性逐渐弱化，个人权利不断彰显。干部人事管理开始关注在思想上尊重人，认识到人的重要性，肯定人的价值。从讨论真理标准开始，思想解放使对个人的资格、利益、要求或主张给予肯定的道德评价成为可能。市场经济作为一种以其活动主体的独立、自主和平等为基础的经济形势，承认国家干部个人的合法利益需求。

国家干部的经济诉求自此得以确立，主张干部并不是只做贡献。市场经济所有制结构的变化加快了人们的利益分化，差异化的分配政策被视为有效的激励手段，这一时期开始强调优化环境的人才培养理念，人尽其才的选用理念等。

正如邓小平所指出的，"革命精神是非常宝贵的，没有革命精神就没有革命行动。但是，革命是在物质利益的基础上产生的，如果只讲牺牲精神，不讲物质利益，那就是唯心论"①。"颁发奖牌、奖状，是一种政治上的荣誉。这是必要的。但物质鼓励也不能缺少"②。在市场经济条件下，以往发挥正效应的精神激励逐渐呈现弱化趋势。为了满足干部不断增加的物质需求，我国干部人事管理在当时主要关注效率，认为效率作为提供其他目标的途径和杠杆应摆在优先地位，并将此作为检验一切的准则，为此更多关注对基层领导干部的外部控制。

干部人事管理手段开始丰富，在过去单纯的政治教化基础上逐步意识到要借助于制度保障基层领导干部的责任履行。邓小平提出要健全公平竞争制度③、干部选拔任用制度④、改革退休制度，以及逐步实行人才流动与更新制度，建立一套程序性、规范性、法律化的规章制度等。由此，一系列可以保障基层领导干部基本诉求和发展的制度改革实践初步展开。同时，我国还创造有利的工作环境和制度环境，使人才脱颖而出成为这一时期基层领导干部成长机制的基本指导原则。人才成长，关键靠环境。只有人的劳动价值得到肯定，才能开始强调管理者与被管理者是平等的，也才能要求在行政命令基础上关怀干部。邓小平提出了从政治上关怀人才、从精神上尊重人才、从工作上支持人才、从物质上关心人才等一系列主张。然而，这一时期的基层领导干部成长机制的某种程度上带有功利主义倾向，对基层领导干部成长的关注着重于"人才资源"的开发，而对基层领导干部个体理想的满足与实现关注不够。这一时期"又红又专"得到丰富并发展为"德才兼备"，将学历、学习成绩作为选拔基层领导干部的

---

① 《邓小平文选》第 2 卷，人民出版社 1983 年版，第 136 页。
② 《邓小平文选》第 2 卷，人民出版社 1983 年版，第 99 页。
③ 邓小平提出：在学术上，只要有创造、有贡献，就应该评award相应的学术职称，不能论资排辈。
④ 邓小平在《党和国家领导制度的改革》一文中指出："要健全干部的选举、招考、任免、考核、弹劾、轮换制度，对各级各类领导干部（包括选举产生、委任和聘用的）职务的任期，以及离休、退休，要按照不同情况，做出适当的、明确的规定。"

重要依据,将培养基层领导干部的德行与能力并重,更加关注其业务能力的提升;为了更好地提高效率,基层领导干部成长机制同时为中年人成长创造条件的责任,在使用人方面的制度开始倾向年轻干部①;更加关注基层领导干部的成长与合理使用,提倡充分发挥基层领导干部的积极性创造性等方面②;更加注重自身组织建设,加强基层领导干部学习,使其树立正确的世界观和方法论,把个人的前途与人民的事业、国家的利益、民主的命运融为一体,使基层领导干部更好地发挥自己的才能。③ 以上这些都有利于充分开发"人才资源",提升组织效率,实现公共利益,保障基层领导干部履行义务。

综上,以改革开放为背景,我国基层领导干部成长机制的指导原则将适应经济制度任务放在优先位置,提升效率成为优先职责。同时,经济发展需要人才,因此人才理念逐步确立,"人手"观向"人才资源"观转变。基层领导干部成长机制更加尊重、关心基层领导干部,注重对基层领导干部的培训、交流、考核等方面,并力求通过此保证"人才资源"的充分开发,回应经济社会发展的基本诉求,从而实现效率提高和公共利益最大化。

3. 现代化进程中成长机制逻辑基础

随着市场经济建设日渐深入,全球化、知识经济时代的来临、网络技术的进步,推动基层领导干部成长机制的指导原则进一步变迁。党的十四大以来,"社会主义和谐社会""科学发展观"等新的指导思想使基层领导干部成长理念重点发生变化——民主、效能、公平、服务、平等、竞争、择优、以人为本等被摆在突出地位。"人才资源是第一资源"的人才战略观,"两个全面发展"的人才目标观,"三个关键环节"的人才开发观,"四个尊重"等理念体现出基层领导干部成长机制指导原则的不断丰富。"国家、集体、个人"三者在价值排序上具有双向性,基层领导干部成长机

---

① 邓小平同志说:"从现在的状况来说,重点应该放在选拔中年干部,要选拔他们当中合乎三个条件的接班人,老同志要让路。"

② 十一届三中全会后,改革了干部录用制度,并建立了合理的人才流动机制,实施干部离退休制度,从而进一步开通了干部能上能下、能出能进渠道,扩宽了干部自身发展路径,使其能力可以在更大的空间上得到进一步发挥;全面贯彻功绩主义原则,提高干部的归属感和职业热情、效率和专业化,功绩主义原则目的是提高干部的素质,使其适应专业化的社会要求和激发其内在动力。

③ 马正立:《完善我国公共人事管理责任对策思考》,硕士学位论文,黑龙江大学,2015年,第27页。

制设计过程遵循以"国家与社会、个人与集体的关系的和谐共生"为逻辑基础。进入21世纪后，面对服务型政府与党的执政能力建设等要求，基层领导干部在追求高效履职与实现公共利益的基础上，还应更加关注对公民个人偏好的回应，对公平、正义、民主的追求和对社会道德环境的培育。

干部人事管理实践中人才主体地位获得认同，从对基层领导干部单一的物质满足逐步转向对内在诉求的关注。更加关注创造公正平等的竞争环境，强调机会均等，提供公平交流沟通机会的平台，重视培养选拔少数民族地区干部，营造良好的道德氛围。[①] 基层领导干部成长机制构建的指导原则由主要依靠人情伦理逐渐向法制化发展。《国家基层领导干部暂行条例》[②]（以下简称"条例"）的实施使基层领导干部成长过程有了明确的法规遵循："条例"明确了个人权利，改善了以往只注重强调义务，忽视对个人权利满足的现象；对干部的个人义务的规定，也使基层领导干部更好地履行自身职责，为自身责任的有效实现奠定基础；"条例"中要求创造公平环境和工作制度，建立优秀人才选拔平台，这更好地保障了基层领导干部健康成长。《基层领导干部法》[③] 的颁布实施进一步促进基层领导干部成长机制由偏重于主体个人的主观实践，进入依法实现阶段（此前的基层领导干部制度是人依法推进阶段），更好地保障了基层领导干部成长。以往比较强调干部履行义务，却不甚重视干部权益的保障，对侵害、践踏干部权益的行为缺乏有效制约。《基层领导干部法》则通篇体现了以人为本的理念，将保护人、关心人、尊重人的责任以法律的形式确定下来，体现了对干部身份等合法权益的保障功能。例如，《基层领导干部法》明确规定了基层领导干部拥有的8项基本权利。

《基层领导干部法》实施后，基层领导干部的录用过程更加强调"公开"[④]，任职、选岗、晋升等管理环节的依据、条件和过程都要实行公

---

① 马正立:《完善我国公共人事管理责任对策思考》，硕士学位论文，黑龙江大学，2015年，第29页。

② 1993年10月1日施行，2006年6月1日废止。

③ 2005年4月，第七届全国人大常委会十五次会议审议通过了《基层领导干部法》，并确定自2006年1月1日起实施。

④ 2006年，全国人大通过的《中华人民共和国基层领导干部法》第二十一条明确规定：录用担任主任科员以下及其他相当职务层次的非领导职务基层领导干部，采取公开考试、严格考察、平等竞争、择优录取的办法。

开、增加透明度；新陈代谢机制完善利于基层领导干部能上能下、能进能出，对基层领导干部个人发展责任得以实现；竞争上岗逐步成为职务晋升的途径，"职务晋升"与"职级晋升"的"双梯制"，形成晋升多元化路径，这在很大程度上激励了基层领导干部干事创业，激励了机制的完善，使基层领导干部队伍保持进取、勤奋、高效的状态；培训步入制度化轨道，培训经费逐步提高[①]，通过培训，基层领导干部的潜能得到有效开发，素质得到增强，工作能力和为人民服务的质量明显提升；规范的监督约束机制，廉洁勤政保障机制的建立，要求基层领导干部作为或者不作为，要求其做到什么程度或不低于什么程度，督促其勤奋工作，引导其树立廉政的"公仆"形象。

4. 新时代开篇成长机制逻辑基础

十八届三中全会提出"建立更为科学规范的晋升和薪资增长机制"，这能促进基层领导干部通过有效途径实现自身价值，激活基层领导干部队伍的活力。基层领导干部成长需要一系列制度要素构成的成长机制来促进，党的十九大报告进一步明确了新时代成长机制构建的重点任务，促进基层领导干部成长路径进一步升级。为了规范干部管理，保障干部合法权益，加强对干部监督，促进干部正确履职尽责，建设信念坚定、为民服务、勤政务实、敢于担当、清正廉洁的高素质专业化干部队伍，2018年12月29日，第十三届全国人民代表大会常务委员会第七次会议修订了《中华人民共和国公务员法》（自2019年6月1日起施行）。从中可以看出，干部人事制度的不断完善可以为基层领导干部成长机制的合理构建提供基础保障。

第一，以政治建设为首，促进基层领导干部成长。这需要基层领导干部锤炼对党绝对忠诚的行动自觉，"严格遵守政治纪律和政治规矩，在政治立场、政治方向、政治原则、政治道路上同党中央保持高度一致"[②]。党的十九大报告要求领导干部"尊崇党章，严格执行新形势下党内政治生活若干准则"，"自觉抵制商品交换原则对党内生活的侵蚀，营造风清

[①] 2006年3月，由中组部印发的《干部教育培训工作条例》（2006）第四十条明确规定："干部教育经费培训经费列入各级政府年度财政预算，随着财政收入增长逐步提高，保证干部教育经费培训工作的需要。"

[②] 习近平：《决胜全面建成小康社会夺取新时代中国特色社会主义伟大胜利——在中国共产党第十九次全国代表大会上的报告》，人民出版社2017年版，第62页。

气正的良好政治生态",这便是为基层领导干部健康成长提供基础环境保障。

第二,以良好用人为导向,激励领导干部成长。党的十九大报告对干部提出"忠诚老实、公道正派、实事求是、清正廉洁"要求,强调"匡正选人用人风气,突出政治标准,提拔重用牢固树立'四个意识'和'四个自信'、坚决维护党中央权威",并要求"坚持德才兼备、以德为先,坚持五湖四海、任人唯贤,坚持事业为上、公道正派",2017年10月24日通过的《中国共产党章程》再次将"对党忠诚老实"规定为党员的义务之一,并首次提出"把政治标准放在首位"。2019年3月,中共中央印发了《党政领导干部选拔任用工作条例》,明确了基层领导干部成长的价值导向,为确保基层领导干部健康成长提供了原则遵循。

第三,以创新培养机制,带动基层领导干部成长。党的十九大报告指出,"注重培养专业能力、专业精神,增强干部队伍适应新时代中国特色社会主义发展要求的能力"。新时代,促进基层领导干部健康成长,需要形成有利于营造鼓励基层领导干部干事创业的氛围的组织氛围和社会环境,放手让基层领导干部队伍活力竞相迸发。党的十九大报告强调,要在基层一线和困难艰苦的地方培养锻炼年轻干部,并明确了"使用经过实践考验的年轻干部"的选拔导向,还提出"完善干部考核评价机制,建立激励机制和容错纠错机制,旗帜鲜明为那些敢于担当、踏实做事、不谋私利的干部撑腰鼓劲。各级党组织要关心爱护基层领导干部,主动为他们排忧解难"[①]。由此可以让基层领导干部沉下心来调研、俯下身子做事。

基层领导干部的培养不可能一蹴而就,必须要用长远的眼光培育储备。2019年3月,中共中央办公厅印发的《公务员职务与职级并行规定》,可以为培养基层领导干部提供基本遵循。培养好基层领导干部之后,还要把基层领导干部合理使用起来,这需要破除身份障碍,努力破解束缚人才脱颖而出和充分发挥作用的体制机制障碍。在基层领导干部的使用过程中,要发挥人事管理激励作用。正如党的十九大报告指出,"坚持

[①] 习近平:《决胜全面建成小康社会夺取新时代中国特色社会主义伟大胜利——在中国共产党第十九次全国代表大会上的报告》,人民出版社2017年版,第64页。

严管和厚爱结合、激励和约束并重,完善干部考核评价机制"①。2019年4月,中共中央办公厅印发的《党政领导干部考核工作条例》(以下简称"2019版《考核条例》")进一步提升考核质量,激励基层领导干部担当作为。可以说,基层领导干部培养使用的过程是一个完整的链条,唯有充分遵循干部成长发展规律,科学规划、合理用人,才能让更多优秀干部发展其才、创其业、建其功,为实现"伟大梦想"提供不竭动力。

第四,持之以恒正风肃纪,规范基层领导干部成长。党的十九大报告指出,健全党和国家监督体系,重点强调"强化党的自我监督和群众监督""加强对权力运行的制约和监督",建立巡视巡察上下联动的监督网,并深化对领导干部的政治巡视;指出"深化国家监察体制改革",从而实现监察全覆盖,"制定国家监察法,改革审计管理体制,完善统计体制"等部署。可见,各个监督环节的无缝衔接,监督合力极大程度的增强,都将为基层领导干部成长铸牢防护墙。

党的十九大报告还指出,"凡是群众反映强烈的问题都要严肃认真对待,凡是损害群众利益的行为都要坚决纠正","继续整治'四风'问题,反对特权思想和特权现象",这便是为基层领导干部成长把好第一道关口,可谓"抓早抓小、防微杜渐",并强化基层领导干部的纪律意识。党的十九大报告指出,"赋予有干部管理权限的党组相应纪律处分权限,强化监督执纪问责",可见,这体现出更加注重形成干部管理监督链条,从严监督管理干部。2019年5月,中共中央办公厅印发《干部选拔任用工作监督检查和责任追究办法》,进一步对干部选拔任用工作监督检查内容、机制、方式和责任追究等,进行了规范和完善。2019年5月,中共中央印发的《中国共产党党员教育管理工作条例》,提出要坚持以党的政治建设为统领,把用习近平新时代中国特色社会主义思想武装全党作为首要政治任务,引导党员践行新思想、适应新时代、展现新作为。

综上所述,基层领导干部成长机制的指导原则随着历史的演进不断变迁,从追求集体主义的平均理念到"效率优先,兼顾公平",到"科学发展观",再到"新发展理念"下的效率、公平与"以人为本"等多元理念并重,这正是基层领导干部成长机制随着时代环境的变化不断适时调整的

---

① 习近平:《决胜全面建成小康社会夺取新时代中国特色社会主义伟大胜利——在中国共产党第十九次全国代表大会上的报告》,人民出版社2017年版,第64页。

过程。在此过程中，基层领导干部个性的尊重、利益诉求的满足和个人发展的实现程度也得到了提升。尽管如此，干部人事管理主客体关系的传统性抑制作用在某种程度上仍然存在，基层领导干部的健康人格培育和职业精神在塑造方面仍有待加强，"新发展理念"在实践中仍遇到种种阻力，以上可能会对基层领导干部成长带来不利影响。因此，考察现阶段我国基层领导干部成长机制存在的问题是必要的，它能从根本上促进基层领导干部健康成长。

第三节　基层领导干部成长角色分析

尽管前文已经从成长场域域与成长机制对基层领导干部成长进行了研究，但是这并不意味着不再关注基层领导干部的个体角色扮演过程。如果不对基层领导干部的角色扮演过程进行更加全面的解读，包括对其他角色的特征与利益、他们之间的关系，以及他们的行动逻辑进行解读，那么，就不可能完全理解基层领导干部所扮演角色的特征及其行为。只有把基层领导干部放到更大的行为背景中，放到其参与的意义系统中，才能更好地对其成长过程进行深入研究。

在一个比较稳定的政治体系中，每个人都是通过童年时期和成年时期经历的社会化，来获得某一既定的活动技能、角色期望以及政策倾向性的。在逐渐成熟后，他们会进入特定领域，接受专门化教育与实习，并熟悉适当的角色行为。在政治结构的相应职位上的个体，会因履行了义务而获得满足感，或者因为不服从而受到惩罚。[①] 基层领导干部成长角色塑造就是成长场域中行为者之间策略性的互动结果，而成长场域的结构特征又决定了成长机制的作用效果，二者相互作用，相互影响，并作用于成长场域内的个体，从而塑造其成长角色。

一　基层领导干部成长角色塑造作用过程

基层领导干部角色塑造过程会受到早期人的社会化影响。人的社会化就是指人在社会实践中，通过自我意识、自我评价和自我选择，不断能动

---

① ［美］加布里埃尔·A. 阿尔蒙德、小 G. 宾厄姆·鲍威尔：《比较政治学：体系、过程和政策》，曹沛霖、郑世平、公婷、陈峰等译，东方出版社 2007 年版，第 72 页。

性地改变自身与重塑客观环境,从而使二者相互和谐、协调一致,并共同获得进步与提升的过程。客观环境也会影响甚至决定人的社会化过程。这既是客观环境对人的一种必然要求,也是人自身发展的一种必然结果。一般来说,人的社会化内容主要包括:获得基本的社会生活技能,了解和认同基本社会生活规范,适应社会发展的生活目标,获得和培养社会分工所形成的社会角色所需要的能力,等等。对于基层领导干部来说,在自身社会化过程中,各种精神动力因素——认识,判断、主观能动性,以及实践活动等,都发挥着重要作用。这种精神动力的作用,体现在通过对自身主体意识和主体能力的充分发挥,来正确把握和认识客观环境,从而推动基层发展与自身成长过程。

(一) 基层领导干部政治社会化

基层领导干部早期成长过程中一个重要过程便是政治社会化。"政治社会化则是政治文化形成、维持和改变的过程。每个政治体系都有某些执行政治社会化功能的结构,他们影响政治态度,灌输政治价值观念,把政治技能传授给公民和精英人物"[①]。对于基层领导干部来说,政治社会化的持续过程贯穿整个成长过程。基层领导干部的政治态度可能很早便已初步形成,但随着政治经历和社会阅历的累积,政治态度也不断发生变化。例如,某些重大的和戏剧性的事件可能会引起再社会化发生。

在政治社会化过程中,对基层领导干部成长具有重要影响作用的便是政治文化。政治文化是指"一个政治体系在特定时期会表现出实际行为和基本倾向(政治体系的心理方面)"[②],包括特定的态度、信仰、价值观和技能。政治文化的产期稳定,受到贯穿于各机构社会化过程中的连续性的影响,而且在长时期内又受到这些机构的影响。"如果一个人的社会化连续性很高,并且不断得到加强,那么他的态度就会呈现出最高度的稳定"[③]。反之,如果一次战争或经济衰退,给成百万人带来一次剧烈的政治震动,可能会重新形成一种政治文化。在许多传统社会中,尽管很少有

[①] [美]加布里埃尔·A.阿尔蒙德、小G.宾厄姆·鲍威尔:《比较政治学:体系、过程和政策》,曹沛林、郑世平、公婷、陈峰等译,东方出版社2007年版,第91页。

[②] [美]加布里埃尔·A.阿尔蒙德、小G.宾厄姆·鲍威尔:《比较政治学:体系、过程和政策》,曹沛林、郑世平、公婷、陈峰等译,东方出版社2007年版,第15页。

[③] [美]加布里埃尔·A.阿尔蒙德、小G.宾厄姆·鲍威尔:《比较政治学:体系、过程和政策》,曹沛林、郑世平、公婷、陈峰等译,东方出版社2007年版,第93页。

专门的政治社会化活动,但政治文化却显得很稳定。这一点无疑是由于在小村庄环境中高度强化的社会化机构所起的作用,以及由于村民的生活方式和条件世世代代没有发生过重大变化。然而,"在相当复杂的社会中,随着技术变化而产生的适应性过程,存在这种连续不变情况的可能性就很小了"[1]。对于基层领导干部来说,在政治态度形成过程中,连续性是极其重要的促成因素。反之,基层领导干部在成长过程中若仅仅是获悉碎片式的信息或政治文化认知有限,政治心理的成熟度就可能会相对较低,这会使其在成长过程中遇到各种困惑,或导致其政治立场不坚定等情况发生。

(二) 基层领导干部角色社会化

基层领导干部社会化中一个重要过程便是角色塑造。正如加布里埃尔·A. 阿尔蒙德指出:"社会化的一个重要方面即对政治体系中各种角色的态度的形成。"[2]"事实上,社会化是一个人类可以施加作用的过程。人类并非只是等着接受指导或安排的被动对象"[3]。由于结构建立了与特定角色相关的多种刺激,既有奖励也有惩罚,每个任职者可能会以不同的方式对它们做出反应,并且也可能有各种不同的角色供他们选择。但是,"随着任职者了解什么样的行动会得到奖励,什么样的行动将受到惩罚后,在他们身上就发生社会化,他们就会以符合规定的方式来担任这种角色"[4]。过去很长一段时间,心理学家在视个体为"基本上是有能力的、理性的存在物"的立场,与强调认知偏见与局限的立场之间犹疑不定。那么,基层领导干部是有能力、理性的存在物,还是具有认知偏差与局限的个体?

制度为基层领导干部提供了博弈规则,而基层领导干部就是类似博弈者的行动者。场域可能会促进规则的建立,试图设计规则,并常常试图通过政治手段和其他手段来变更这种规则。然而,这种观点主要关注规则、

---

[1] [美] 加布里埃尔·A. 阿尔蒙德、小 G. 宾厄姆·鲍威尔:《比较政治学:体系、过程和政策》,曹沛霖、郑世平、公婷、陈峰等译,东方出版社 2007 年版,第 95 页。

[2] [美] 加布里埃尔·A. 阿尔蒙德、小 G. 宾厄姆·鲍威尔:《比较政治学:体系、过程和政策》,曹沛霖、郑世平、公婷、陈峰等译,东方出版社 2007 年版,第 96 页。

[3] [英] 安东尼·吉登斯:《社会学》,赵旭东译,北京大学出版社,2007,第 27 页。

[4] [美] 加布里埃尔·A. 阿尔蒙德、小 G. 宾厄姆·鲍威尔:《比较政治学:体系、过程和政策》,曹沛霖、郑世平、公婷、陈峰等译,东方出版社 2007 年版,第 120 页。

规则设定以及规则实施过程,而非关注基层领导干部个体的能动过程。实际上,规则对基层领导干部行动产生影响。如组织设计者们建构各种制度形式——治理结构——是为了更有效地管理基层领导干部,以及促进基层领导干部成长,这是制度的规范性要素所发挥的作用。然而,单个行动个体也是一个独立的"人格"结构,它会产生形成承诺以疏导和限制将来的行为服务于它的基本价值观的那些行为方式。基层领导干部作为一个独立个人或社会关系的产物,或者是由场域所塑造,或者是从场域中各种场域构建选择中进行重新编码并逐渐被改造生成的个体。

以上强调发生在场域层次上的过程与单个基层领导干部行为之间的关联。基层领导干部在很大程度上也是一种被塑造的产物,基层领导干部的角色塑造是现代社会中卓越的角色模型。理性化的基层领导干部行为实践实质上是带有文化性的。基层领导干部的普遍角色不仅仅是以某种文化模式为基础被塑造的,而且保障基层领导干部健康成长的诸多角色要素,也是为了促进其工作绩效而被设计出来的,或者是从别处获得可以"现货供应的"预制模板或现成元件(焦裕禄这种类型的基层领导干部)。基层领导干部的角色塑造主要是根据其在场域的中心博弈者之间传送信息过程时所进行的活动来界定的。基层领导干部在个体成长过程中,也会受到各种临时出现的利益诱惑,那么,制度如何设计来规避那些没有被考虑在内或事先出现的情形呢?这便需要基层领导干部的自身修炼。

二 基层领导干部成长角色塑造变迁历程

任何角色都涉及权利与义务,也就是为社会实践而承担的责任和作出的贡献,以及依据所承担角色赋予的权利。可以这样说,角色的权利和义务具有十分密切的关系,不过从两者的逻辑关系来看,权利往往来源于义务。为此,角色塑造的根本原则便是确保尽义务。由此,对于基层领导干部来说,角色塑造的基本表现完全满足角色期待的需求,且利用其相对方的权利来进行表达。在不同的时空条件下,基层领导干部的角色塑造所遵循的具体原则和基本逻辑,会随着客观条件和时代需要而呈现逐渐变迁的历程。

(一)基层领导干部成长角色塑造指导原则变迁分析

中华人民共和国成立初期,一大批基层领导干部在漫长的革命生涯中经受了严格的考验,政治方面十分可靠,而且还能无条件地执行上级下达的命令。这批基层领导干部长时间生活在战争环境当中,学习专业化公共事务管理以及科层化组织管理所需的各类文化知识的机会不多,其中大部分干部只是在军队里才认识一些字。所以,尽管新建立的组织系统高度保持着战争时期的所有行动都听从指挥的效率,可是在诸多领导干部严重欠缺专业化知识的状况下,其运作机制同现代化的科层体系仍存在很大的差距。在这样的状况下,利用合理有效的政工组织在更大范围内进行动员,"利用运动式的互相团结的方法来解决公共事务管理所存在的各类问题,在一定程度上成为了该组织系统正常运行的有效保障"[1]。

20世纪80年代初期,一大批不具备专业化知识,在以往的政治运动当中凭借着激昂的意识形态,以及满腔热血的革命热情步入领导岗位的老干部,逐渐离开基层领导干部岗位。也就是此时,大学教育背景的中青年知识—技术型基层领导干部快速成长起来。

20世纪90年代初,"四化"和"又红又专"方针继续施行,并更加侧重于经济型基层领导干部。在这一时期,基层领导干部成长过程具有复杂性,也就是基层领导干部的选拔标准在"红"与"专"之间摇摆循环,出现这一情况的主要因素在于在不同时期和针对不同地域,对经济发展和意识形态重视程度不同。那么,总体来看,基层领导干部成长机制的指导原则在实践中是"红强于专",还是"专大于红",或者是"又红又专"?安德鲁·沃尔德(Andrew Ward)曾针对中国精英的流动现象建立过一个模型。他的观点是,中国精英中往往存在两条各不相同的职业路径:一条要求具备良好的教育及政治忠诚,这条路径所通往的是行政职位与政治特权,另一条单单强调教育水平而不重视政治忠诚,这条路径所通往的是各类专业职位,不过可能欠缺政治权力。[2] 如果这种观点具有一定的合理性,那么,基层领导干部作为共产党内部精英则多数会沿着第一条路径成长。

党的十八大以来,基层领导干部成长角色塑造过程呈现两个明显特征。一是基本保障制度已经相对完备。在过去一段时间里,基层领导干部角色塑造过程在某种程度上呈现不稳定性,这是由于受到政治领导人的偏

---

[1] 毛寿龙:《政治社会学》,吉林出版集团有限责任公司2007年版,第49页。
[2] 单伟:《美国学界对中国政治精英的研究》,《浙江社会科学》2008年第5期。

好影响。党的十八大以来相继出台的多项政策法规，保障了基层领导干部成长过程遵循制度化方向，基层领导干部的选拔、考核、晋升和培训等政治行为有了较完备的制度规定。基层领导干部角色塑造过程正由派别竞争逐渐转向制度化。二是塑造基层领导干部角色的政治标准被放在重要位置。"四化"标准和"GDP政绩"导向，逐渐被"德才兼备"和"任人唯贤"所取代，基层领导干部的"四个意识"、综合素质、经历阅历，以及在面对重大考验时的表现、精准脱贫政策贯彻能力等逐渐成为成长过程中主要被关注的因素。

在"'两个一百年'奋斗目标的历史交汇期"[①]，面对全体民众的寄托，面对全新的历史方位以及执政考验，中国共产党要全面增强执政本领，需要建设一支能力过硬的干部队伍，这便对基层领导干部提出新的时代要求，要求"全党同志特别是高级干部要加强党性锻炼，不断提高政治觉悟和政治能力"[②]。党的十九大更加注重"坚持党管干部原则，坚持德才兼备、以德为先，坚持五湖四海、任人唯贤，坚持事业为上、公道正派，把好干部标准落到实处"[③]，还指出"坚持正确选人用人导向，匡正选人用人风气，突出政治标准，提拔重用牢固树立'四个意识'和'四个自信'、坚决维护党中央权威、全面贯彻执行党的理论和路线方针政策、忠诚干净担当的干部，选优配强各级领导班子。注重培养专业能力、专业精神，增强干部队伍适应新时代中国特色社会主义发展要求的能力"[④]。除此之外，于2017年10月24日审核通过的《中国共产党章程》初次提出"发展党员，必须把政治标准放在首位"的基本观点，这彰显出了对领导干部自身政治能力的相关要求。为此，政治能力作为基层领导干部的首要能力，在建成小康社会新时代具有十分关键的作用。

[①] 习近平：《决胜全面建成小康社会夺取新时代中国特色社会主义伟大胜利——在中国共产党第十九次全国代表大会上的报告》，人民出版社2017年版，第28页。

[②] 习近平：《决胜全面建成小康社会夺取新时代中国特色社会主义伟大胜利——在中国共产党第十九次全国代表大会上的报告》，人民出版社2017年版，第63页。

[③] 习近平：《决胜全面建成小康社会夺取新时代中国特色社会主义伟大胜利——在中国共产党第十九次全国代表大会上的报告》，人民出版社2017年版，第64页。

[④] 习近平：《决胜全面建成小康社会夺取新时代中国特色社会主义伟大胜利——在中国共产党第十九次全国代表大会上的报告》，人民出版社2017年版，第64页。

（二）基层领导干部角色塑造基本逻辑转型变迁：人伦性—结果性—正当性

人的行为逻辑主要体现为行为理由，是指内在理由和外在理由之间所具有的相互作用。人的行为逻辑对角色塑造过程产生了极大的影响，其最根本的逻辑就是在特定的空间条件下诸多因素共同作用形成的、存在着极大的时代性以及历史性。因为外界因素的改变以及个人的适应程度，会呈现出一个持续互动的流程过程，并没有任何超出传统的角色塑造逻辑。所以，唯有在客观时空条件下才可以准确把握基层领导干部角色塑造所遵守的内在逻辑。在各不相同的治理形式下，针对各种不同人性假设来看，基层领导干部角色塑造逻辑呈现变迁过程。①

1. 人伦性逻辑：关系差序型行为变异

用文明的三个类型（是指精神、物质以及制度文明）分辨地理区隔的整体意义上去考察人们行为所具有的差异，对理解各种不同阶段条件下基层领导干部角色塑造逻辑的变化过程具有极大的帮助。游牧和农耕这两种生产形式存在着极大的特点。由于此类是第一产业内部的差异性，所以就形成了文化间的差异。因为游牧时间较长，游牧人们需要大家的互相帮助而产生分工。分工致使社会完全分化，同时还促进发育出一种严格遵守规则的习惯。②另外，长期的贸易往来也需要相关的规定及诚信体系来支撑。与游牧业相比，华夏文明作为自给自足的农耕文化倡导中庸与和谐。农耕业比较务实、温馨，这种特性产生了一种"人伦性"的角色塑造逻辑，"礼"当作社会认定的行为规范，保持"礼"就是这些标准的传统。③"合于礼"是指该行为是正确的、符合约定俗称规范的。

在中华人民共和国刚成立的时候，此类构造当中"关系本位"的特性，和"乡土社会"所具有的"伦理本位"思想，在很大程度上依然影响着人和人之间的互动过程，或者个体行为选择过程。首先，辐射到政治领域，基层领导干部的角色选择同样也呈现出一种"人伦性"的色彩。角色选择更多体现为对"人伦秩序"的遵循，在遵守儒家伦理道德的基

---

① 马正立：《依规治党视域下基层领导干部行为逻辑转型与路径选择》，《云南民族大学学报》（哲学社会科学版）2017年第12期。
② 潘维：《比较政治学理论与方法》，北京大学出版社2014年版，第69页。
③ 费孝通：《乡土中国》，人民出版社2008年版，第79页。

础上选择个体行为逻辑。在此阶段，根据相关规定的治党理念仍然没有产生，强调更多的还是思想建设；工作方面的条规及配套规定以及完成细则等方面也并不完整；某些相关规定间的衔接度相对较低。此外，由于乡村以往根据血缘组成"自然社区"，"关系本位"思想依旧保留。在这种条件下，基层领导干部作为基层利益的负责人，需要全面落实国家政策，以确保整体权益；作为民众权益的代表，基层领导干部需要保护百姓权益。若在发生国家权益和自身权益矛盾的情况下，基层领导干部则要面对着双重角色的矛盾，他们常常遵守哪种角色选择逻辑呢？

根据调研了解到，一些基层领导干部在不同程度上存在着"乡土性"和"官僚性"的两种人格特性。中华人民共和国成立之初，基层领导干部的主要工作任务来源于对上级指令的贯彻执行。[①] 另外，以往发生的大多受贿性项目通常和基层领导干部的"身边人"具有一定的渊源，即其身后有着庞大的利益集团。在此类情形下，基层领导干部与身边利益共同体之间的关系，可能影响基层领导干部所实行的各项工作的开展情况。私人关系相对较好，工作就更易实行。在很大程度上，这种客观社会条件会引发基层领导干部角色发生变异。在"政治挂帅"导向下，基层领导干部行为选择会遵守一种政治逻辑，在这个行为选择中，基层领导干部更多还是要依靠自身的素养，这属于一种道德层面，通常会发生"论人行事"的问题，并非是根据相关的规定办事。实际上，不管社会怎样转型，必须要创建"'可靠的路标'，这是指一种相同的社会心理基础"[②]。

2. 结果性逻辑：压力型和趋利型这两种行为的变异

改革开放初期阶段，我们国家处在一种管理模式，在压力型制度的背景下，基层领导干部行为选择具有"单位人"色彩，个体自主性往往处于较低程度。十一届三中全会以后，社会主义建设的主要任务逐渐转向经济建设，小生产经济模式下产生的行为逻辑，以及规模经济条件下的角色塑造逻辑，已经无法适应当代大生产的经济发展需求，新形势、新任务使

[①] 马正立：《依规治党视域下基层领导干部行为逻辑转型与路径选择》，《云南民族大学学报》（哲学社会科学版）2017年第12期。

[②] 《走出"半熟人社会"需可靠路标——新春城乡文化对话之三》，《人民日报》2016年02月18日第5版。

基层领导干部行为逻辑发生了转型。特别是自邓小平同志南方讲话之后，为了更好地适应市场经济制度，以及受到市场经济观念的影响，基层领导干部角色塑造逻辑逐渐发生了变化。在这一转型中，没有任何稳固的规则可以遵循，而是需要基层领导干部打破以往的规则与惯例。正如邓小平同志指出："改革开放胆子要大一些，敢于试验，不能像小脚女人一样。"[①]并且需要干部应该具有一定"冒"的精神，"不管白猫黑猫，抓住老鼠就是好猫"[②]。可以看出，在改革开放初期所提倡的效率逻辑导向下，角色塑造遵循的逻辑为是否可以实现更好的结果。基于此，我国对基层领导干部的行为界定基于这样的框架，即"通过对未来发展的规划来设计任务，继而以责任化方式驱动各级任务承担者采取相应行为"[③]。

由于在促进干部成长过程中，我国采用"政绩锦标赛"形式，衡量干部政绩主要以 GDP 增长为重要标准，这就带来了基层领导干部角色塑造遵循的结果性逻辑。为了更好地实现基层经济持续进步，基层领导干部所实施的各项推动基层发展措施最多还是为了 GDP 增长服务。由于基层领导干部具有履行公共人角色的义务，行为选用应该遵守正当性规则，这也是管理公共资源的合法性依据；然而，在市场的前提条件下，"理性经济人"则推动基层领导干部转变为公共资源管理人，牟利行为在某种程度上也会出现。

改革开放初期阶段，各级基层领导干部对乡镇建设均存在着比较独特的思路以及整体设计，并力图在任期之间"有所作为"，致使一些时间较短和效率较快的"形象工程"出现，而忽略一些具有较为长远社会经济效益的"民生工程"。根据调研了解到，A 县街面房重新建造等相关工程，在压力型制度"限期完工"的政策推动下，通过降低工期来将以往的利民好项目，改造为一种"形象工程"，并未在根本上为基层百姓带来实质好处，这实际上就是在政绩观导向与压力型制度下，由基层领导干部行为的趋利型变异所导致的。[④]并且，在基层基础设施创建当中，存在以

---

① 《邓小平文选》第 3 卷，人民出版社 2008 年版，第 372 页。
② 潘琦：《邓小平大辞典》，广西人民出版社 1998 年版，第 157 页。
③ 马正立：《依规治党视域下基层领导干部行为逻辑转型与路径选择》，《云南民族大学学报》（哲学社会科学版）2017 年第 2 期。
④ 马正立：《依规治党视域下基层领导干部行为逻辑转型与路径选择》，《云南民族大学学报》（哲学社会科学版）2017 年第 12 期。

地区为界的小团体利益之间的博弈情况。由此能够得出以下结论：结果性角色塑造逻辑主导的主要意义是促进基层领导干部的"功利人格"。基层领导干部具有双重角色，特别是在面对"国家与农民夹缝中的结构性两难困境"[①]的情况下，基层领导干部角色选择常常会遵守结果性逻辑，也就是基层领导干部根据部分行为所带来的结果而选择并遵循更合适的逻辑基础。遵照此逻辑，基层领导干部在面对角色选择压力时，所采取的行为实际上是被可能性结果推动的。[②]

依据所搜集的文献材料和有关报道，我们能够归纳出基层领导干部在面对角色选择时的三种所谓战略类型："制度性说谎"[③]，"关系运作"[④]以及"风险规避"[⑤]。基层领导干部实际上是处在两种"委托—代理"链条当中，即上级纵向"委托—代理"与基层之间民众横向"委托—代理"。在某种情况下，纵向和横向间的利益取向并不是完全相同的，纵向更为注重整体和较为长久的权益，横向则更加注重部分和短期权益，在两者利益发生一定矛盾时，任一行为选择都会产生不利倾向。此外，在不同历史阶段，委托人的偏好会出现变化，此外基层范围之内各利益群体也同样存在着利益矛盾，委托人的目标更多是质的规定，具有冲突、模糊性以及不确定性，这通常会导致无法精确政绩考核，进而使基层领导干部所受到的激励和个人努力很难对称。若基层领导干部的职权、责任以及合法利益缺乏透明制度约束，处在灰色地带的基层领导干部可能会受到"经济

---

① 吴毅：《记述村庄的政治》，湖北人民出版社2007年版，第56—58页。

② 马正立：《依规治党视域下基层领导干部行为逻辑转型与路径选择》，《云南民族大学学报》（哲学社会科学版）2017年第12期。

③ "制度性说谎"主要是根据"政治锦标赛"的压力型制度，从而产生"外协税"和虚假项目等"数据出官"的情况。比如，在B县某村，曾引进多次投资来改造供水设备，第二年本村又申请获批水利设施工程。同时，虽然邻村更加需要此类项目，但是一直以来都没有取得投资工程。有位领导对于此类现象进行了解释："道理似乎很简单，获得项目的村基础条件本来就不错，在此基础上再搞搞，便可以应付上边检查，还可以剩下更多的资金。否则，投入其他地方，得不偿失。"

④ "关系运作"包括寻求庇护性行为和选择性行政。基层领导干部会根据不同的人采取不同的行为策略。

⑤ "风险规避"最为主要的形式就是经过"行政扩张"利用诸多资源与"责任下移"来进行分解压力。

人"行为逻辑推动来挣脱两难困境。①

　　结合以上阐释,改革开放推进过程需要将以往的规则完全打破,这导致基层领导干部行为选择的正当性逻辑受到极大限制;追求经济发展过程中所产生的"政治锦标赛"与压力型体制下的"政治生涯"的逻辑基础,共同促进具有一定"自利性"的基层领导干部角色塑造过程遵守结果性逻辑。从客观上来看,结果性逻辑在特定的历史时期存在着一定的合理性,并且在某种程度上促进了一段时期的经济发展。然而,伴随着市场经济的繁杂性和不确定性,并且对日后发展形势断定的不稳定性,基层领导干部角色选择的自主性空间均相对较大,在面临具体任务时,公权运用的行为自主性获得了极大的生长空间。这是因为个别基层领导干部比较注重其结果,"无规可循"或者"有规不依",完全忽略规则限制,进而产生诸多违法行为与腐败情况。由于结果性逻辑一直保持着比较单一的效率原则,严重缺少正当性和正义性,导致基层领导干部在行为选择时也往往缺少价值性判断,比如平等、公平、正义等等。特别是在推动基层发展过程中所需要处理各种利益矛盾情况下,基层领导干部行为合价值以及合正义性显得特别重要。②

　　3. 正当性逻辑:双重角色冲突消解

　　因为人的行为选择通常都存在着特定导向,没有任何目的的行为选择极少存在,基层领导的行为选择通常会受到诸多工作目标以及政策导向的影响,角色塑造逻辑也历经了一个漫长的变迁过程,由中华人民共和国成立初期的"政治挂帅"导向角色塑造逻辑,逐渐转向以经济建设为主的结果性角色塑造逻辑。在新的历史阶段,"新发展理念"被提出,这急切需要基层领导干部在行为选择时,将结果性逻辑摒弃,逐渐朝向正当性角色塑造逻辑转变。正当性角色塑造逻辑是指行为选择并非遵循个体偏好,或者利益和效率等诸多一元逻辑,而是在必要前提条件下的规则约束所出现的合价值以及合正义行为,更多偏向扮演"公共人"或"服务人"角

---

①　马正立:《依规治党视域下基层领导干部行为逻辑转型与路径选择》,《云南民族大学学报》(哲学社会科学版) 2017 年第 12 期。

②　马正立:《依规治党视域下基层领导干部行为逻辑转型与路径选择》,《云南民族大学学报》(哲学社会科学版) 2017 年第 12 期。

色。① 即便如此,基层领导干部角色塑造逻辑的合价值性以及合正义性又表现在哪些方面呢?

"社会当中所形成的行为一般含有功利性:自我的功利,或是他人的功利;个人的功利或是社会的功利"②。政治行为所具有的价值理性——主体的自利性需要经过主体"社会公共性行为"的形式得以实现,而且这一政治主体行为方式还必须得到政治行为客体的社会承认才能够真正实现。"相对于经济行为主体而言,一方面,其所从事的一切社会经济活动都是为创造社会财富,进而从中获得利润。财富和利润成为经济人在激烈的市场竞争中赖以安身立命之本,不能获得财富和利润,甚至不能获得足够多的财富和利润,经济人就会被市场竞争无情地淘汰,从而至少在市场的意义上不再成其为所谓的'经济人'。另一方面,经济行为主体的价值理性——自利性的完成,实际上就是一个经济行为对自我利益进行主宰以及另外一种经济行为所进行替换的结果,这一交换得以实现的基础是双方对于对方自利性的一致承认,这是因为在市场经济条件下,各个经济行为主体要想实现个人'利己心'的满足,就必须同时满足对方的'利己心'"③,这包含着价值理性特征。然而,在政治活动中,政治行为主体"自利性"的完成,是需要经过政治活动的工具理性才能得以实现的过程。④

在一般意义上,基层领导干部的角色选择能够分解成上述每一种类型,可以是比较善意的纯粹义务,也可以是对自身权益的合理性要求。作为公共领域的"公共人",基层领导干部和公共领域在政治制度上具有"一体性",很难做到上述的分解,更多的还是社会利益,即"维护和促进公共利益实现的愿望和要求的"⑤。公共领域的功利性完全反对基层领导干部自身的功利性,类似一种"绝对命令"施加在基层领导干部身上。

---

① 马正立:《依规治党视域下基层领导干部行为逻辑转型与路径选择》,《云南民族大学学报》(哲学社会科学版) 2017 年第 12 期。
② 马正立:《依规治党视域下基层领导干部行为逻辑转型与路径选择》,《云南民族大学学报》(哲学社会科学版) 2017 年第 12 期。
③ 刘志伟:《理性政治——政治哲学视域下的比较分析》,国家行政学院出版社 2014 年版,第 83 页。
④ 马正立:《依规治党视域下基层领导干部行为逻辑转型与路径选择》,《云南民族大学学报》(哲学社会科学版) 2017 年第 12 期。
⑤ 张康之:《公共行政中的哲学与伦理》,中国人民大学出版社 2004 年版,第 291 页。

由于权力支配力量的存在，私人领域的私益行为不存在对他人的害便是善，公共领域的个人私益行为都是恶的源泉。基层领导干部角色选择的合价值性主要体现在"服务于公民，而不是服务于顾客；追求公共利益；重视公民权胜过重视企业家精神"[1]。在完成公共利益最大化的同时，基层领导干部角色选择的合正义性最重要的还体现在遵守正义原则（指的是自由与机会平等、差别原则、公平补偿），实现对公民个人利益的皈依。[2]

新时期，随着治理现代化推进，各个领域的繁杂性导致基层领导干部角色选择更多还是对"复杂人"进行设定：第一，从自利"经济人"的行为动机来看，职务行为当中会出现自利行为；第二，依照成本效益来选择职务行为。即便如此，担任一定职务的基层领导干部仍应扮演相应角色，基于客观定位，角色具有一定的"施予性"。因为规章制度更多偏向于"公共人"角色塑造逻辑，党内的相关规定为处在相应职务的干部行为转型提供了外在理由，也就是说，在面临"公共人"和"自由人"以及"经济人"的角色选择时，基层领导干部能够依照具体角色安排的规则来塑造个人角色，其行为选择能够把诸多相关利益进行全面整合，进而实现行为的正义性。若遵守正当性逻辑，基层领导干部所思考的通常是与某个结果无关的事情，更多遵守指定条件下所运用的行为。与结果性逻辑相比，基层领导干部角色塑造并非依靠"利益最大化"原则，而是个人所具有的责任和使命，他们思考更多的还是在特定情境下的行为正当性。正当性逻辑更多的是对价值、标准以及机制等要素的遵循，更注重行为结果的公平性以及正义性，而不仅仅是收益与回报。在依规治党要求下，每一种规章制度都为不正当的利益行为设置了较为严格的惩罚范围。为提高自身利益来获得成本，基层领导干部尽管以良好效果为行为起点，但同样还会思考职务行为当中"经济人"所选用的成本（自利行为↓/效益↓＝收益－成本↑）。也就是依规治党为基层领导干部的自利行为提供了一种约束，同样还导致这一行为选择受到极大限制。因为自利行为会受到伦理

---

[1] [美]珍妮特·V. 登哈特、罗伯特·B. 登哈特：《新公共服务：服务，而不是掌舵》，丁煌译，中国人民大学出版社2004年版，第45页。

[2] 马正立：《依规治党视域下基层领导干部行为逻辑转型与路径选择》，《云南民族大学学报》（哲学社会科学版）2017年第12期。

以及规则的限制，虽然存在着自身利益需求，但基层领导干部作为公共权力的行使人员，在履行社会服务工作时，还被给予了"服务人"社会角色。实际上，大多基层领导干部均具有服务意识，也并不是单一的自利经济人，依规治党为促进个体服务意识转化为职务行动提供良好的发挥空间，为繁杂情况下的行为选择提供合理方案，应全面加强基层领导干部"正义人格""独立人格"以及"公仆人格"的培育。根据相关规定进行制度设计，增强规则适应性，能够确保基层领导干部在获得合理自利性以及提供有效服务性之间形成一种平衡。依照遵规守纪和行为恰当的要求，基层领导干部便可以改变过去自发的行为惯性，形成以规则约束为指导的角色塑造，从而消除双重角色冲突（自利的经济人与公共服务的提供者），避免不必要的损耗，提高服务效率与效益，实现行为之间的协调一致。[1]

---

[1] 马正立：《依规治党视域下基层领导干部行为逻辑转型与路径选择》，《云南民族大学学报》（哲学社会科学版）2017年第12期。

第三章

场域优化：基层领导干部成长的资源保障

优化有利于基层领导干部履行角色责任的公共场域、单位场域、生活场域，这既保障了基层领导干部合法履行责任，也为基层领导干部健康成长创造了有利环境。

在公共场域优化方面，主要着眼于塑造良好政治生态来促进基层领导干部健康成长。依据"结构—关系—文化"分析框架，可以通过成长场域内结构要素优化，关系要素整合和文化要素建设三方面来展开。一是通过遵循正确价值取向，塑造良好基层政治生态；优化基层治理结构，实现基层协同治理格局；转型基层治理模式，破除传统治理模式弊端等方面，来保障良好政治制度的形成，从而促进基层结构要素优化，为基层领导干部成长提供场域要素保障。二是通过形成密切的干群关系，构建良性的官商关系，从关系要素角度来优化公共场域要素，为基层领导干部规范的政治行为养成提供基础条件。三是从精神培养、经济基础、制度供给三方面着手，通过促进基层干部心理调适，推动优良政治文化发展，完善相关配套制度设计，保障良好道德环境的形成，为基层领导干部成长提供优良的文化要素。

在单位场域优化方面，需要着眼于营造优良的政治生态氛围。一是通过优化基层干部队伍能力系统与完善基层组织工作运行机制，来优化单位场域内有利于基层领导干部成长的系统机制。二是理顺单位之间工作关系与协调单位内部工作关系，来构建有利于基层领导干部成长的工作关系。三是净化有利于基层领导干部成长的单位场域内政治生态，这需要严肃党内政治生活、形成科学用人导向、严明党的政治纪律和政治规矩、净化单位政治生态外部环境等。

在生活场域优化方面，主要着眼于基层领导干部的社交场域与家庭场域。在社交场域优化方面，需要通过营造健康生活的氛围，进一步优化社交环境，完善各项配套制度来合理规范基层领导干部生活行为。在家庭场域优化方面，应充分发挥家庭场域对基层领导干部成长的不可替代作用，这对于提高基层领导干部拒腐防变能力有着重要作用。为此，需要着眼于两方面来为基层领导干部成长提供优良的家庭场域要素保障：培育廉洁家风促基层领导干部健康成长；引入外部措施对家庭场域实施监督。

第一节 优化基层领导干部成长公共场域

在我国基层治理场域要素中，结构形态变迁推动关系形态变革，进而决定着基层内独特的文化类型形成，反之亦然。结构形态从根本上决定了治理主体之间的关系，并塑造一个地域独特的文化类型；关系要素为特定文化的形成提供了基础，同时又所作用于各种文化类型。基于此，以"结构—关系—文化"为构建维度来优化基层基层干部成长场域，为其提供了优良成长土壤。

一 结构层面优化：良好政治生态形成的基础保障

良好的基层政治生态是基层干部健康成长的基本场域要素。优化基层干部成长场域要素，首先需要优化基层内结构要素，这是化解基层百姓利益矛盾、党群矛盾和重构良好官商关系的基本条件。"结构不是外在于个体，而是内在于行动者，作为一种知识，通过行动者的具体实践体现出来"[1]。作为基层政权运行的基础架构，基层成长场域内结构要素的核心是政治关系的正式化与制度化。其中，正式化涉及确定决策制定中个体、群体、结构和组织间的特定权威关系；制度化则涉及对这一关系的高度尊重、维护与坚守。现阶段能否适时有效地推进治理结构转型，科学规范政治主体在治理结构中的定位和行为，直接关系到基层干部能否有效应对各种挑战。

---

[1] 樊红敏：《政治行政化：县域治理的结构化逻辑———把手日常行为的视角》，《经济社会体制比较》2013年第1期。

（一）遵循正确价值取向，塑造良好基层政治生态

治理现代化与治理能力不断提升，依法治国不断推进，这都会在某种程度上为基层政治生态优化提供基本动力。基层政治生态优化是一项系统工程，需要以正确的基本理念和价值目标为指导，这样才能既有机整合基层百姓多元化利益，又遵循共同体所预期的发展目标，使基层发展方向遵循事物发展的一般规律。那么，良好的基层政治生态优化的基本理念和价值目标是什么呢？这便是政治公正、政治正义和政治民主。

政治公正是各种利益合理分配的价值评价，反映了基层百姓对利益分配关系基本诉求，这是实现基层百姓利益合理平等分配、消除公平与不平等状况的基本条件，也是协调基层百姓矛盾与冲突的基本价值准则。亚里士多德（Aristotle）曾说，"政治上的善就是公正，也就是全体公民的共同利益"[①]。一个体现政治公正的基层政治生态不仅可以提升基层凝聚力、向心力和感召力，也可以促进基层政治良性运行、缓和基层百姓之间矛盾与冲突，这是基层干部顺利开展基层治理工作的基本要素。为此，在优化基层内结构要素、塑造优良基层政治生态过程中，我国以政治公正的价值理念为基本遵循，建立公平合理利益分配机制。

政治正义意味着对善的追求，对人的尊严的肯定、对弱者的扶助与关怀、对强者权力意志的约束，这是切实保障基层百姓基本权利不被剥夺的基本条件。政治正义体现"以人民为中心"的发展理念，在某种程度上可以"避免由于满足强者意志而牺牲弱者利益所出现的社会冲突和对抗状况"[②]，创造性地运用恩格斯（Engels）"历史合力"的整体论思想，重视弱势阶层所可能做出的贡献，这是保证良好基层政治生态得以维系的有利条件。

政治民主是为保障基层百姓基本权利平等实现的基本政治理念。良好基层政治生态需要以实现政治民主来保障基层百姓基本权利诉求为基础。改革开放以来，随着政治民主不断推进，基层百姓的政治民主形式与内容也逐渐丰富。然而，体制转轨过程中的官僚主义、长官意志现象仍未完全消除，利益整合局限性所引起的各种利益矛盾问题也在某种程度上激起基

[①] [古希腊] 亚里士多德：《政治学》，颜一、秦典华译，中国人民大学出版社 2003 年版，第 95 页。

[②] 何建华：《发展正义论》，上海三联书店 2012 年版，第 13 页。

层百姓的各种不满。为此，在优化基层政治生态过程中，应遵循政治民主的基本理念，不断修正现存与基本理念不相适应的地方，这对形成良好的基层政治生态可以起到价值引领作用。

(二) 优化基层治理结构，实现基层协同治理格局

现阶段基层治理结构面临转型，基层干部面临诸多基层发展挑战，优化基层干部成长场域，建构"党政主导、三维协同"治理结构，实现基层治理结构定型，可以维护执政系统，规范基层干部的执政行为，避免行为失范产生。

第一，完善党和国家领导体制，发挥党委总揽全局的作用，保障"各个领域、各个方面都必须坚定自觉坚持党的领导"[①]。在此基础之上，构建"中国共产党领导、政府负责、市场推动、社会协同与百姓参与"的多中心治理的现代化治理结构，以法治化的方式厘清公共权力与其他多元主体间的责任义务关系。通过基层百姓对自身以及其他治理主体的治理地位的认同，对相互间治理权责的明晰，更好地协调多元治理主体间的关系，从而缓解基层紧张矛盾，为基层干部处理基层事务移除障碍，有利于基层干部干事创业。

第二，在党的领导下，推动协同治理，构建"三维协同"结构，也就是政府、市场与基层百姓所构成的三维治理主体之间制衡与平衡。增强三维治理主体之间的互动性，构建协同有效的治理运行机制，实现政府、市场与基层百姓所构成的场域中各种主体力量相均衡。在此过程中，群众性组织的协同作用将发挥作用，其功能将回归服务群众。同时，建立三维主体之间的谈判、协商和合作渠道，通过多中心基层治理格局，可以打破一元化基层治理模式，形成开放式基层党组织治理结构，以非行政化的定位模式激发基层党组织活力。在此过程中，要坚持党的领导，提升基层干部的治理意识与治理能力，使其在各领域内发挥最大作用，预防治理功能的失效，确保基层干部可以适应多变的环境，掌握环境变化动态情况，从而发现各方新需求并提供更合适的服务。

(三) 转型基层治理模式，破除传统治理模式弊端

传统基层治理模式一般以政治动员模式为主，也就是在"压力型体

[①] 中共中央宣传部：《习近平系列重要讲话读本》，学习出版社、人民出版社2016年版，第102页。

制"和"政治锦标赛"客观条件下,通过整合分化的政治结构,实现政策目标的一种"策略主义",这种政治动员模式是"以牺牲政府与社会的良性关系为代价"①。此外,与政治动员模式雷同,还普遍存在一种整合式治理模式,即"整合政治精英内部的政治机构和职能"。也就是说,县级"四队"在县委的领导下,整合成一个协调统一的分阶段整体,集中精力做大事,从而提高治理绩效。基层处于"承上启下"地带,作为基层基层干部,即面临层层发包的体制型压力,又直面日益攀升的基层百姓诉求。通过整合式治理模式来整合基层资源往往是基层干部的普遍选择。该模式在整合基层资源方面有效,但其潜在的弊端也很明显。破除政治动员模式与整合式治理模式,实现基层治理现代转型,可以从根本上化解基层矛盾的多发问题。这要求基层干部做好调查研究,把中央政策的原则与基层的实际情况有机地结合起来。进一步健全应急管理机制,为有效解决基层内冲突事件与及时化解矛盾提供支持。拓宽基层百姓参与渠道,鼓励其有序参与公共事务,提升基层百姓对平等身份的认同意识、平等意识与治理意识,通过互动实践进一步加深彼此间的认同。切实利用法治的规范作用和德治的教育作用,使法治能够"善",保护基层百姓的合法权益。此外,还要保障简政放权的有序推进,通过"减少权力、增加权利""减少管理、增加责任"方式,避免治理缺位可能给基层干部带来的麻烦。通过以上方式,有效保障治理现代化推进,可以从根本上化解基层矛盾,为基层干部健康成长提供稳定的治理环境。

二 关系层面整合:规范交往互动行为的基础条件

基层社会关系的有效整合可以为基层干部推进基层改革和发展提供稳定的条件。尽管基层内各种利益呈现不断分化的局面,但是基层百姓的根本利益是一致的。为此,在区别对待多样化利益需求基础上,密切联系基层百姓,引导基层百姓形成合理利益需求,协调与整合各阶层基层百姓利益,及时化解基层矛盾冲突,是为基层干部成长创造良好稳定局面的基础。

(一)形成密切的干群关系

干群关系不能仅仅靠感情因素,还要形成一种价值共识,这是由于

---

① 政治行政动员模式实现了经济的奇迹,并通过整合差异化的政治结构走向追赶现代化。

"人们的相互联系在根本上仅仅是建立在一种形而上学的观念基础之上：他们在相互关系中追求和创造强有力的共同理念和意义，形成一种强大的关系，将他们黏在一起"①。

第一，破解利益固化矛盾，防止各类侵权行为的发生。在基层内，建立在裙带关系基础上的利益固化、侵害基层百姓利益的"集体无意识"，是基层经常发生冲突的主要原因。为此，打破利益关联，纠正各类侵犯基层百姓基本权利行为是破解禁锢基层治理藩篱的有效方法。只有这样才可以有效整合基层百姓多元利益，化解群体性事件隐患，为基层干部有效开展各项工作提供一个风清气正的良好基层政治生态。

相关法律法规的有效落实也是真正使基层百姓利益得到保障的关键环节，由此我国应加大执法部门对侵犯农村群众合法经济、政治、文化权益案件的查办力度，有效预防并纠正各种侵害百姓基本权利与利益行为。这将从源头上解决基层百姓利益矛盾，在一定程度上遏制基层集体恶性事件发生，有效缓解基层干部工作压力。

第二，解决"内输"弊端，畅通利益表达渠道。新时代，基层呈现利益分化、社会地位分化，基层百姓的社会关系呈现复杂化局面。为此，我国应发挥各部门协调作用，不断探索和完善基层百姓利益诉求表达平台，规范利益表达程序，使基层百姓基本权利得到及时回应。

一是继续健全信访接待制度。在实现信访工作规范化、制度化、科学化的基础上，认真落实信访接待责任制，完善矛盾调处制度，及时处理基层百姓的信访问题，并改变以往对信访群众抓查堵截的"瞒"、"堵"等粗暴做法，遵循"当地问题当地解决"的原则，尽可能提升解决实际问题的质量。此外，以规范化的指导性文件方式成立群众工作部，将基层百姓信访工作纳入其中，这有助于更好地了解基层百姓所面临的突出问题，提高群众工作针对性，为基层干部群众工作提供便利条件。对此，可以借鉴以往其他地区的成功做法。例如，山东省临沂市的"便民联系卡"，界定了化解矛盾直接责任人；江苏省建立通报制度和约谈制度。

二是继续完善决策听证制度。开通民情邮箱和民情微信，利用村情电子滚动屏和电视广播等形式，确保基层百姓的知情权和参与权。只有保障

---

① [美]乔尔·S. 米格代尔：《社会中的国家》，李杨、郭一聪译，江苏人民出版社2013年版，第23页。

言路通畅，确保基层百姓对关乎切身利益的各项决策能够给予及时反馈，才可以有效保障基层百姓的基本权利，及时纠正重大决策失误。由此，进一步规范决策听证程序，努力确保基层百姓能够合法有序地表达意见或参与决策。在此过程中要有效发挥基层内人民团体和民间组织为群众利益代言功能，利用民间渠道有效提升基层百姓政治参与和政治表达的效能。

三是继续拓宽批评监督渠道。发挥网络平台优势，构建多层次、全方位的批评建议与控告检举网络通道，受理群众来信、来访、来电、手机短信及网络诉求，收集多方信息，并对相关信息给予保密处理，并以法律形式对举报者给予相应的保护。还可以采取与群众"面对面"直接对话形式，自觉接受多方位监督评议。只有使各种违法行为得到及时检举，才可以避免权力异化所带来的更严重的损失，加强基层干部的自我约束意识，进一步营造良好的政治生态环境。

（二）构建良性的官商关系

官商关系是基层政治生态中的一种基本关系，而且是基层干部成长场域内经常面对和处理的重要关系，不良的官商关系不仅会恶化基层政治生态，若处理不当，还很可能会导致基层干部不良行为的产生。为此，净化官商交往生态系统，形成"清""亲"的官商关系十分重要。

第一，不断探索治理官商关系生态系统的基本路径。一是净化官商关系治理的"系统—环境"，健全多元制衡与协商对话机制、完善网络化监管机制，杜绝官商交易和"背对背"行为，防止官商关系出现偏离或触碰底线。二是规范官商关系主体的"权利—义务"。改变"政治上的主导，商业导向"或"勾肩"和"彼此不同"之间的关系。合理界定二者权利与义务边界，通过"权力清单"保障权力运行不再任性，通过"责任清单"提升"商"社会责任感，构建新型官商关系。三是健全官商关系的"法治—规则"。官商之间建立新型关系需要"良好的法律"，完善相关法律规范体系，使二者的交往过程有法可依，确保政商交往在法治框架下进行，提升"官"与"商"合作空间，实现"亲清结合""政商有道"的交往氛围。在此过程中，通过健全激励机制，褒奖"诚信、守法、奉献"的"商"，培育"现代商人"的理念，破除"商依附于官"的思维。四是重构官商关系价值的"工具—目的"。"官方"和"商业"的过程应遵循互信的概念，打破权力和资本的逻辑，建立一个具有高度"工具性"的价值体系。加强"官方"和"商业"共识，促进官方和业务关系的和谐发展。培育"商"的社会责任感，淡化"官"权力意识，增强服务能力，在基于实现人民利益的基础上守住行为底线。

第二，继续探索培育官商关系和谐氛围的有效措施。一是以合法化的方式开放政商之间的沟通渠道。优化专家评审制度，尽可能让项目少走弯路，让"商"少等待少花钱，同时也让地方报项目的官员少走捷径。同时，建立诚信企业行业标准，普查筛选出有实力有能力的企业，鼓励企业自行并轨，实施民营企业联强靠大政策。此外，分层次调节官商关系。民生领域如国防、医疗、教育、救灾救济等领域的官商关系应该由国家直接指导调节；科技制造业领域的官商关系应该交给省级调节；地方经济发展和其他私营经济部门受当地调整。二是建立政府招商救济渠道。当政府政策变更时，政府就无法继续履行当初招商的承诺，并影响到了"商"的经营，在给其造成经济损失时，应当适当对"商"进行补偿或者帮助其解决资金问题。只有通过相关部门为"商"排忧解难，才能在最大程度上消解"商"对"官"的不信任，维护官商之间良好的诚信关系。三是建立优质资源与优秀"商"互选的平台。国家资源和商业实体之间信息的不对称将导致资源与"商业"脱钩。因此，有关部门需要定期组织全国资源和诚信"商"普查，普查结果放到一个统一的大数据平台，切实把有能力、讲诚信的"商"与优质资源有机结合起来。

三　文化层面建设：健康政治意识培养的基本要素

政治生态往往植根于其独特的政治文化土壤之中。就基层政治生态而言，基层百姓是基层干部直接面对的群体，提升基层百姓主体意识、治理意识和平等意识，有利于基层内和谐关系的形成。县内和谐关系的构建与优秀的县级政治生态密不可分。为此，优化基层文化要素，营造和谐的基层文化氛围，可以为基层干部成长提供基础场域条件。可以说，基层文化形态是基层干部健康成长与基层百姓政治意识发育的基本要素。新时代基层文化要素转型需要依托精神培育、经济条件、制度供给等基本条件。

（一）精神培育：促进基层干部心理调适

保罗·迪马吉奥和沃尔特·鲍威尔曾在《组织分析的新制度主义》一书中强调"个体在很大程度上都要受到各种信念与文化框架的制约，

会接纳各种信念体系与文化框架"[1]。基于这种观点，精神培育可以促进基层干部的心理调适。实验研究分析表明：腐败者"当你违反自己的道德原则时，你将受到精神和身体上的攻击并导致疾病"。这一研究结果充分说明：腐败会对个人造成巨大的心理压力，精神受到痛苦，害怕真相被揭露，并因其腐败行为而受到惩罚。因此，基层干部的良心和道德感提升了，其从事腐败行为的心理精神压力就会增加，从而自觉约束自身而保持清正廉洁。南非管理人员罗伯特·科里特（Robert Corriet）在计算腐败成本方面增加了道德，并得出以下推论："假如腐败行为没有发生，个体会获得一种道德满足感；如果产生腐败行为，个体在接受贿赂或获得收益的同时，不仅付出道德代价，还会遭受刑罚。如果收益减去道德代价，再减去不可避免的刑罚，仍大大高于道德满足，那么，腐败行为则会产生。"[2]如果发生腐败，个体就将为此付出代价。任何理性的个体都会计算选择腐败行为的"成本效益"。而考虑腐败成本的过程就是主体自我规制的过程。按照罗伯特的观点，基层领导干部若要规避自我约束，就必须改变以往内化于心的道德准则，摒弃伦理道德与职业操守，并且面对舆论谴责所产生的负面效应，由此则可以增加腐败成本。由此，基层领导干部需要不断推进精神性建构。作为发展廉洁政府文化的逻辑起点，精神建构分为：价值理念、知识和心理建构，其目的是为廉政文化教育内容的选择提供知识资源。通过对基层干部群体心理进行科学分析，深入挖掘行之有效的教育内容和方式，使廉政文化主导整个价值取向，并成为社会公众内心的道德准则与言行的依据。由于思想上的引导可以增强其自律能力，为此通过组织多样化的廉政教育活动，提升基层干部的自我约束能力。良知作为人类心灵的主宰力量，体现为一种道德自律。当行为朝着正确的方向发展时，它会给予个体一种内在动力，并通过心理调节作用来阻止行为发生偏离。

（二）经济基础：推动优良政治文化发展

基层政治文化是现实生活在基层百姓主观意识领域的反映。作为上层

---

[1] ［美］保罗·迪马吉奥、美沃尔特·鲍威尔：《组织分析的新制度主义》，姚伟译，上海人民出版社2008年版，第29页。

[2] ［南非］罗伯特·克利特加德：《控制腐败》，杨光斌等译，中央编译出版社1998年版，第29页。

建筑的一部分，政治文化受到基层经济体制相联系的生产力作用影响。当生产力水平处于自给自足的自然经济的状态下，便会发育依附意识，进而形成保守和服从的政治文化；而民主、自由、平等则是与市场经济的高度发达相联系的。基层政治文化培育需要借助市场力量，基层百姓的契约精神与平等精神发育需要以一定经济基础作为保障。真正能够动摇村落家族文化的应该是物质生产力的高度增长以及由此带来的其他变革。因此，发展基层生产力，先进政治文化要素才能逐步滋长，基层百姓的政治权利意识才能获得真正的提升。基层百姓只有摆脱了被束缚的状态，自主意识和自由意志才可以真正觉醒。

市场经济所培育的平等精神、民主精神与独立精神是先进政治文化发育的个性心理基础。对政治个体的基层百姓而言，只有生存需求和物质保障得以实现和满足，才有闲暇以独立的个体身份为争取自身权益而从事政治活动，也才能够自愿地遵守法律和契约所规定的各项义务，并形成对追求个人利益最大化的自我约束。基层百姓政治社会化过程需要建立在稳定生产关系基础之上。基层经济发展可以催生基层百姓的平等、自由、法治、民主意识，进而为先进政治文化的形成提供精神动力。

（三）制度供给：保障良好道德环境形成

政治文化是受一定制度约束的实践活动在人脑中的主观反映，由此，制度是行为规范的基础。一个社会的核心是规范性的秩序，通过它，人们的生活才得以共同组织起来。对于个体成长来说，文化传统、风俗习惯和社会舆论都属于外化机制，内在良心属于内化机制。康德（Kant）在讨论道德本质时就曾强调，"道德非常注重内在的精神自律"。事实上，如果没有道德的这种内在作用作为政治文化发育的基础，政治文化发育过程就很难发挥维持社会生活秩序、调整社会关系和规范人的社会行为的功能。传统的道德内约机制主要依靠个人的良知。良知在本质上是产生于人们对社会舆论与传统习俗的认同以及对违背传统习俗与大众标准的畏惧，依然属于他律。[①] 由此可见，无论是基层干部还是百姓，道德养成还需要约束机制。

道德需要的产生与提升并非完全是自发完成，尤其是随着社会舆论与道德文化对一些道德行为的宽容，社会舆论与传统习俗的作用被漠视。在

---

① 鄢爱红：《领导道德》，研究出版社2017年版，第215—216页。

这种情况下，就需要建立不同于公众舆论与传统习俗的刚性制度，以强化外在约束，这便需要探索道德制度约束的新途径。对于基层基层干部来说，涉及公共权力使用的领域，应将相应的道德规范制度化、法制化。例如，只有建立起包括领导干部财产申报制度、公务接待制度、公共财政预算和经费管理制度等一系列严格而合理的制度，才有可能培育基层干部廉洁的品德。对于基层百姓来说，同样需要约束他们的不道德行为，净化基层生态系统。

社会道德巩固还需要道德评价与赏罚机制。道德的评价有一定的难度，因为它不像经济发展那样可以指标化、数据化。道德评价的方法有：大众评价、社会舆论评价、组织评价和自我评价等。新时期应发挥社会舆论评价的作用，弘扬"以人民为中心"的道德宗旨，这是社会道德价值序列中最核心的内容。此外，道德赏罚机制应是一种奖励和处罚的激励机制，将道德评价的结果与人们最为关心的事情挂钩，这样才能促使道德人格发育。

第二节　优化基层领导干部成长单位场域

单位场域对基层领导干部的成长具有十分关键的影响作用。在优良的单位场域内，基层领导干部可以获得更好的成长。为此，促进基层领导干部成长需要着重优化与良好单位场域有关的系统机制、构建与良好单位场域融洽的工作关系、净化与良好单位场域共生的政治生态。

一　优化与良好单位场域促进的系统机制

从一定意义上说，基层领导干部在特定场域内各种互动关系所结合的形式和规范，影响了基层领导干部与其他个体的互动过程，又进一步使基层领导干部与场域内个体的互动行为制度化、规范化、秩序化。

（一）优化基层干部队伍能力系统

正如盖布勒（Gaebler）与奥斯本（Osborne）所发表的观点，大多数公职人员都"是负责的、有才能的、立志献身的人，只是受制于陈旧体制的梗塞，创造性得不到发挥，精力遭到浪费"[1]。在应然层面，基层领

---

[1] David Osborne, Ted Gaebler, *Reinventing Government: How the Entrepreneurial Spirits Transforming the PublicSector*, New York: Addison-Wesley, 1992, pp. 54 – 59.

导干部一般只负责某一领域工作，他们需要具有分管某方面的专业能力、宏观决策能力，以及与其他部门的协调能力。但是，从各个基层的实际情况来看，调配基层领导干部过程一般存在两个倾向：过于注重岗位经历与个人自身能力，而在很大程度上忽视了部门整体能力的结构优化。由于我国幅员广大，地区之间自然禀赋相差很大，发展程度不同，发展战略也存在差异。对基层领导干部的任用应根据基本原则，结合实际情况综合考虑，改善单位政治场域系统，释放出每位干部身上巨大的能量，从而有利于基层领导干部在保障基层稳定、推动发展与改革方面的各项政策得以有效落实。

第一，优化基层领导干部队伍结构及其相互关系。对基层领导干部队伍结构实施有效的完善，主要应该围绕以下两点：一是按照基层所需能力的要求和各部门工作的需求进行合理性优化。对基层领导干部队伍整体能力系统的基本存量进行相应调整，将与期望值之间存在的差距降至最小。二是以"木桶效应"为基本原则，对基层领导干部队伍整体能力系统实施有效的完善。当系统中某方面能力存量过低的时候，整体能力就会迅速降低，在进行有效的调控之后系统整体能力会有明显的提高。在此基础之上，改善基层领导干部队伍整体能力系统结构成分之间的相互关系。经由对基层领导班子成员能力系统的内部品质、整体结构以及能力要素子系统之间质与量的具体关系进行完善，使系统内部结构成分处于良好的状态，进而对系统整体组合效应提供一定的保障——"1＋1＋1＋1＋1＋1＋……＞n"。例如，对品质、结构及能力之间所具有的相互作用系数进行有效的调整，同时其整体素质也能得到相应的提高。

第二，改善基层领导干部能力系统结构层次。对基层领导班子成员能力系统结构层次实施有效的完善，这可以划分成外部组织机构层次方面的完善，以及系统内部品质与结构等诸多要素特定秩序的完善。实践表明，我国应遵循客观实际和发展规律，根据基层领导班子成员能力系统的演化规律制定政策，趋利避害，实现基层领导班子成员能力系统最优化。基层领导班子成员能力系统结构改善具有时空性，这促使我国应分析和研究怎样才能增强基层领导班子能力系统对基层发展的适应性和预见性，并减少不确定因素；审视和探索基层领导班子成员能力系统演变机制，明确在什么条件下保持结构稳定，如何创造条件促进系统向新环境转化又防止失稳。

对能力系统进行完善属于一个动态的发展过程，各时期都有相应的目标，各阶段一般仅能处理这个阶段所存在的问题。所有完善方案都只是针对于某一个特定的时空，无法永远不改变。所以，唯有不断对该系统完善方案进行改进及优化，才能完善基层领导班子结构，使基层领导班子工作顺利开展，始终与基层发展、改革和治理同步，从而为基层领导干部成长提供优良单位场域保障。

（二）完善基层组织工作运行机制

在某种意义上，影响基层组织与内部个体之间互动过程的工作机制，与单位政治生态密切相关。基层组织工作机制的不科学，或新旧机制转换过程中所出现的不连贯、不衔接，都会引发单位政治生态方面所存在的各类问题，进而极大影响基层领导干部的行为方式与角色选择。为此，持续对基层组织工作机制进行优化是完善单位政治生态的基本环节，优化基层组织工作机制可以从以下几个方面着手。

第一，持续对领导决策工作机制进行优化，积极探索决策阶段的权责对应机制，对决策阶段的责任追究制度实施有效的优化，同时优化决策阶段的信息搜集与筛选机制，积极探索专业化的咨询组织及智库成员在决策阶段中发挥效用的体制机制，全面提升决策的法制化、标准化及合理化水平。

第二，持续对选人用人工作机制进行有效的优化，通过合理的方式创新该制度。目前一些地方政府启动考察官员道德的"反向测评"评价机制，对官员道德表现进行较为客观的评价。但是这些做法在取得一定成效的同时，也存在不少"花架子"现象。为此，目前中央层面正在逐步解决"唯票、唯分、唯GDP、唯年龄"等问题。从调研中了解到，一些面向全国的领导干部公开选拔工作，有的通过公开公正程序选拔的人才却存在高分低能现象，有的则变形走样，成为本单位人员提拔的一个"幌子"，使优秀人才充当了陪考角色，既浪费了人力物力，又挫伤了大多数人的积极性，在社会上造成了不良的影响。为此，中央层面对选人用人的初始提名进行规范，全面预防"在一部分人中选人"或"由一部分人选人"的双重问题；持续扩大民主推荐及测评群众参与的范畴，扼杀任人唯亲的不良现象，选出广大民众满意及拥护的基层领导干部。

第三，持续对民主评价工作机制进行科学的优化，构建种类齐全、科学合理的民主评价体制机制，对民主评价的基本方式方法进行有效的创新,加强评价考核结果的应用,将民主评价结果的具体应用、反馈同评价主体的激励限制、管理监督、选拔使用及培训教育等全面整合到一起。

二 构建与良好单位场域融洽的工作关系

单位场域内的工作关系是影响基层领导干部成长的关键要素。理顺基层各单位之间的工作关系,并确保单位内部工作关系和谐,可以进一步促进基层领导干部健康成长。

(一)理顺单位之间工作关系

对单位之间工作关系进行优化,确保各机关各部门之间各项工作的高度耦合。在这个过程中,不但要将党的领导作为基本原则,还要全面发挥人大、政府等部门的作用;不但要确保高度统一领导,同时还要预防少数领导的"一言堂"现象。

第一,对基层各单位的决策咨询力量进行整合。政策研究部门应建立合理而有效的整合机制,使各个单位的决策咨询与战略研究力量得以全面整合,尤其在制定各项政策草案时,应积极吸取并采纳各单位的意见。同时,凡是重要的决策,政策研究部门在起草阶段一定要组织决策咨询或者是举行听证会议,并由党委、人大、人民政府、政协以及相关人士共同参与,为各项决策提供建议和意见。

第二,完善单位之间工作沟通和报告机制,加强每一项决策部署全面落实和公开公布。对较为重要的决策实施"创制权"和"复决权"相互结合的基本制度,经由程序过滤保证决策的合理性。例如,由人民政府制定的基本施政决策,应通过党委与人大的复决;由党委制定的基本施政决策,应通过人大复决并成为法律明确规定的决策;由人大制定的基本决策,应提交党委并备案,保证与党的大政方针完全相符。对于突发事件和紧急情况需要及时上报情况,上报情况时可以有效利用网络、信件以及电话等形式提高效率。不断加强单位之间的有效沟通,营造齐心协作的团结氛围,形成具有凝聚力的良好工作局面。

第三,建立单位之间相互合作的监督考评机构,对纪委、信访、监察、审计,以及绩效评估等诸多机构的具体职能进行整合,建立有效的"大监督"机制。对业务部门实施科学的绩效考核或综合考评,应该结合各单位之间的分工合作机制,对其监督及评价权予以充分的尊重。尽管在当前实现自上而下的科学领导,以及平行部门之间的协调合作方面已有比较完整的规定程序，但实际运行过程中仍存在某种障碍因素，尤其是在制定及实施与民众切身利益息息关系的政策时。这里应着重强调，在优化单位之间相互监督机制过程中，应确保"领导、决策、建议、执行、监督、考核"各项环节的高度耦合。

（二）协调单位内部工作关系

单位内部工作关系和谐与否在某种程度上决定了单位政治生态的优劣。和谐的工作关系可以为每位成员的发展提供一个空间，也就是在这样一个互惠双利的过程中，单位发展有利于个体发展，个体发展也促进了单位整体发展，这便是构建良好单位政治生态的基本条件，同样对基层领导干部的身心健康养成具有正向促进作用。唯有单位人员同向发力而产生一种合力，这样才有利于基层领导干部干事创业。

第一，明确和谐单位关系理念，营造一种政令畅通、工作有序、运转高效、蓬勃发展的良好氛围，确保单位成员内部关系顺畅，培养和谐的人际氛围。和谐的工作关系是以权利平等为基础，以"志同道合"为共同目标而协同合作的关系形态。基层领导干部应善于引领内部成员去感受公共部门的服务意识，使其与群众去创建良好的情感关系。在横向交流上，基层领导干部可以通过组织部门之间的娱乐休闲活动等，扩大内部成员之间的互相合作及关联，使他们之间形成一定的信任以及理解。在纵向沟通方面，上级要鼓励下级成员之间相互提供促进工作所需的各项信息，在权责允许的范围内适度授权，培育其解决好紧急情况的能力，提升对工作的自主性与成就感。

第二，完善单位内部工作协调制度，保障沟通渠道畅通，并形成常态化机制。良好的工作关系通常要秉承共同的理念、价值、爱好等，以此加强对单位成员价值观与工作理念等方面的塑造，促进单位成员创造性地开展日常工作，以培养对工作的共同兴趣。组织部门还应全面了解单位成员的工作和生活，以及他们身心健康情况，全面解决可能面临的诸多问题或困难。

良好的工作关系与工作氛围的形成仅仅依靠交流与互动频率是不够的，还需要依靠科学的制度与管理。例如，采取大办公室制、职工联谊制和领导接待职工来访制等。在此基础之上，还需要有效执行规章机制，即"规范言行、分工明确与赏罚分明"。此外，还需要形成一个开放的沟通系统，鼓励单位成员对一些问题发表意见和建议，经过互相沟通，增强成员之间的相互信任度。

三 净化与良好单位场域共生的政治生态

营造良好政治生态氛围，需要好的从政风气与从政环境，这与基层领导干部成长呈现正相关。不良从政风气与从政环境，使关系网、"潜规则"成为常态，并破坏地方和部门的政治生态环境。只有"用人公正、用权合法、决策合理"的单位政治生态，才可以使基层领导干部始终保持清正廉洁，守住做人做事的底线。党的十八大以来，基层政治生态得到净化，为基层领导干部健康成长提供了良好的单位场域，以此为基础，应继续涵养风清气正的政治生态，以优良党风政风带动社会风气根本转变。

（一）严肃党内政治生活

严肃党内政治生活对于监督基层领导干部，解决党内矛盾、促进基层领导干部成长具有重要作用。正如习近平同志指出："有什么样的党内政治生活，就有什么样的党员、干部作风。"[1] 为此，党中央应规范党内政治生活，创建良好的政治生态。

第一，全面落实党的民主集中制中的各项流程，克服家长制作风。凡属重大问题决策，在经集体讨论，充分发扬民主的过程中，实行民主决策和科学决策，从而形成良好的单位政治氛围。

第二，加强开展批评与自我批评，通过"团结—批评—团结"，去除党内政治的不好恶习，涵养和谐的党内关系。以坚持党性原则作为基本前提条件，提高民主生活会质量，不放"礼炮"或"哑炮"，确保形成良好的政治局面。基层领导干部要恪守"三严三实"，不断推进作风建设，确保从政"小环境"清朗。

第三，创新党内生活方式，"积极适应新形势，不断加强学习，善于运用新媒体，开展党员自由自主、生动活泼的民主生活"[2]，形成和谐的党内政治关系，从而确保基层领导干部顺利开展工作。在这方面，各地可以借鉴和推广新疆阿勒泰地区的实践做法。近年来，阿勒泰地区积极探索以可可托海党性教育基地为龙头，以党建图书馆体系为支撑，以一县一特

---

[1] 习近平：《在教育实践活动总结大会讲话》，《人民日报》2014年10月13日第01版。
[2] 孙秦敏，肖芳：《习近平政治生态思想的基本内涵和实践要求》，《领导科学》2016年第14期。

色为基点的"党性教育综合体",不断提升党员干部的政治觉悟和政治能力,以实际行动稳边兴边、富民固边,践行好初心和使命。

(二) 形成科学用人导向

选人用人的导向作用,影响着一个地方的政治生态。促进基层领导干部健康成长必须坚持正确的选人用人导向,让那些敢于担当、踏实做事、不谋私利的干部成为选人用人导向,并为其提供成长平台。只有在识人、选人环节本着对事业、对组织、对同志负责的精神,建立良好的用人导向,才能引导良好政治生态的形成。

党的十九大报告指出:"坚持正确选人用人导向,匡正选人用人风气,突出政治标准,提拔重用牢固树立'四个意识'和'四个自信'、坚决维护党中央权威、全面贯彻执行党的理论和路线方针政策、忠诚干净担当的干部,选优配强各级领导班子。"[1] 党的十九大报告还指出:"大力发现储备年轻干部,注重在基层一线和困难艰苦的地方培养锻炼年轻干部,源源不断选拔使用经过实践考验的优秀年轻干部。"[2] 由此,在干部选拔过程中,应更加重视基层经历,并通过实践锻炼基层领导干部,拓宽后备干部选拔渠道,坚持"赛场选马",为基层领导干部提供更好的发展平台。在此基础之上,选人用人过程应更加注重群众参与。目前,一些地方已运用网络技术实现群众评议是一个重要的手段。例如,新疆阿勒泰地区建立重大事项即时报告制度,针对发现领导班子不团结、班子成员及干部队伍存在"两面派""两面人"现象、党员干部违反"七大纪律"等问题,组工干部要在第一时间向部领导专题汇报,通过核查处理,不断纯洁党的队伍,净化政治生态。此外,各地还可以借鉴并推广江苏新沂市"谈、测、征、核"四措并举的联合审查机制[3]。在此基础之上,还需要进一步总结经验并在全国推广,建立相应的全国性的制度和机制,真正做

---

[1] 习近平:《决胜全面建成小康社会夺取新时代中国特色社会主义伟大胜利——在中国共产党第十九次全国代表大会上的报告》,人民出版社2017年版,第64页。

[2] 习近平:《决胜全面建成小康社会夺取新时代中国特色社会主义伟大胜利——在中国共产党第十九次全国代表大会上的报告》,人民出版社2017年版,第64页。

[3] 江苏新沂市建立多层次、立体式的干部任前联合审查机制,切实考准考实干部忠诚度。通过组织部门抓总、执纪执法部门参与、干部群众监督的方式,建立起多部门联动审查机制。对干部任个人有关事项报告内容,在干部联席会议成员单位中广泛进行收集验证。把好信访调查关,对干部任前公示期间接到的信访举报,一律由纪委和组织部联合调查,形成结论。

到在各地干部选用程序上提高群众的参与度,使群众评议在干部选用上真正起到决定作用。

在此基础之上,创建干部选拔任用纠错制度,全面提高干部选任工作标准,其主要任务是建立考核、测评、监督"三位一体"的干部选拔任用纠错机制。一是促进"联动式考核",根据成绩来评判结果。针对行政工作常常出现"条块分割、各自为政"的现象,许多地方采取对领导班子及其选人用人工作实行联动考核,即条块协作互相考评、民主考评测量民心、政绩考核测量实绩。联动考核结果不佳,特别是用人失误、失察严重者可以得到黄牌警示、去掉当年评选资格、在第二年之内不进行提拔,并且向领导进行检讨以及列为诫勉谈话目标等,直至自动辞职或免职等措施。二是在较大范围内实施"大规模测评",去或留全凭民意。根据各层次、各领域干部队伍实际,以"民心考核"为重点,在所管辖的全部范围内开展大规模公开民主测评活动,全面实施专项、履职及三级测评等紧盯基层领导干部。三是实施"立体化监督"。在民主推荐与考核,票决公示、试用期考核、任期制执行、用人失察失误责任追究、干部监督信息交流、监督工作领导责任制等方面形成一种既突出重点又相辅相成,足以堵塞和防止漏洞的立体监督体系。[①]

(三)严明党的政治纪律和政治规矩

严明党的基本政治纪律及规矩,打破"圈子"文化、潜规则,是涵养良好政治生态的主要方面。"不遵守政治纪律、不讲政治规矩很容易出问题"[②],唯有严明政治纪律及规矩,才能使党得以团结,使基层领导班子变成一个整合体,共同推动基层治理现代化、改革及发展事业。

严明政治纪律及规矩应该将党章作为主要遵循。同时还要将党章作为党的总规矩与主要法则,党员干部在政治、工作、生活中应遵循基本行为准则。为此,基层领导干部应率先垂范,带领所有党员树立良好的党章意识,并把党章作为规范一言一行的根本标准,增强"四个意识",保持坚定信念不动摇。

严明政治纪律及规矩应保证对党忠诚,这就是党员干部的基本行为规

---

① 李阳、陈尤文:《政府领导科学教程》,国家行政学院出版社2013年版,第133页。
② 孙秦敏、肖芳:《习近平政治生态思想的基本内涵和实践要求》,《领导科学》2016年第14期。

范与政治品德。对党绝对忠诚要求进一步坚定"四个自信",维护党中央权威,贯彻党的路线方针政策,增强担当精神。严明政治纪律及规矩还应全面预防"破窗效应"。绝不可让党的政治纪律成为摆设,从而应强化党的基本原则、章程、相关制度以及各项部署的权威性与严肃性,使严明政治纪律及规矩在相关行动中得以全面落实,"确保纪律面前人人平等、遵守纪律没有特权、执行纪律没有例外"①。

(四) 净化政治生态外部"气候环境"

在政治生态系统当中,单位政治生态存在一定的自循环规律,同时也和外部环境有着密切的信息交互,外部生态系统也在某种程度上影响着单位政治生态系统内部人员的行为和实践。为此,对外部生态建设进行完善,能够使扭曲的生态链得以修复,以其微观自系统和外部生态系统的完美结合,来实现内外生态系统的良好互动。

第一,净化经济生态。经济生态对政治生态影响很大。从落马基层领导干部的案例来看,大多涉腐的主要方式是副微观经济活动的干预。例如,土地出让、房屋拆迁、行政审批等方面。追其根源,这是因为公共权力插手微观经济领域。因此,斩断公权力对经济领域的渗透通道,需要继续深化市场经济体制改革,营造良好的经济生态,从而铲除基层领导干部可能进行腐败交易的经济土壤。

第二,孕育优秀政治文化生态。政治生活同文化生活之间有着十分密切的关系,两者组成了一个有机整体,重点包含履行政治义务、实施政治权利以及参与民主监督。"政治生态不好,很大程度上是政治文化出了问题"②。国学大师钱穆曾说:"一切问题,由文化问题产生。一切问题,由文化问题解决。"③ 净化政治生态属于一项系统性工程,离不开优秀政治文化所提供的强有力支撑。改革开放以来,各项党纪政纪和法律规范等正式制度不可谓不多,但是各类腐败现象仍没有完全得到遏制。这部分可以归因于,党纪法规缺乏与之相匹配的信仰、道德、习俗、宗教等政治文化体系的有力支撑。为此,党中央应对廉洁文化建设予以重视,加速构建廉洁清政的新型政治文化,积极培育以法治、程序及责任意识为重点内容的

---

① 张浩:《严明政治纪律和政治规矩重构政治生态》,《南方日报》2015年1月19日。
② 韩庆祥:《政治文化、政治生活和政治生态的内在逻辑》,《理论视野》2017年第5期。
③ 王建芹:《转型社会腐败治理:制度+文化》,《检察日报》2013年5月14日。

新型政治伦理。破除政治场域中官场文化的人身依附关系，坚决打击立"小山头"、拉帮结派等不良政治行为，不断涵养助推廉洁政治生态生成的文化自觉。①

第三，营造良好的社会生态。涵养优良政治生态同样需要榜样的力量加以引领和普及。所谓榜样，是指在践行社会规范中身体力行的人物典型和楷模。利用榜样的力量来凝聚社会主义核心价值观是净化政治生态的基本途径。在中国共产党的历史上，干部勤政、廉政的典型层出不穷，如20世纪60年代的焦裕禄作为兰考基层领导干部，他为人民扎实工作，严于律己、生活艰苦朴素。新时期，中国共产党还应继续加强这方面的引导，宣传勤政、廉政榜样，从而用优良社风带动党风政风，为基层领导干部成长营造健康的场域环境。

第三节 优化基层领导干部成长生活场域

基层领导干部成长的生活场域主要包括社交场域与家庭场域。生活场域是基层领导干部成长的重要领域，很多被查处的基层领导干部便是在这个领域的监督缝隙发生成长异化。为此，基层领导干部健康成长要优化基层领导干部成长生活场域，形成对基层领导干部全方位成长保障。

一 社交场域优化：生活作风建设

在优化基层领导干部成长的社交场域方面，基层领导干部机制的完善应着重于生活作风建设：在优化社交环境方面，营造健康生活场域人情氛围；在构建科学合理的制度体系方面，完善有效合理规范基层领导干部生活行为的各项配套制度。

（一）环境优化：营造健康生活场域人情氛围

面对各种以人情为借口的被异化的人情考验，基层领导干部应树立正确的人情观。正确的人情观应尊重法治精神，倡导人们认同、信仰法治的基本观念。

第一，剔除人情观异化的负面影响，摒弃身份崇拜、人情崇拜、权力

---

① 胡守勇：《净化和重构政治生态：新时期反腐败斗争的根本方略》，《中共福建省委党校学报》2016年第8期。

崇拜的"情本位"与"官本位"意识。建立健全有利于人际关系良性运作的道德规范体系，并充分发挥道德内化功能。从现实实际情况来看，在很多情况下，请托人往往从孩子和老人入手。孩子的上学、升学、就业，老人的看病、住院、照看，都可能成为突破口。作为基层领导干部认为应享受更多特权，这就很可能为腐败敞开大门。因此，在关于家人的问题上，基层领导干部要坚持公平正义的原则，根据工作性质和个人兴趣爱好划定并理清与人交往中的"正常"和"非正常"状况。

第二，大力倡导培育现代文明精华。现代社会依然需要人情往来与"关系"，但是这种"关系"如果不加以正确引导，则往往为基层领导干部成长异化打开方便之门，人情观有时就会异化为利益交易观、权力寻租观。一方面，铲除人情弊端关键在于以借鉴现代文明精华为基础，树立正确的人情观。培养基层领导干部应在社会范围内通过深入的宣传教育，扯下圈子文化面纱，使广大基层领导干部认识到不良的生活圈和社交圈危害性，从而铸牢思想防线，优化"三圈"土壤，切实做到"行有规、为有矩"。① 另一方面，在更广阔的社会领域内培育理性思维。当理性思维在社会领域发育之后，基层百姓更加了解如何通过合理渠道争取自己的合法主张，便会减少权力寻租的可能性。由此，对于基层领导干部来说，在处理公共事务过程中个人情感因素也会降到最低限度。

（二）制度体系：完善规范生活行为配套制度

从理论上讲，公共权力是用来为公众利益服务的，且并非一定要把公共权力赋予某个特定的人，某人被授予公共权力正是以其服务公众为前提的。对于"独享私人生活领域"，不同的人肯定会有理解上的差别，但是在"保障公共权力不为私"这一点上却只有一个标准。那种既想拥有公共权力，又要享有完全绝对隐私权的人，很难对此保证不存在公共权力被私用的可能。因此，对于基层领导干部来说，在掌握手中的公共权力的情况下，必须要放弃对隐私权的部分主张。为了有利于监督基层领导干部，任职前的合法财产公示是很必要的；为了防止利用家人亲属串通谋私，基层领导干部的家人亲属不能在同一单位或同一辖区内有直接利害关系的部门或岗位任职也是正常的；八小时之外不能和有直接利益诉求的商人来往过密也是情理之中的事情。在此基础之上，还应继续完善相关制度，尤其

---

① 贺培育：《人情腐败及其矫治》，湖北人民出版社2016年版，第129—135页。

是诱导性的制度建设①，从而为基层领导干部成长构建保护屏障。

第一，建立健全利益冲突回避制度。例如，节日提醒机制。中国的确是一个人情社会，但是党员干部应当成为中国建设廉洁社会的模范。俗话说，"廉不廉，看过年；洁不洁，看过节"，"年节"往往是腐败现象、作风问题易发多发的时期，它已成为考验党员干部是否廉洁的"试金石"。当个体在某一节假日时的欲望被某种"规矩"压制时，自然会希望到下一个节假日时能够突破这种"规矩"并使欲望得到释放。因此，每逢节前对广大党员干部进行廉政提醒已经成为纪委的常态化工作。②

第二，推进实施定期进行地域交流措施。这项措施可以防止基层领导干部因长时间掌握某种特殊权力而产生以权谋私的腐败现象，可以有效斩断可能形成的利益关系网和势力圈，尽量降低结党营私、集体腐败现象发生的概率。同时，通过轮岗交流、引入随机因素，使非法利益集团无缝隙可钻，减少被腐蚀的机会，从而大大减少基层领导干部成长异化空间。

第三，继续完善并有效执行基层领导干部"三圈"考察制度，创新考察方式③、调查方法和途径，并将考察结果作为奖励与选拔的参考。人情腐败是导致多数基层领导干部成长异化的因素，由此通过惩治人情腐败缩小成长异化空间。惩治人情腐败首先需要发现和侦破人情腐败。由于人情腐败具有较强的隐蔽性、迷惑性和间接性，涉案者往往隐藏更深，被发现的难度更大。正因如此，必须不断健全人情腐败的发现、侦破与惩戒机制。

二　家庭场域优化：家风家教培育

家庭作为社会的基本单位，涉及个体的私人生活空间，作为事业和人生的出发点，也是个体的世界观、人生观、价值观形成和相互影响的成长

---

① 诱导性制度主要指"以道德、习惯、原则等形式出现的规范，主要对行为主体的行为进行正向引导而不设定惩罚措施的制度性规范"它是约定俗成的为一定群体所广为接受的行为习惯、风俗民情、道德标准、传统意识等。

② 袁峰：《当前中国的腐败治理机制——健全反腐败惩戒、防范和保障机制研究》，学林出版社2015年版，第118页。

③ 借鉴新疆和田地区"临界预警"严管干部日常的实践方式，将预警信息来源细化为个人有关事项报告、巡查监查、明察暗访、联席会诊等13种问题发现途径，构筑多渠道、全过程、经常性问题发现网络。

场域。对于基层领导干部成长来说，良好的家风可以促进基层领导干部更好地干事创业。

（一）培育廉洁家风促基层领导干部健康成长

家庭作为社会细胞，在社风这个大气层之中经受风化过程，家风对于社风具有熏陶作用，家风廉洁也同样促进廉洁社风的形成，廉洁社会风气反过来又将进入到每个家庭和每个人的思想意识之中。一方面，家风状况也是基层百姓评价基层领导干部的依据之一。基层领导干部的家人行为不道德或者违法乱纪，也会对基层领导干部个人成长带来负面影响。另一方面，家庭氛围对基层领导干部工作状态具有一定影响，任何一个人在事业上的成功，都离不开家人的支持和理解，家庭和谐才会有更多的精力投入到工作中。良好的家风也可以培养廉洁意识，可以用家训中所蕴含的文化价值培育个人道德理念，家训家教的熏染自然会随着家庭成员在社会生活中的活动而向社风传递，社风也会以同样的方式向其他领域延伸，包括政治领域，从而进一步促进廉洁政风形成。

基层领导干部要想做到廉洁从业，不仅需要廉洁自律，也需要良好家风。家风在廉洁从业中起着潜移默化的作用，影响着每个人的廉洁观。对于基层领导干部来说，除了廉洁修身之外，同样还需要培育廉洁家风。

第一，廉洁家风培育应以配偶为核心。家庭是需要用心呵护的港湾，它凝聚着最强的责任心，家庭成员之间同呼吸共命运，彼此有着潜移默化的影响作用。夫妻间的责任感往往会对彼此的行为产生一种无形的约束，自然而然地对彼此在日常生活和工作中的所思所想所作所为形成一定的影响，进而使其思想、行为得以规范。在缺少隐私的信息社会，基层领导干部作为公众人物，面临着异常复杂的人际关系，他们不仅需要在工作过程中避免失误，在日常交往对象的选择上也要明智，这对每位基层领导干部来说都是巨大的挑战。组织的警示和提醒是有限的，这就需要有及时、准确的家庭报警器。

夫妻之间吃饭、睡觉、休闲在一起的时间大大超过他们同其他任何组织和个人在一起的时间，彼此间的关注程度和深度也远远超过任何组织和个人。所以，夫妻间的嗜好、习惯、收入、支出、情绪变化等在彼此面前表现得最及时、最清楚，配偶最容易发现另一半的行为异常。配偶需要有足够的聪明才智和胆识，既要能够理智辨别面临的种种情况和形势，也要能够有勇气去劝说和阻挠各种不正确的思想和行为，更要有智慧去培养鼓励各种优秀品质。

第二，廉洁家风培育应以父母和子女为保障。一是发挥父母的监督提醒作用。父母是子女最早、最重要的启蒙老师，父母的言行无时无刻不影响着子女的行为，父母也是子女最好的榜样，对子女有着潜移默化的影响。在子女从业中，父母要做到自身廉洁，并且要时时刻刻提醒子女廉洁，担负起监督子女清廉的责任。在自己的日常生活中，父母一定要低调做人和做事，不能仰仗子女的名声，要理解子女，把廉洁当成他们对父母最大的孝顺。一旦发现子女出现廉洁方面的错误，不应该包庇，要及时纠正他们的错误行为，做到父母助廉。二是发挥子女的助廉作用。在正确的廉洁观的影响下，子女也会养成廉洁的习惯，父母会成为子女廉洁自律的一面镜子。作为子女，要养成良好的消费习惯，不搞特殊，一切都要靠自己的努力，以此培育优良家风。①

基层领导干部的家庭有着不同于常人家庭的特殊性，并且这种特殊性往往很直接地从孩子身上体现出来。领导干部子女容易比同龄人获得更多。由于父母的影响，基层领导干部子女身边也会带有权力的影子和威力，父母应及时给子女以正确的引导，帮助子女树立正确的人生观、价值观和权力观，使他们学会平等待人、平和接物，懂得权力与义务的对等、法大于权的道理。因此，培育廉洁家风要时刻关注子女的思想状况，重视对子女的教育，让子女这块有着参照作用的明镜时刻保持清澈明亮。在基层领导干部与子女之间架起一座彼此约束的桥梁。

第三，廉洁家风培育应以亲戚朋友为基础。人一旦当了领导，尤其是随着职位的升级，就会派生出"三朋四友""七姑八姨"，这也成了不少基层领导干部的难言之隐。由此，廉洁家风培育应该以基层领导干部的亲戚朋友为基础，这个基础是否牢固，亲戚朋友形成的是"廉政氛围"还是"贪腐氛围"，决定了基层领导干部所生存的外部环境施加的是"正压力"还是"负压力"。"正压力"会给基层领导干部带来清廉作风、百姓敬仰、前途光明、内心平和、生活宁静、家庭圆满；而"负压力"则会给基层领导干部带来贪污腐化、群众公愤、短命仕途、提心吊胆、家庭灾难、难得善终。为此，不能把亲戚关系庸俗化，也不能完全特殊对待，要区分对待。同时还要重视与亲戚朋友的日常沟通与教育，使他们保持高度

---

① 张振：《当前廉政文化建设的中国路径研究》，北京联合出版传媒2016年版，第147页。

警觉，防止亲戚朋友成为腐蚀基层领导干部的突破口。对于基层领导干部身边最亲近的亲戚朋友来说，应自我养成这样一种意识：经常提醒基层领导干部廉洁从政，遵守党的纪律和国家的法律法规，始终用一种平常心来对待权力、名利、待遇。

第四，廉洁家风培育应掌握有效方法。家庭成员要掌握激励基层领导干部廉洁从政的各种方法。在家庭中，可以通过夫妻沟通的方式找到抚慰的方法。对于基层领导干部来说，夫妻间不能隐瞒的原则问题。一个位高权重的人常常会遇到以前很难遇到的好事、巧事，漂亮的红颜知己，一掷千金的商贾大鳄，曾经崇拜的文体明星，上下知千年的算命大师。当遇到这些人时，不要相互隐瞒，讲出来就会行为有约束，心中有戒备。

为更好地培育廉洁家风，可以在家庭内部涵养廉政文化，用简单方式起草家庭廉政公约。比如，规定"几不准"，划清底线。签订家庭廉政公约的目的，首先是弘扬廉洁的风尚；其次是保护家庭成员；最后其文本不仅可供亲朋好友监督之用，也可作为拒绝"准腐败"行为之挡箭牌。利益交换指在现实社会中个人利用所从事工作的便利和信息为他人行方便，同时接受他人提供的方便。对普通百姓来讲，因为权力有限，一般难以"触及底线"。基层领导干部要划出比常人更高的底线。[①] 此外，从家庭外部来看，需要通过多种方式让廉洁之风入驻各个家庭。比如，廉洁短信、广场电影、"廉内助"教育、"家庭助廉"知识问答比赛、廉洁文艺会演以及座谈会，让每个家庭成员明白腐败对国家、社会、家庭和个人所产生的严重危害，宣传家庭助廉的重要意义，以此树立清正廉洁的家风，从而打造坚实的廉洁墙。

（二）引入外部措施对家庭领域实施监督

近些年来，"家庭廉政监督员制度"在各地实践。例如，杭州海关推出"家庭廉政监督员"聘任制度，珙县开展家庭廉政监督制度等等。从这些举措可以看出，发挥"贤内助"和"枕边风"的作用，一直是地方政府或地方国家机关所使用的防腐方法。但是，"家庭廉政监督员制度"作用并没有得到应有的效果，这可以从利益共同体的角度找到原因。家庭成员的组成有两种最基本的结构：一是夫妻关系；二是血缘关系。在这个

---

① 张振：《当前廉政文化建设的中国路径研究》，北京联合出版传媒2016年版，第30—31页。

基础之上，有着血缘关系的后代使这个家庭规模不断扩大。一个家庭就是一个利益共同体，在家庭内部，家庭利益在家长的主导下实现了真正的共享，每个家庭成员的荣损直接关系到其他家庭成员的切身利益，他们都会朝着维护并不断增加本家庭利益而让自己获得更多利益的方向努力。因此，家庭是一个以情感和利益为纽带的共同体。

如若从利益的角度分析腐败，那么，腐败产生了公私利益的损益，即腐败导致公共利益受损而个（私）人获利。权力者损害公共利益后的获利能使得自己的家庭成员全体受益，自己的家庭成员自然会持支持、掩护的态度。作为一名家庭成员会不会揭发拥有公权力的自家成员的腐败行为呢？他（她）无非有两种选择：隐瞒包庇或是揭发。如果他持隐瞒包庇的态度，这就不用过多分析了，这是符合一般人性特点（好利）与利益共同体特征的表现，也是绝大部分公权力者的腐败与其家庭成员的默认、袒护、纵容、合谋等有关的必然结果。但也不排除家庭成员揭发自家人的情况，一般发生这种情况，也就是腐败者抛弃亲情，致使受害的家庭成员也抛弃亲情，遂以"大义"来举报自家的腐败者，这一般由家庭内部成员利益冲突导致。这便解释了，仅仅靠家庭成员来监督是不可靠的，尽管家庭成员的监督来得直接，且外在监督无以替代，但这仅仅可以作为辅助方法，主要还需要从外部引入监督机制。

家庭作为个人独享高度私密生活的场所，如何从外部引入监督机制呢？可行的方法是缩小公共权力者家庭生活和私人生活的空间。实际上，任何公共权力拥有者并不具有拥有公共权力的天然特权，而是在运用公共权力的过程中，必须放弃部分私人隐私权而接受广泛的监督。由于腐败最核心的内容是利益，因此，对于基层领导干部来说，财产应被置于公众可视的状态下，并把利益的增减作为权力监督的关键。唯有扭住这个牛鼻子，其他所有个人私密活动监督与否都将迎刃而解。[1] 基于此，可以借鉴推广湖北襄阳市的"家访"制度，加强对领导干部"八小时以外"的监督，推动"监督责任"上门，全面掌握和了解监督单位领导干部家情家风，推动干部监督向"八小时之外"延伸。还可以借鉴江苏新沂的"廉政家访培育廉洁家风"的实践做法。江苏新沂市开展"廉政家访"培育清廉家风。"廉政家访"活动主要包括：开展一次家庭慰问家访、组织一

---

[1] 黄少平：《反腐败》，九州出版社2016年版，第131—133页。

次意见集中征求、赠送一幅廉政主题挂历。通过家属了解干部的思想动态、生活作风、"朋友圈"等情况，构建干部"八小时之外"廉政防线。向每位家属发放意见征求表，征求对"培育清廉家风、共建幸福家庭"建设的意见和建议。向每户干部家庭赠送一幅印有《廉洁自律准则》和《纪律处分条例》的通俗易懂的挂历，丰富家属廉政知识，提醒家属在生活中常算廉政账、常敲廉政钟，争当"廉内助"。与此同时，还要切实制定家风建设制度规范，把家风建设作为作风建设的一项重要内容，定期对基层领导干部的家风建设情况进行考核评估、检查反馈、整改问责，并把家风测评纳入一年一度的考核和评优中，让家风成为选拔任用的"硬条件"，充分发挥防微杜渐的正面作用，从而培养基层领导干部的廉洁自觉意识。

第四章

机制健全:基层领导干部成长的动力基础

一般意义上,我国基层领导干部成长机制运行于我国干部政策框架下。与此同时,由于基层领导干部群体成长过程具有特殊性,这便要求基层领导干部成长机制也应呈现一定的差异性。由此,基于我国干部政策框架,有针对性地为基层领导干部队伍建立一套科学化的成长机制,可以有效保障这个群体健康成长。

健全基层领导干部成长机制,实现制度建设的系统性、约束性、实用性、激励性和满意性,是基层领导干部群体健康成长一贯的必要条件,这需要从成长促进机制与成长保障机制两方面着手。在成长促进机制优化方面,完善考核评价机制,为基层领导干部成长促进提供原则遵循;完善激励促进机制,为基层领导干部成长促进提供需求资本;创新教育培训机制,为基层领导干部成长促进提供能力资本;健全保护防范机制,为基层领导干部成长促进提供心理支持。

在成长保障机制优化方面,健全行为监督机制,通过立体化的监督体系、科学化的监督运行机制和制定配套制度,突破监督弊端,有效监督基层领导干部的行为选择过程。构建伦理性问责机制,通过塑造道德型人格,培育参与精神和完善配套制度,来突破"谁来问责""问谁之责""如何问责"的困境,破除问责弊端,确保基层领导干部最大限度地履行职责。构建违规惩戒机制,严惩滥权行为,通过完善惩戒流程、优化惩戒运行机制和创新惩戒方式,减少基层领导干部违规的侥幸心理的产生,保障基层领导干部成长沿着科学轨道进行。

第一节　健全基层领导干部成长促进机制

在考核评价机制方面，通过实现考核评价过程科学化、考核评价内容全方位、考核评价方式多样化，营造公平、公开、公正的成长环境，为基层领导干部成长促进提供原则遵循；在激励奖励方面，遵循科学激励原则、完善福利保障机制、创新多种激励方式，为基层领导干部成长促进提供基本需求；在教育培训方面，教育培训基本遵循、更新教育培训理念、优化教育培训体系、完善教育培训管理、健全教育培训机制，为基层领导干部成长促进提供能力资本；在保护防范方面，健全谈话沟通机制、心理调适机制与容错纠错机制，为基层领导干部成长促进提供心理资本。

一　考核评价：为基层领导干部成长提供原则遵循

干部考核一贯是激励干部担当作为、促进事业发展的重要抓手。2019年，中共中央办公厅印发了《党政领导干部考核工作条例》（以下简称"2019版《考核条例》"），为基层领导干部成长提供了可遵循的基本原则。可以说，《考核条例》对于进一步发挥基层领导干部考核的指挥棒、风向标、助推器作用，激励引导广大基层领导干部以更好的状态、更实的作风健康成长具有重要意义。基于此，现阶段应进一步调整优化考核内容指标，改进考核方式方法，强化考核结果运用，最大限度地调动广大基层领导干部的积极性、主动性、创造性，推动树立讲担当、重担当、改革创新、干事创业的鲜明导向，促进考核评价的激励作用的有效发挥，以此破除制约基层领导干部成长的障碍因素。

（一）考核评价过程科学性

考核评价过程应贯彻落实新时代党的建设总要求和新时代党的组织路线，坚持把政治标准放在首位，着眼于贯彻落实新发展理念的实际成效，坚持严管和厚爱结合、激励和约束并重，奖勤罚懒、奖优罚劣，调动基层领导干部的积极性、主动性、创造性，树立讲担当、重担当、改革创新、干事创业的鲜明导向。

合理把握基层领导干部成长规律，坚持以科学的考核评价理念来完善考核评价机制，继续以"新发展理念"为指引，遵循人民性、客观规律性和发展可持续性，确保基层领导干部在成长过程中树立正确的政绩观。

完善基层领导干部的任期考核，以客观事实为依据，避免任期内出现与基层百姓利益或与基层长期发展相违背的急功近利的形象工程。全面地、历史地评价政绩，看能否经得起时间和历史的检验。坚持凭实绩考察基层领导干部。实绩是素质、能力和作风的集中反映。考察基层领导干部要看实际贡献，看推动基层治理、改革和发展的实际成效；还要把加强党的建设、保障改善民生、保护生态环境等作为实绩考核评价的重要内容，从而激励基层领导干部担当作为。

为确保考核评价过程的科学性，应完善考核评价制度，建立健全分类管理、动态管理的基层领导干部考核评价机制，这就要求"以党政干部分类为前提、以职位职责管理为基础、以目标任务为导向、以工作业绩为核心、以组织评价为标准、以社会评价为参考"，对基层领导干部工作情况进行全面考察。在对基层领导干部考核之前，通过多种信息渠道公开基层领导干部的考核指标，借助专业信息采集系统，强化工作圈之外的信息收集渠道，着重"八小时以外"的考察，及时关注网络评价等舆情信息。在考核评价过程中，确保全程公开，采取"领导点""群众提"和"内部评"等方式对考核过程进行监督，排除主观因素和偶然因素的干扰，依照客观事实，逐项对照考核，对各项考核结果备注说明。在以往静态考核的基础上采用动态考核方式，有机结合考人与考事，并不断根据年度考核情况创新多种方式。坚持把群众公认作为根本标准，拓宽基层百姓参与渠道，考察群众对基层领导干部的公认度和满意度。在考核结束之后，及时反馈考核结果，以备后期对照使用，考核结果与绩效挂钩，拉开各个等级的绩效报酬差距；形成有机衔接的考核链条，对考核结果不理想的基层领导干部要及时谈话，查找原因并给予帮助和鼓励。

（二）考核评价内容全方位

考核指标体系，既要客观反映基层内经济、政治与文化发展情况，又要包含符合基层特色的指标；既要体现基层领导干部的综合素质与能力，又要加入基层百姓的民意指标。考核结构设计"以德为先"，"德"的考核部分涵盖政治水平、专业素养、生活公德以及家庭美德等二级指标，在完善二级体系之后设计三级共性指标，为了验证"德"的结果，还需设计四级指标体系。例如，可以根据社会治理、经济发展和服务职能确定考核共性指标；根据基层资源禀赋和发展机遇量化细化测评指标；制定县区差异化考核指标体系和个性化年度目标的管理责任书，实现对基层领导干部考核全覆盖。

　　建立"谋事、干事、成事、诚信"的四本档案，突出对基层领导干部差异化考核。具体来说，"谋事档案"是要求基层领导干部根据基层资源禀赋，谋划基层治理、改革和发展计划，并根据年底实绩，进行对照自评；"干事档案"需要基层领导干部对所做贡献进行汇总，并填写报告清单；"成事档案"由组织部门定期对基层领导干部政绩进行考评；"诚信档案"包括负面清单与正面清单，纪律基层领导干部受到表彰、违纪等情况。以此为基础，还要考察基层领导干部交友圈、生活圈、家庭圈，考察范围包括：所在单位基层党组织、所在社区党组织、配偶、子女所在单位以及家庭。走访的内容包括：考察了解作为普通党员的表现；考察了解作为普通公民的表现。走访可以通过民意测评和发放调查问卷等方式，了解基层领导干部在"三圈"中的行为表现和口碑。

　　民情日记纳入对基层领导干部考核范畴之中，考核基层领导干部扶贫政绩，量化工作成效。基层领导干部要定期走访了解明确，才能真正结合实际因地制宜发展基层，并合理推动基层治理现代化和改革。民情日记可以有效帮助基层领导干部了解实际，观察民情和分析研判，并提升基层领导干部的能力。组织部门要定期对民情日记进行检查，根据所记录内容与现实情况进行对照，提出评语并给予分级打分。例如，山东泰山市制定了考核延伸，采用对《民情日记》考察的形式，可以从侧面考核基层领导干部的基层调研走访细节，真正了解基层领导干部与群众的沟通情况，并考核工作态度、廉洁自律和发展效能。

　　在此基础之上，建立健全基层领导干部的能力评价机制，增强基层领导干部的综合能力素质。构建一套科学并具有可操作性的体系和机制，作为能力价值取向的指挥棒，使能力评价有据可依。首先，根据基层领导干部能力需求的基本构成，建立一套符合时代特色的能力指标体系。能力指标根据不同地域对基层领导干部要求来设定具体要素，合理确定各项指标权重。并将能力指标体系进行细化、量化，形成具体的考察评定评价标准。其次，合理能力评定程序，使指标体系的导向作用和激励作用得以有效发挥。在评价主体方面，改变过去依靠上报材料或听汇报方式，排除个别评价主体的主观因素。适当增加新闻媒体与基层百姓的综合评价权重，这样可以避免因人际关系因素存在，而形成社会"链条"。最后，将集中考察与经常性考察相结合，并注重考核评价结果的合理和充分运用。以实绩论奖惩，提拔重用实绩显著的基层领导干部，形成努力奋发有为的干事环境。例如，河北秦皇岛市将考核作为推动工作、促进发展的重要手段，通过设置激励约束指标，实施差异化考核，定期晾晒基层领导干部成绩单。在考核指标体系中设置激励约束双向指标，考核指标根据不同部门、不同岗位、不同职责，差异化设置。对基层党政领导班子和领导干部主要把经济发展、生态环境、民生改善和党的建设等作为考核内容。同时，每年年底，采取组织部、纪委、宣传部等相关部门联合考核的方式科学统筹，避免造成考核重负。该区通过每季度工作日志评审、工作实绩公示，抽查访谈，民意调查等，定期将基层领导干部"成绩单"晒一晒，并分出档次。将考核结果与选拔任用充分结合，形成能者上、庸者下、劣者汰的用人机制。[①]

（三）考核评价方式多样化

完善述职评议考核，使考核更具严肃性和权威性。为防止"述职虚空"，对约谈考核结果不理想的基层领导干部要责令整改落实，并对整改态度不认真等情况给予通报等组织处理方式，为基层领导干部提供"总台账"，通过压实责任督促基层领导干部履责到位。还可以利用大数据系统，建立基层领导干部的考核信息数据库，通过在线答题进行"空中考核"，观察指标变化趋势，全面了解整个成长路线，科学分析成长。

建立基层领导干部个人"三不清单"，基层领导干部对照承诺书，围绕"廉洁自律、精准扶贫、立足本职"等模块内容，陈述个人"三不清单"方面可能存在问题，并列入年度考核内容中。将"三不清单"量化，并与考察工作结合，描清画准基层领导干部"脸谱"，倒逼基层领导干部干事创业。为防止苗头性问题演化升级而妨碍基层领导干部成长，将考察基层领导干部放在平时，尤其是"八小时以外"的工作表现，定期了解其思想动态，以疏解工作压力。

调研式考察常态化，不提前告知、不设置规定程序，以调研形式考察基层领导干部在实施重点项目、开展重大工程和落实重要任务等情况的表现和成效。加大日常考核力度，派考察员、评价员、监察员到基层领导干部所在基层内考察基层的项目建设、征迁旧改、招商引资、信访维稳等情

[①]《河北秦皇岛市海港区设激励约束指标促作为》，《中国组织人事报》2019年8月19日第002版。

况。考察员听取被考察基层领导干部身边人（领导、同事和下属等）对其工作态度等方面的评价，了解单位认可度；从被考察的基层领导干部朋友那里了解其消费观念和生活习惯，从而考察"八小时之外"的生活，考察基层领导干部的价值观。考察员还要以不定期回访的考察形式，从基层群众的口中了解基层领导干部的为民造福意识和能力。监察员主要任务是通过定期检查基层领导干部的记录——《日常表现情况表》来监察基层领导干部的行为变化。监察员全方位跟踪来掌握基层领导干部在大是大非面前的态度和表现。例如，监察基层领导干部将大多数精力用在应酬上还是工作上，根据监察情况和群众信访等反映的有关基层领导干部负面情况，建立全面反映基层领导干部工作作风的事项清单。评判员的任务主要是评判基层领导干部的能力和潜力，结合基层领导干部学习情况和工作经历，评判基层领导干部落实重大决策能力和攻坚克难能力，尤其是在突发事件时的表现，评判基层领导干部驾驭全局和打开工作局面的能力，以及大局观和团结度等方面。根据评判结果形成基层领导干部工作信息台账，并与薪酬升迁挂钩。

监察员采取"一调阅"和"两交流"等考核方式，或者"挂点调研"方式，对基层领导干部的现场表现进行全程跟踪[①]；听取基层领导干部处理复杂问题的过程，了解其处理问题的思路与灵活性；座谈交流考察基层领导干部沟通与临场发挥能力，了解其综合能力素质。采取季度调度方式跟踪落实，对县委班子工作不力所遇到的媒体曝光事项登记扣分，并给予分级警告；通过"蓝、黄、红"三色分级预警制度来考察基层领导干部日常工作情况；对基层领导干部"不愿为、不会为和不敢为"情形进行警告。对基层领导干部未在任期内完成发展规划任务的给予黄色警告；对出现工作失误和诫勉谈话情形的给予橙色警告；对涉及违纪处理的给予红色警告。

监察员采取"三面式"精准考察基层领导干部。为破解对基层领导干部考察分辨率不高、考察不准的问题，可以进行"正面+侧面+反面"的"三面式"精准考察。一是自我认知评价的正面考察，采用与被考察基层领导干部面谈的方式，了解其对基层治理、改革和发展的思路、谋

[①] 借鉴贵州毕节全年跟踪纪实动态考准实绩的方式，以考核指挥棒倒逼基层领导干部真扶贫。

划、预期和取得的实际成果,面谈过程听其语态,观其立场,察其能力。二是"个别谈话+查阅资料+实地走访"等方式的侧面考察,将基层领导干部身边人的评价信息进行全方面汇总与分析,并与正面考察对比,对基层领导干部精准"画像"。三是"自己找+他人反映+考察组提议"方式的反面考察,通过反面找缺点,使基层领导干部了解自身"差距",改变以往的错误认知,有针对性地促进自身更快提升。这种方式可以借鉴吉林松原市组织部的"3+X"考核方式、浙江金华市的"政治体检"①,还可以借鉴四川省的有效方式,即四川165名基层领导干部首次集中接受"民考"。全省参与测评的有12.6万余人次,涉及21个市(州)任现职半年以上的165名基层领导干部。② 内蒙古包头市通过优化考评机制,及时界定调整工作不在状态的干部。对同一类别连续两年综合考评排名前10%的干部优先提拔重用,排名后5%的干部提醒谈话或岗位调整。③ 海南三亚市出台《关于在打造海南全面深化改革开放新标杆中激励广大干部新时代新担当新作为的若干措施》,从8个方面提出24条措施,教育引导广大干部大力弘扬"敢闯敢试、敢为人先、埋头苦干"的特区精神和"极力争取"的三亚精神,在海南自贸区自贸港建设中勇于担当、主动作为。比如,突出绿色GDP导向和实干实绩导向,建立完善综合考核评价指标体系;坚持考用结合、奖惩并举,整合干部平时考核、年度考核、任期考核、专项考核等结果信息,建立考核数据库。④

二 激励促进:为基层领导干部成长提供需求满足

激励是一项通过多种形式、借助信息沟通来激发个体完成目标的系统活动。对于基层领导干部来说,激励的出发点是激发这个群体的工作动力。遵循"正激励为主、负激励为辅"的原则,以完善薪酬激

---

① 浙江金华在考察"工作圈"的基础上,采取"四访四问三印证"工作法,从"朋友圈""生活圈"等多维度考察印证干部8小时内外"五个政治"的现实表现。
② 林伟:《喜看165名基层领导干部集中接受"民考"》,《四川党的建设》(城市版)2010年第4期。
③ 陕组轩:《践行严实作风激励担当作为——陕西组织部门通过抓学习、建机制、明纪律》,《中国组织人事报》2018年8月13日第001版。
④ 陈忠平:《海南三亚出台激励干部办法为敢闯敢试者撑腰》,《中国组织人事报》2019年5月13日第002版。

励保障机制为基础，创新多种激励方式，激发基层领导干部干事热情。

(一) 遵循科学激励原则

遵循"正激励为主、负激励为辅"的原则，通过正向激励可以满足基层领导干部精神、物质等方面的需求，或给予其实现愿望期许的方式激发内在的激情，调动其干事创业的主动性、积极性、创造性。正向激励应遵循及时、适度与灵活原则。所谓及时原则就是确保基层领导干部及时获得所取得成绩的认可，增加归属感与认同感。所谓适度原则就是避免激励频率过高或过低，过低容易弱化积极性，过高容易滋生骄傲自满的情绪。因此，最大激励效果是在合理竞争的基础上引入适当的奖优措施，促进基层领导干部不断自我提升。在此基础之上，结合负向激励，对基层领导干部的不良行为作出负面评价，对违背组织目标的行为进行惩戒，使这种行为不再发生，确保基层领导干部守住底线。在激励手段的运用中，以正激励为主，负激励为辅，防止激励失衡。这个过程中要注意确保负激励制度化常态化。负激励的局限性在于容易引发对抗心理、恐惧心理、消极心理，从而导致怠政懒政。在运用负激励的同时要做好思想工作，防止负激励可能引起的消极作用，特别是既要防止因负激励引起怠政懒政，又要用更严厉的负激励来治理怠政懒政的恶性循环。推行差异化分类激励，让实干者得到实惠。例如，福建莆田出台正向激励实施意见，通过采取差异化奖补方式让实干者得实惠。该市研究并提出17条多元化正向激励举措，让广大党员干部有"想干事"的劲头。建立领导干部联系优秀一线干部制度和走访慰问制度，经常开展谈心谈话，了解他们的思想、工作和生活情况，帮助协调解决个人或家庭的实际需求。制定出台《关于实行差异化奖补的意见》，对在艰苦岗位工作、承担急难险重任务的，以及未安排休假或长期加班加点的一线干部进行差异化奖补，让实干者多劳多得。实行先进典型奖励，对建设美丽莆田做出突出贡献的30个集体和100名个人予以记功嘉奖，并授予市"五一劳动奖章"或"劳动模范"称号。制定出台《关于建设美丽莆田行动一线的事业单位干部予以职称评聘倾斜的意见》，修订事业编制干部提任、调任等有关规定，择优提任、调任一批在建设美丽莆田行动中表现优秀、实绩突出的事业编制干部。自2016—2017年来，全市共有92名项目一线工作的事业编制干部进入县乡领导班子，有效调动了干事创业的积极性。①

（二）完善福利保障机制

福利保障是基层领导干部激励机制设计的重点，也是衡量其工作绩效的具体指标，完善福利保障机制对于确保基层领导干部安心干事创业具有十分重要的意义。

第一，构建合理均衡的薪酬结构。基层领导干部的薪酬水平应考虑责任权重、政绩考核与基层差别，采用基本薪酬与激励薪酬相结合的方式，创新风险薪酬（绩效薪酬）制度，实现"奖优惩劣"，根据考核结果使优秀基层领导干部可以获得更多报酬。避免"大锅饭""一刀切"的状态，增强基层领导干部的责任感和危机感，做到"一流贡献享受一流的待遇"。一是从基层领导干部的权责和工作性质来看，相比其他岗位的基层领导干部来说，基层领导干部工资水平相对较低，尤其在基本生活成本和社交需求居高不下的现实条件下，应整体提高基层领导干部的基本工资水平。二是引入绩效提薪机制，使加薪与考核结果和工作经验挂钩，削弱"论资排辈"的年资因素影响，还可以依照基层领导干部工作量、工作难度以及责权利情况调整薪酬，使薪酬的激励效果得以发挥。三是规范津贴奖金标准，避免出现比例不合理、随意性发放、程序不公开等乱象，明确工资、津贴、补贴、奖金的比例、性质和功能，有效避免单位"小金库"和"灰色收入"的发生。

第二，构建薪酬动态调节机制。建立薪酬曲线 $Y = aX + b$，贡献评估分值为 X，社会平均薪酬水平设为 Y，通过代入评估分值点数，形成一条薪酬曲线，从而确保基层领导干部薪酬水平可以跟上国家经济发展步伐②，并反映基层领导干部的实际贡献。此外，可以适当借鉴英国"统一管理、适当调整"的模式，将调薪权限下放到地方政府，中央负责监管，确保薪酬幅度变化的稳定性。在适当时期，可以引入第三方评估机构来确保薪酬的合理涨幅，定期根据物价水平对薪酬进行上下浮动调整。这方面可以借鉴新加坡的方式，薪酬由基本工资、不固定工资和津贴组成，并定

---

① 黄学道、陈楠：《福建莆田出台正向激励实施意见差异化奖补让实干者得实惠》，《中国组织人事报》2017年9月25日第002版。

② 张君：《湖北省基层领导干部薪酬研究——基于宽带薪酬的理论视角》，硕士学位论文，华中师范大学，2011年，第35页。

期将各行业工资作比较，设计工资调整方案，在适当时期做出工资大幅度的调整。此外，还可以引入与考核结果挂钩的宽带式薪酬形式，减少薪酬等级，增大级别之间的浮动范围，避免以往仅靠晋升方式获得薪酬提升而产生的不正当竞争。

第三，创新多样化福利形式。强化物质激励，让肯干事的干部得到实惠。建立一套涵盖业绩申报、审核、认定、使用的干部业绩档案管理体系，通过"智慧督查"系统为每名干部精准"画像"。实行绩效奖金差异化分配，向实绩突出、群众满意度高的单位倾斜，向优秀个人倾斜。其一，成立专门福利机构，使其专门承担福利幅度调控与监管福利发放等职能，并通过采用弹性福利制，来体现福利管理的柔性特征。例如，根据个体需要，形成多种福利组合。有形方式包括出国访学、带薪休假等。完善保险制度，确保基层领导干部在出现工伤或患病情况时可以及时获得补偿，降低其对意外事故的担忧所可能产生的心理负担，使其安心投入工作。其二，探索符合我国国情的"积薪促廉"制度，奖励那些即将离开工作岗位，而在过去工作期间表现突出的基层领导干部，从而形成一种长效激励机制。赋予福利安排一定的廉政要求，那么，基层领导干部在职业生涯中若有贪腐行为就会最终失去这部分待遇，反之，则会起到正面激励的作用。例如，建立廉政保证金制度，并与养老保险或者医疗保险等保障机制相挂钩，确保保证金额度适度、过程公平，这样可以起到正向引导作用。确保廉政保证金与基层另干部的服务时间长短、业绩等指标挂钩，具有较强的激励特征，即"这部分资金只有在退休之后才能领取，具有受法律保护延期支付的特点"①。

（三）创新多种激励方式

依据基层领导干部的人性化基本需求，充分了解基层领导干部需求类型，实现按需激励（生理、安全、社交、尊重和自我实现五个层次），确保基层领导干部在获得低层次需求满足之后可以迈向更高需求层次，并尽可能满足其高层次需求。此外，个人在不同时空环境下的需求会发生变化，往往心理或行为变化归因于主导性需求发生了变化，为此，应更多关注基层领导干部在某一成长周期的主导性需求，并给予及时的鼓励，使其

---

① 袁峰：《当前中国的腐败治理机制——健全反腐败惩戒、防范和保障机制研究》，学林出版社2015年版，第142页。

调整心态，增强对组织认同感与自身存在感。

第一，进一步丰富荣誉激励与情感激励等手段。大多基层领导干部往往具有自我肯定需要，必要时要在荣誉和情感方面给予一定的精神激励。例如，发放荣誉证书、公开表扬、树立榜样等形式，增加荣誉激励含金量，避免荣誉激励的泛化。保证精神激励公平性，通过系统性规章制度规范荣誉评定标准、方法、程序，确保对荣誉获得者产生激励效果，对非获得者产生榜样作用。以先进人物和先进事迹引导基层领导干部，特别是要突出宣传那些具有示范性、真实性、感人性和可亲性的榜样，以增强宣传教育效果。此外，"尊重需要的满足可以使人产生自信，产生积极的情感和向上的力量，使人体验到自身的价值和能力"[①]。可以说，对很多基层领导干部来说，尊重与信任是最高的荣誉。因此，尊重和信任基层领导干部的价值、人格、能力，肯定他们的贡献与成就，并给予其更多锻炼机会和干事创业的空间。例如，内蒙古杭锦旗制定《关于实施干部正向激励六条措施的通知》，对在推动发展、脱贫攻坚等关键时期做出突出贡献的干部实施正向激励。该旗规定，对具备在推进全旗重点工作、重大项目落实中表现突出，所承担工作取得显著经济效益或社会效益的；在本职岗位上忠于职守、积极工作、敢于创新，模范作用发挥明显，干部群众满意度较高等五种情形的干部，实施正向激励。正向激励共包括六条措施，即评选为"全旗优秀工作者"并颁发荣誉证书，给予物质奖励；对优秀工作者的事迹，在各级媒体进行宣传报道，让干事创业者得到应有的尊重；为优秀工作者进行健康体检或享受相应的健康检查补助；优秀工作者优先安排培训学习、挂职锻炼；优秀工作者优先交流任职或调任行政单位领导岗位，享受科级领导职务待遇的干部优先转为苏木镇或部门领导班子成员；将优秀工作者纳入全旗科级后备干部库重点培养，列为后备干部的优先提拔使用。该旗每年将评选出100名"全旗优秀工作者"，旗委政府每年拿出100万元资金用于正向激励。[②]

第二，确保职业发展激励保障作用的发挥。职业发展激励可以为基层

[①] 郝潞霞：《我国国有企业人本管理问题研究》，中国社会科学出版社2007年版，第118页。

[②] 苏永权：《内蒙古杭锦旗：六措强化正向激励》，《中国组织人事报》2017年7月10日第002版。

领导干部提供广阔的职业发展前景、畅通的发展通道和多层次的发展台阶，让基层领导干部通过不断的努力提升自己的能力、水平和职业层次，在职业生涯中充分实现自身的价值。更高平台可以激励基层领导干部施展自身，在职位有限的情况下，可以考虑给予基层领导干部适当的职级激励。例如，在岗位不变的情况下，可以适当提高职级，使其享受更高职级待遇，拓宽基层领导干部上升空间，起到一定的激励效果。

2019年中共中央办公厅印发了《公务员职务与职级并行规定》，为健全基层领导干部激励保障机制、建设忠诚干净担当的高素质专业化基层领导干部队伍提供了基本遵循。

在过去很长一段时间以来，晋升职务特别是晋升领导职务成为基层领导干部职业发展的唯一通道。但基层领导干部由于受所在机构行政层级和领导职数的限制，职业发展通道严重受限。在运用职业发展来激励基层另干部过程中，应确保基层领导干部既能根据个人条件和工作需要在职数范围内晋升职务，更可以通过年资累积贡献、德才表现和工作实绩晋升职级和级别，并主要根据其职级和级别的提升提高待遇。这样，就可以为基层领导干部的职业生涯提供另一条宽敞的通道和更大的发展空间，激励其充分实现自身价值。

实现有效的职业发展激励，还需要相应改进有关环节的管理。无论是职务晋升还是职级级别晋升，都是基层领导干部职业发展的重要体现。职务晋升特别是领导职务的晋升要注重德才表现，兼顾公务员的发展潜力。职级级别的晋升要注重工作实绩，兼顾累积贡献。晋升要做到公平、公正、公开，防止"晋升一个人，挫伤一大片""干与不干一个样，干好干坏一个样"的消极现象。

对于基层领导干部，要多为其提供交流机会，让其丰富阅历，增长才干。对在同一部门、同一岗位工作年限过长的基层领导干部，即使年纪较大，也可以交流，以利于消除惰性，注入活力。除了因工作需要、廉政需要之外的交流，也可以采取个人意愿与组织调配相结合的方式进行。允许和激励基层领导干部根据自身条件制定职业发展规划，达到实现组织目标和公务员职业发展目标双赢。例如，郑州市二七区出台《关于建立完善干部激励机制的意见》，配套干部能上能下、考核奖惩、容错纠错等具体办法，构建"1+N"制度体系，激励干部干事创业，担当作为。强化政治激励，让能干事的干部有奔头。该区注重树立重基层、重实干、重实绩的用人导向,坚持从经济发展一线、基层前沿、复杂环境和急难险重岗位选拔使用干部,有计划地选派机关干部到基层"蹲苗""补课"。注重考量干部在重大项目、急难险重任务面前的担当表现、工作实绩,改进干部考核方式,经常性、近距离、全方位地考察干部,对实绩突出、群众认可的干部优先使用。[①]

三 教育培训:为基层领导干部成长提供能力资本

教育培训是基层领导干部队伍建设的先导性、基础性、战略性工程,更是提升基层领导干部能力、促进其健康成长的有效方式。在完善基层领导干部的教育培训方面还需要从以下方面继续开展工作:牢固树立按需培养理念,遵循基层领导干部成长规律,根据不同年龄段的成长经历,探索建立个性化培养教育培训制度,因才按需培养,为基层领导干部铺好成长之路。

(一)教育培训基本遵循

2018年11月,中共中央印发了《2018—2022年全国干部教育培训规划》(以下简称《规划》),这为基层领导干部成长提供了基本保障。为贯彻落实新时代党的建设总要求和新时代党的组织路线,《规划》在指导思想方面加入了习近平新时代中国特色社会主义思想,并提出"以学习贯彻习近平新时代中国特色社会主义思想为首要任务","以坚决维护习近平总书记的核心地位、坚决维护党中央权威和集中统一领导为最高政治原则"。在主要目标方面,也将学习贯彻习近平新时代中国特色社会主义思想作为首要目标,即实现"以习近平新时代中国特色社会主义思想为中心内容的理论教育更加深入,使之系统权威进教材、生动有效进课堂、刻骨铭心进头脑"。《规划》还将习近平新时代中国特色社会主义思想纳入党的基本理论教育之中,特别提出实施"习近平新时代中国特色社会主义思想培训计划",以此促进理论教育更加深入。

在此基础之上,一是在培训内容方面,坚持把学习贯彻习近平新时代中国特色社会主义思想摆在干部教育培训最突出的位置,使其作为党委(党组)理论学习中心组和干部学习的中心内容,成为各级培训系统的中

[①] 亢春风、姜聚鑫:《郑州市二七区"1+N"制度激励干部担当》,《中国组织人事报》2017年9月1日第002版。

心任务，并以县处级以上领导干部为重点，综合运用多种方式方法，深化对这一思想的学习培训。

二是在培训导向方面，组织干部研读习近平新时代中国特色社会主义思想原著，教育引导广大干部深刻把握这一重要思想的理论源泉、文化底蕴、实践基础、真理力量和巨大意义，深刻把握"八个明确""十四个坚持"，并以此对照检视思想言行。

三是在培训力度方面，通过完备的课程体系构建、师资队伍建设的加强、教学方式的多样化、理论学习网络平台的搭建等方式，来提升对习近平新时代中国特色社会主义思想的学习培训效果。以学习贯彻习近平新时代中国特色社会主义思想为主线，组织编写学习培训教材、开设理论研修班、开发教学案例和现场教学点。

四是在培训保障方面，通过完善干部脱产学习进修制度、在职自学制度、学习考核激励机制等方式，来健全习近平新时代中国特色社会主义思想学习教育长效机制。《规划》提出制定并精心组织新一轮领导干部5年脱产进修培训，对重要岗位的干部实行点名调训，在此培训过程中"把学习贯彻习近平新时代中国特色社会主义思想情况作为考核领导班子和衡量领导干部思想政治素质的重要内容"。《规划》还特别规定在党校培训系统的教学安排中，以习近平新时代中国特色社会主义思想课程为主。

（二）创新教育培训理念

我国基层领导干部大多成长于改革开放之后，很少经受战争与艰苦环境的考验。因此，更应加强化他们的理想信念教育与党性锻炼，增强"四个意识"，确保其"理想信念、党性观念、宗旨意识进一步强化，思想觉悟、政德修养、品行作风进一步提高，信仰之基、从政之基、廉政之基进一步牢固"[①]。在对基层领导干部开展廉洁教育活动的过程中，应根据人的普遍心理规律，遵循一以贯之的前提假设。这个前提假设包括：满足人的恰当需求对任何人而言都是正常的；对物质财富永无止境的追求是导致善或恶两种人性的强大内在动力；在道德或法律约束方面不能使用双重标准；不能过于拔高普遍的人性；防止人性的堕落是反腐败的着眼点。

基层领导干部只有不断接受新知识，才能应对"本领恐慌"，增强适应新时代、实现新目标、落实新部署的能力。基于此，应为基层领导干部

---

① 《2018—2022年全国干部教育培训规划》，人民出版社2018年版，第12页。

制定个体学习的行动方案,确保专业化能力培训更加精准,确保知识培训更加有效,促进基层领导干部履职的基本知识体系不断健全、知识结构不断改善、综合素养不断提高,保障广大基层领导干部干一行、爱一行、精一行的专业精神进一步提升。

培训机构要针对不同年龄层次与专业结构来进行按需培训,以此激发基层领导干部接受终身教育的内在动力,保证知识和能力的循环和更新,从而使其适应客观变化要求,始终跟上时代步伐。培训只是基层领导干部思考问题的起点,培训后的反馈与回访才是关键,了解培训是否符合预期目标,以此促进基层领导干部将所学与实际结合,通过"述学"、"考学"和"评学"等方式的后续跟进,来促进基层领导干部从培训中得到实际启发,更好地履职尽责。

(三) 优化教育培训体系

第一,根据《规划》要求,通过"四个体系"深化干部教育培训体系改革。

针对干部教育培训体系改革,《规划》"围绕建立源头培养、跟踪培养、全程培养的素质培养体系",对完善培训内容体系、优化分类分级培训体系、建立强化培训保障体系、健全培训制度体系四方面做出相应规划部署,并特别规定了具体的重要指标。

在完善培训内容体系方面,着眼于党的基本理论教育、党性教育、专业化能力培训和知识培训四个方面。一是突出政治导向,以全面增强执政本领为重点,"把提高政治觉悟、政治能力贯穿全过程",按照《规划》部署,加强党的基本理论教育和加强党性教育这两方面,实现相关指标,即"在党校(行政学院)系统教学安排中,理论教育和党性教育的比重不低于总课时的70%",以此实现"理论教育更加深入、党性教育更加扎实"的培训目标。二是强调"坚持以德为先、注重能力",按照《规划》的详细安排,加强专业化能力培训和知识培训两方面。为了促进培训更加精准,突出问题导向、实践导向,组织开展务实管用的专题培训,以及"干部专业化能力提升计划"等。

在优化分类分级培训体系方面,以坚持精准培训、培训全员覆盖为目标。为坚持精准培训,在重要指标方面,细化不同级别和不同类别干部的培训时间,规范不同层次党政领导班子成员接受不同性质培训内容的所占比重,界定不同性质培训内容的课时比例,规定主体班次中不同培训方式所占比重。为实现培训全员覆盖，根据《规划》要求，主要围绕党政领导班子成员、机关公务员、企业领导人员、事业单位领导人员、专业技术人员、年轻干部、基层干部共七类培训人员，来实施具体培训。根据《规划》要求，实施"年轻干部理想信念宗旨教育计划""'一把手'政治能力提升计划""贫困地区干部教育培训帮扶计划"。

在建强培训保障体系方面，按照《规定》的详细部署，围绕七个内容来建强培训保障体系：培训机构建设、师资队伍建、课程教材建设、培训方式方法创新、干部教育培训和互联网融合发展、学风建设、经费管理和理论研究。主要落实以下部署安排：加强各级培训系统主渠道主阵地建设，实施"县级党校（行政学校）分类建设计划"；定期评聘全干部教育名师，实施骨干教师培养计划；制定理论教学和党性教育大纲，"5 年内评审推介 500 门左右全国干部教育培训好课程、50 种左右全国干部教育培训好教材"；2020 年前形成较为完备的干部网络培训标准体系，实现各类各级干部网络培训平台资源共建共享、数据互通互联，加快干部教育培训机构"智慧校园"建设；适时修订《关于在干部教育培训中进一步加强学员管理的规定》；推动设立干部教育学二级学科等。

在健全培训制度体系方面，围绕《规定》六个内容来展开详细部署安排：完善需求调研制度；健全组织调训制度；健全教学组织管理制度；建立健全干部教育培训考核评价制度；建立健全干部教育培训质量评估制度；建立健全干部教育培训工作督查制度。其中，特别提出探索"错峰"调训和分段式培训方式，还规定"2020 年前制定理论教育和党性教育成效考核办法""2022 年前对省市县三级党校（行政学院）办学质量评估一遍"。

第二，加快健全多层次立体式的教育培训体系，使其成为基层领导干部的"充电站"。培训内容要精准适用，避免走过场，突出基层领导干部的职责与工作内容，实现培训目标精准，培训内容突出主题，突出问题导向紧扣基层治理、改革和发展的战略规划。基层领导干部的教育培训内容应主要围绕价值培训与能力培训两大主块，既要包括世界观和方法论的理论前沿，又应涵盖各领域的专业技术知识。

对于承担基层领导干部教育培训的各级机构来说，应不断开发适应基层领导干部成长的知识结构和理论体系。在"组织调训"基础上，增强"自主选学"的科学性，尊重基层领导干部学习意愿，激发学习热情与兴趣。在对基层领导干部过程进行人格、心理与能力调研的基础上，定期更新基层领导干部个性化信息，拓宽基层领导干部信息收集渠道，对基层领导干部的任职经历、履职年限和进入渠道等硬性方面进行综合分析，通过深入研讨，把握基层领导干部群体的培训需求，避免培训"一刀切"，要根据不同学历和专业有针对性地生成课程计划与培训项目，确保培训内容的共享性。授课进入基层领导干部工作实地，结合情境模拟、双向交流等方式，让基层领导干部从"被听者"的看客变为"互动"的体验者。

将培训工作具体化、阶段化，避免培训"大而空""老而僵""散而弱"，实现培训"精准实""活而新""聚而合"。在定制培训内容方面，找准基层领导干部与基层工作的结合点，岗位责任与个体需求的平衡点，实施"缺什么补什么"原则的"个性化培训"。采用学员论坛、案例模拟、参观基地与情境体验等方式增强基层领导干部的参与感，通过先进典型报告、红色网络课程、微博讲党课、双休日大讲堂、网络在线学习等形式，以及各级组织部门安排的挂职锻炼等，提升基层领导干部的获得感。建立灵活的参训机制，扩大基层领导干部选择教育课程、培训方式与时间的自主范围。① 对于繁忙的基层领导干部来说，脱产培训是有难度的，可以采取"化整为零"的方式对基层领导干部实现弹性培训。例如，"山东淄博市围绕培养干部专业能力、专业精神，实施干部专业化能力提升工程，从强化标准管控、过程管控、结果管控入手，着力构建全方位立体化、链条式培训质量管控体系"②。

（四）完善教育培训管理

在完善教育培训管理过程中，通过完善培训档案，形成"基因身份证"，严格登记管理；完善动态信息数据库，进行全方位的"监控"；采用立体式和灵活性等多样化的评估方式，对师资配备、后勤保障、教学互动与学员感受等进行360度的课程质量评估。

对基层领导干部培训过程实行动态管理。通过平台发布培训信息，基层领导干部可以根据自身情况进行培训报名，通过自主选学等方式进行在

---

① 例如：吉林省开设"固定课堂""流动课堂""网络课堂"等来培训领导干部；各级党组织充分利用理论学习中心组、党校阵地和"新时代传习所"开展集中学习。

② 陈燎原、牛涛：《山东淄博：干部专业化培训全程管控》，《中国组织人事报》2018年2月9日第002版。

线学习。构建"内容定制+干部所需+时间自选"的模式,通过登记管理、开课通知和催学通知等环节,开通"培训动态电子档案",进行学时反馈,基层领导干部可以查漏补缺,有针对性地进行自我管理。

探索"一条龙"式培训管理机制,把培训内容、学习效果与实践结果作为考核内容,形成"选、育、管、用"四位一体的格局,考虑在急难险重任务中锻炼过的基层领导干部,建立多岗位有序流动制度化通道,提高基层领导干部培训课程的实践性,并采取"上下互动+学习锻炼"方式促进基层领导干部能力的提升。

实施"万人在线"教育培训,通过"互联网+在线培训"平台,采取学分制管理模式,可以在线对基层领导干部学习进度进行记录,实行培训全程动态纪实,这可以借鉴山东淄博市对干部培训的全程管控方式①。还可以通过借阅学习笔记和交流学习体会等方式,定期考察干部学习情况,对学习效果不佳的基层领导干部下发"亲启件"。采用"一卡通"的管理模式,为接受培训的基层领导干部发放实名制电子学习卡,实行刷卡签到,进行学时制考核。例如,内蒙古鄂尔多斯市探索构建学分量化与学时认定、线上教学与线下培训、定量考核与定性评价相融合的工作机制,切实增强干部教育培训实效性。推行"学分+学时"管理制度,为每名县处级干部赋予100学分。将学时管理和学分管理紧密结合,将学时项目设置为脱产培训、自主选学、在职学习、挂职锻炼和奖励学时5个类别,每类设置若干子项,有效激发干部学习的主动性。②

教育培训物质保障是教育管理的关键环节。为此,应有针对性地增加教育经费投入,建立专项资金来保障基础设施的供应与数据软件的开发等。在经费管理方面,可以实施"培训券"或"个人培训账户",确保培训经费资源的合理配置,推行经费划拨与培训绩效相挂钩,定期对经费的使用情况进行检查。引入竞争机制,盘活各领域教育资源,允许社会机构

---

① 在标准管控方面,年初通过领导点题、部门报题、专家荐题、会商选题"四步法",研究确定年度培训计划;过程管控制定干部专题班次办班流程,从谋划筹备、组织举办、质量评估等5个方面、23个具体环节入手,绘制办班流程图;在结果管控方面,明确目标任务及所要达到的效果,进行定期调度、跟踪问效。定期组织评选"培训成果运用典型案例",引导学员在"学做结合"上下实功。

② 《内蒙古鄂尔多斯:突出考核评价增强培训实效》,《中国组织人事报》2019年5月15日第002版。

参与培训事业,以择优促培训质量提升。创新"拇指管理"方式,通过微信公众号方式来发布培训内容,并使其成为交流基层治理与发展经验的实战地。

(五) 健全教育培训机制

第一,以能力本位为基础,开发基层领导干部潜能。基层领导干部的成长需要以能力获得发展为前提,这便需要以净化"官本位""关系本位"土壤为前提条件,形成"能力本位"的价值导向,为基层领导干部成长提供竞争优势。由于过去长期行为积累所形成的行为惯性深嵌于个体头脑中而不会很快被剔除,为此,需要树立能力导向的成长理念,从而使依靠人情和关系的行为模式被摒弃,使"能者上、庸者让""重能力、重贡献"成为常态化。

"以能力为导向的培养理念根本目的是激发基层领导干部潜能"[1],注重实际工作中的能力,通过提供机会和舞台,使基层领导干部潜能充分显现出来。这便需要树立人才潜能开发理念,通过科学完备的能力开发体系,对基层领导干部进行系统的培养,同时对基层领导干部的思想、心理和行为进行适当的调适,充分发挥基层领导干部的主观能动性。在具体操作过程中,需要坚持德才兼备原则,把能力作为衡量基层领导干部的关键指标,形成崇尚能力的用人导向;根据基层领导干部成长周期和基层资源禀赋,确定个体能力提升的重点任务,既要防止出现用一把"能力尺子"衡量而忽视个体差异性,也要注意基层领导干部岗位的共性能力诉求,使其可以看准成长方向,增强自身的前途性和成长性。

第二,根据基层领导干部成长进步的基本规律,完善实践锻炼机制,促进基层领导干部在正确道路上获得快速成长。根据以往经验,那些成长进步较快的基层领导干部一般都具有丰富的实践经验。近几年来,各地不断加大干部实践锻炼的工作力度,很多干部只有具备特定的锻炼经历,才可以被选拔到基层领导干部这个职位。但是,实践锻炼方式大多停留在挂职锻炼、交流锻炼等传统形式,实践实效仍有待提升。

对于基层领导干部来说,不经过基层实践锻炼,就无法深刻地了解基层,也无法有力地指导基层,更无法制定出符合基层的方针政策、提高驾驭基层、引领基层的本领。基层锻炼关键是真正地深入基层,珍惜和利用

---

[1] 王玉君:《加强干部队伍的能力建设》,《党建研究》2005年第12期。

好机会提升为人民服务的本领。为此，基层领导干部的实践锻炼应以提升能力为导向，结合整体规划和个别规划。与此同时，建立良好的流动机制，定期对基层领导干部进行交流轮岗，可以提升基层领导干部全方位能力。同时还可以跨地区交流，多岗位锻炼基层领导干部，促进基层领导干部队伍内部流动，避免因长期在一个地区而带来的集体腐败现象，真正做到"能者上、庸者让、劣者下"，使优秀基层领导干部能够脱颖而出。

在锻炼方式上坚持多样性，从而帮助在成长中遇到瓶颈的基层领导干部，使其通过实践锻炼增长见识，运用"拿来主义，借鉴提升"的办法结合实际，开拓创新，为基层发展注入新的思维和活力。为此，应积极创造条件，有计划地把基层领导干部放到各种岗位上去磨炼，"以丰富阅历、积累经验为目标，有计划地推进基层领导干部竞岗交流"[1]，切实解决能力提升渠道单一化的问题。

四 保护防范：为基层领导干部成长提供心理支持

保护防范机制涉及谈话沟通、心理调适、容错纠错等一系列措施，可以有效调动基层领导干部主动作为的积极性。尤其是在从严监督管理干部新时期，健全保护防范机制，确保关爱激励常态化制度化，可以有效促进基层领导干部担当作为。

（一）谈话沟通机制

基层领导干部是处于末端推动各项方针政策落实的中坚力量、打通群众路线"最后一公里"的骨干，关心爱护基层领导干部并促进其健康成长是组织部门的必要工作。基层领导干部面临基层发展难题，要啃"硬骨头"，要闯险滩。完善以人文关怀为出发点的关心关爱机制，可以提供一剂排忧解难的"定心丸"，使基层领导干部卸下思想包袱。

基层领导干部多是处于条件艰苦的基层，面临着基层改革、发展、治理的任务与责任。关心关爱基层领导干部需要解决实际困难，例如，解决夫妻分居、子女就学等问题，避免"作秀式"的慰问。通过实际行动为其"减负""增能"，让处于"夹心层"的基层领导干部暖心、提劲，集中精力工作。关爱是促进基层领导干部成长的坚实保障，基层领导干部往往承受上"压"下"挤"，只有获得思想上的关心、工作上的支持、生活

---

[1] 王玉君：《加强干部队伍的能力建设》，《党建研究》2005年第12期。

上的照顾、精神上的激励，才可以增强其归属感和凝聚力。强化日常教育帮带，努力让其"小步快跑"。基层领导干部履职初期接触事物较少、难免在工作上走弯路。针对这些问题，可以采取"一对一"或"多对一"等方式做好传帮带工作。通过思想上帮带、工作上帮带、言行上帮带等日常教育帮带，不断提高基层领导干部工作实践的能力，使其"少走弯路、小步快跑"。

谈话沟通机制是一种预警式监督方式，可以前移监督关口，将问题在萌芽状态中解决。为此，建立警示教育、约谈提醒等谈话提醒机制。可以根据基层领导干部信息管理系统库的动态信息，科学甄别与确定谈话对象，有针对性地设计谈话内容，把握谈话沟通的关键环节。并采取灵活多样的谈话方式，以及注重谈话技巧，最大限度地获取信息来有效监督基层领导干部。此外，提拔前对基层领导干部进行谈话交流，掌握心理动态。依托调研随时谈方式，通过近距离深入了解基层领导干部工作和作风等方面的行为表现和思想动态。针对存在小过错的基层领导干部，应及时诫勉并减轻其心理负担。围绕工作重点谈，谈话内容向中心聚焦，比如环保拆迁、禁毒整治、扶贫工作纪律和财经纪律等方面内容。灵活设计座谈主题，掌握基层领导干部真实想法，明确基层领导干部存在的共性问题，并对存在的个性问题给予重视，给予足够的人文关怀，帮助基层领导干部转换角色，避免产生消极情绪。

建立健全干部谈心谈话制度，为基层领导干部释疑解惑、加油鼓劲，保护和激发干事创业热情。采取约谈提醒、谈话函询等方式，对苗头性、倾向性问题早发现早纠正，对失误错误及时采取补救措施。建立澄清保护机制，严肃查处诬告陷害行为，对受到不实反映的干部要及时澄清正名、消除顾虑，引导干部争当改革的促进派、实干家，专心致志为党和人民干事创业、建功立业。经常性开展谈心谈话，及时了解干部各方面情况，对存在的困惑予以疏导，对存在的困难帮助解决。把心理健康教育纳入干部教育培训计划，探索建立心理健康服务保障体系。例如，浙江桐庐不断健全完善谈心谈话制度，深化"向组织说说心里话"。这份特制的个性化"心灵鸡汤"，受到基层干部的一致好评。一名干部在谈心谈话后，紧皱的眉头终于舒展了，谈到"连续3个月的拆违工作，使我身心疲惫，加上部分群众的不理解，最近连着一周失眠。经领导和我这么简单一聊天，心里顿时轻松了不少"①。

（二）心理调适机制

基层领导干部的工作强度与工作责任日趋加重，个人特性与职业特殊性容易发生碰撞，这都不可避免地影响着基层领导干部的心理状况。作为基层"指挥官"，基层领导干部的心理状况直接关系到自身成长与执政质量。为此，应构建科学合理的心理调适机制，提升基层领导干部心理调适能力，有效化解潜在的心理矛盾，从而使基层领导干部保持健康心理状态。

1. 构建心理健康服务体系

心理健康服务体系涉及预警体系、预防体系与干预体系等方面，可以从这三方面采取有效措施，从而促进保障基层领导干部心理健康。

第一，完善基层领导干部心理健康服务预警体系。心理素质应成为衡量基层领导干部个体素质的一项内容，可以将心理调适能力作为选拔任用基层领导干部的必要条件。在此基础之上，完善以普查建档为基础的基层领导干部心理健康服务预警体系。在进入基层领导干部队伍之初，为每位基层领导干部建立心理健康档案，并追踪调查心理健康状况。研究基层领导干部心理问题的成因与规律，完善本土化心理测试量表，定期进行心理测试、数据采集和分析等相关工作，以便及时掌握基层领导干部的心理特征、气质秉性、人格倾向等，及时发现其可能面临的心理困境，给予相应的心理干预，将心理隐患消除在萌芽状态。

第二，建立基层领导干部心理健康服务预防体系。有计划地完善以心理健康服务为基础的心理健康安全预防体系。根据基层领导干部工作职责要求，可以采取分类分批培训模式，将提升心理素质作为培训教育目标之一，并融入基层领导干部日常培训教育课程之中。有针对性地帮助基层领导干部掌握压力释放技巧，增强伦理选择的解困能力、角色压力的调节能力、利益诱惑的自控能力，从而促进基层领导干部不断提升调适情绪与压力管理的能力，采取适当方式处理角色冲突，防止在不正当利益面前心理失衡。基层领导干部自身也要秉承正确的价值观和政绩观，明确自身的职业性质与角色定位，对自我有正确认知，不断提升自身服务能力。与此同

---

① 林圆圆、何小华：《浙江桐庐：精准施策，激励关爱更有效》，《中国组织人事报》2018年12月10日第002版。

时，还要意识到缓解压力情绪的重要意义，正确对待可能遇到的挫折与挑战，运用心理疗法进行自我解压。

第三，不断完善基层领导干部心理健康服务干预体系。心理健康服务的基本方式是适时干预，这是帮助基层领导干部妥善应对心理危机的有效手段。对于潜在的心理危机情况要提早制定科学干预方案，以便及时采取心理危机干预措施。例如，遭遇家庭重大变故；家人违纪违法受到调查处理；遭遇到严重心理打击或心理创伤；个人工作过程遭遇重大挫折；个体成长过程长期面临急难险峻事件等。在出现以上类似情况时，及时给予基层领导干部关爱与帮助，使其经受住考验，提升应对各种压力、困难和考验的能力。全面帮助基层领导干部解决个人在成长中所遇到的问题。党委（党组）配备心理健康教育工作专（兼）职人员，总支或支部设立心理委员。总之，通过对基层领导干部进行深层人文关怀来提供各项心理干预服务，排解基层领导干部工作中产生的紧张情绪，使其在纷繁复杂的困扰中得到解脱，减轻心理压力。

第四，健全基层领导干部心理健康服务支持体系。可以借鉴企业的EAP员工帮助计划，这最早来源于美国20世纪二三十年代管理学中经典的"霍桑实验"。通过建立专门的心理咨询机构，让基层领导干部宣泄过度或持续的心理压力。注重对基层领导干部日常工作与家庭生活情况的人文关怀，帮助他们解决实际困难，免除工作的后顾之忧。还要完善社会情绪宣泄机制，使基层领导干部有机会在合理范围内通过合法方式倾诉困惑、表达愿望和释放情绪等等。充分利用新媒体等多种渠道，创新公益广告宣传、知识微信问答竞赛等形式，培育个体心理疏导意识，从而形成一种相互体恤与支持的社会互助氛围。例如，湖南保靖县通过建立"谈心室"帮助公务员管理情绪舒缓压力，促进公务员健康成长，进一步激发工作干劲。"谈心室"主要收集公务员的思想、工作、生活、家庭等情况，解决公务员工作困扰、生活困难、心理健康等问题。建立公务员心理预警管理机制，与县人民医院等单位合作，为谈心人员开辟"绿色通道"。[1] 河南焦作市建立组织部长"周六谈话日"制度，每周六采取组织请谈、个人约谈、上门访谈等方式进行谈心谈话。以解决干部"不想为"

---

[1] 《湖南保靖："谈心室"关爱公务员成长》，《中国组织人事报》2019年3月4日第004版。

问题为重点，该市坚持做到"四必谈"，即涉及换届的、班子运行状况不好的、党建责任制落实不到位的、问题反映较多的领导班子，与县级干部必谈；涉及提拔转任退休的、即将承担急难险重任务的、面临特殊情况和困难的、有意见情绪和苗头性倾向性问题的领导干部，与干部本人必谈；涉及基层组织软弱涣散的、问题反映较多的，与党组织书记本人必谈；来焦创新创业遇到在制度机制落实上的重大困难等情况的，与专家人才本人必谈。①

2. 健全心理调适运行机制

现阶段，各种新挑战对基层领导干部提出更高要求，在工作与生活过程中，基层领导干部会面临各种"职业挑战"或"政治风险"。这便需要通过谈心谈话或者心理辅导等方式，化解基层领导干部的"职业焦虑"，帮助其度过"职业危机"，避免成长过程误入"歧途"。

第一，完善基层领导干部心理健康档案，定期更新档案信息，跟踪他们的心理变化，及时掌握心理异常情况，并有针对性地进行心理疏导。在对基层领导干部进行心理帮扶过程中，善于总结共性心态特征或普遍遇到心理问题，科学预测心理动态情况，从而更有效地发现苗头问题。尤其是在日常工作与生活中，基层领导干部会面临各种心理博弈与情绪困扰，及时采用案例体验模式，可以使基层领导干部及时觉察自身思维模式的不良倾向，并进行自我情绪调节。

第二，运用成熟的心理测评量表，定期对基层领导干部进行全方位心理健康评估，及时反馈测量结果，有针对性地采用多样化的心理调适方法，提高基层领导干部心理承受力。在某种情况下，可以将心理健康指标纳入考核评估范围。可以采用的心理测量表包括《中国人个性测量表（CPAI-2）》《明尼苏达多相人格测验（MMPI-2）》《中国人身心健康综合评估与诊断系统》等。

第三，引入专业心理教育团队，对基层领导干部定期进行心理培训，提升其心理保健意识与心态调试能力，使其正确看待荣誉，有效化解懈怠、焦虑与压力等不良心态，通过模拟、体验或者暗示等有效方式传授心理调适方法，增强基层领导干部自我解压能力，从而以积极的心态迎接各种挑战，面对各种心理困境，有效抵抗心理危机，为健康成长清除心理

---

① 《河南焦作"周六谈话日"解疙瘩》，《中国组织人事报》2018年7月20日第002版。

障碍。

第四，完善心理咨询与调试系统，借鉴国外的团体咨询方式，定期对基层领导干部群体进行心理健康普查与心理危机干预，聘请专业心理医师，及时进行心理援助，改善基层领导干部个体心境、提升人际交往能力，有效化解潜在的心理压力。例如，上海行政学院的"干部心理调适实训室"引进了美国 Heart Math 公司的 HRV 生物反馈训练系统。此外，有效运用远程信息系统或者微媒体来提供心理知识辅导。对工作在困难艰苦地区和战斗在脱贫攻坚一线的基层领导干部，可适当提高体检标准。定期举办心理健康知识讲座，将心理健康测评列为常规健康体检项目。落实带薪年休假制度，做到应休尽休。

第五，关注基层领导干部的思想动态，通过谈心谈话来疏导情绪，通过访谈、座谈、约谈等多种形式，使其释放工作压力，避免由于矛盾纠缠而造成心理疲劳、精神焦虑，尽量解除其后顾之忧，促进基层领导干部安心工作。各地可以借鉴推广浙江台州市"联动'防病'、常态'查病'"的实践做法。加强对基层领导干部日常行为的关注度，关注其心理动态活动，排解负面情绪，预防各种心理疾病。谨慎对待关于基层领导干部群体的各种社会传闻，及时调查落实，实现信息公开，让权威信息跑到谣言之前。例如，浙江台州市严格落实领导干部谈心谈话制度，常态开展"无主题、无推荐、无任免"的"一对一"谈心谈话，突出"三必谈"，即信访反映集中的必谈、有苗头倾向性问题的必谈、民主测评满意率低的必谈，及时掌握干部思想动态。同时，开展"向组织说说心里话"活动，拓宽干部诉求渠道，有效掌握"为官不易"等一些负面情绪。

（三）容错纠错机制

现阶段应激发基层领导干部干事创业的积极性，进一步强化对基层领导干部正向激励，健全完善容错纠错机制，给改革创新的基层领导干部撑腰鼓劲，确保他们心无旁骛抓发展。

第一，应设计合理决策纠错机制，尽可能避免基层领导干部决策失误。容错的内涵是保护，容错纠错机制的目的是鼓励基层领导干部干事创业，而不是推脱责任的工具。为此，容错机制要有限度，应设计负面清单来厘清容错范围。一是重大决策失误不可以纳入容错范围。那么，哪些属于重大决策失误呢？在某种程度上，损害多数人利益、涉及生命安全、国家安全的决策便属于不可容范围。二是未经法定程序的决策失误不可以纳入容错范围。基层领导干部要遵守程序正义以保证决策科学,避免"拍脑袋"决策。

2017年,福建莆田研究制定容错纠错暂行办法,从执行决策部署、推进改革创新、推进项目建设、推进"放管服"改革、办理群众诉求及便民服务、处置突发事件6个方面,细化28种容错免责的情形。健全澄清保护机制,对干部的信访问题,及时核查并给出明确意见,查无实据的在一定范围内澄清,消除负面影响;对恶意中伤、干扰工作或持续无理上访造成恶劣影响的,坚决予以查处。① 2018年,浙江宁波市出台了《关于激励干部担当作为推进"六争攻坚"的若干意见》,涵盖坚持政治引领、强化正向激励、开展监督问责、实施容错纠错、注重澄清保护、加强组织领导等6部分20条内容,为担当作为的干部撑腰鼓劲。② 2019年,海南三亚出台了激励干部办法,坚持"三个区分开来",建立健全容错纠错机制、澄清保护干部机制、改革风险防控和备案制度。坚持实事求是,准确把握政策界限,在纪律红线和法律底线范围内容错,严格区分失误与失职、敢为与乱为、负责与懈怠、为公与谋私的界限,为敢闯的人"开绿灯",为敢干的人"兜住底"。同时,杜绝拿容错当"保护伞",搞纪律"松绑",对苗头性、倾向性问题早发现早纠正,形成防错、容错、纠错的完整链条。③

在探索开展容错纠错工作中,如何避免"容错泛化""问责失偏"等问题?应厘清职责、界定责任、精准问责。详实梳理问责情形、问责具体形式、责任界定、处理定档和问责程序等方面内容,明确领导干部"不履行或者不正确履行职责,甚至失职失管失察失范"等必须问责的情形,列出包括日常管理、包村驻村、社会稳定、环境生态、行为规范等"问责清单"。例如,浙江省2018年在推进改革试点过程中,将可能失误失败的具体情形纳入容错纠错范围,规定了"因法律、法规的修改或者上级政策调整等原因,导致未达到预期效果或者造成一定负面影响和损失的"

---

① 黄学道、陈楠:《福建莆田出台正向激励实施意见:差异化奖补让实干者得实惠》,《中国组织人事报》2017年9月25日第002版。
② 甬组轩:《强化正向激励实施容错纠错——宁波:为担当作为干部撑腰鼓劲》,《中国组织人事报》2018年5月25日第001版。
③ 陈忠平:《海南三亚出台激励干部办法为敢闯敢试者撑腰》,《中国组织人事报》2019年5月13日第002版。

等7个适用条件。责任追究办法则具体列举了11类问责情形,特别是6类从重问责情形。①

容错机制的构建还应遵循以下三方面。一是运用分析工具对决策风险进行预测,多方位评估政治、经济和社会风险等。根据评估结果做好风险防范。尤其是面对基层各种利益和矛盾冲突,决策之前要全面评估可能的风险。二是进行小范围决策试验。确定合理的试验时间和实施范围,从而避免直接执行决策可能带来的巨大损失。三是设计决策执行跟踪评估制度。在决策实施的过程中,可以根据反馈情况进行修正,必要时可以及时暂缓或终止实施。在具体实践中,评估内容可以包括近期与长期成本或收益,根据决策执行效果进行随时调整,从而避免决策可能带来的更大损失。四是将容错纠错机制嵌入具体改革工作。准确把握政策界限,合理确定容错的情形,规范容错认定程序,确保容错在纪律红线、法律底线内进行。坚持容纠并举,教育引导干部增强纪律规矩意识,不断提高自我纠错防错能力,加强对干部的日常管理和监督,防止失误和错误的发生。

例如,南京市形成以《关于进一步激励干部新时代新担当新作为的实施意见》为主干,鼓励激励、能上能下、容错纠错3个实施办法为配套的"1+3"文件体系。苏州市制定年度综合考核规定、高质量发展监测指标体系、市级机关绩效考核办法和公务员平时考核办法,实现各类考核与"三项机制"的深度融合。镇江市制定《领导班子和领导干部"一创六争"活动实施意见》,作为激励干部担当作为的重要载体。泰州市出台《进一步激励干部担当作为推动高质量发展走在前列的实施意见》以及"三项机制"实施办法,配套推出"骏马奖"等评选实施办法,打出一套激活争先意识的组合拳。② 淮安市出台《机关事业单位市管干部年度考核评优实施方案(试行)》,将考核结果作为干部职务职级并行、工资奖金福利确定和干部选配、班子调整等工作的重要依据。

第二,健全干部选任容错纠错机制。这是保证选人用人的原则、方法得以展现与落实的重要保障,加强对纠错的认识和完善对促进基层领导干

---

① 诸组轩:《浙江诸暨建立"1+X"容错纠错制度体系为敢干的人"兜住底"》,《中国组织人事报》2018年6月11日第002版。

② 苏组宣:《江苏:鲜明干事导向激励担当作为》,《中国组织人事报》2019年10月9日第001版。

部成长具有重要作用。纠错的实质与建设的重点是干部选拔任用纠错机制建设。这是一项负有"否定"职责的工程,要想确保其建设质量、收到实效,就必须解决"否定什么、依靠什么、借助什么"三个问题,它决定干部选任纠错机制的作用、质量。

纠错的实质是保质,必须明确选人用人导向。建立干部选任纠错机制,就是要明确崇尚实干的用人导向,把那些不干实事、投机钻营混进队伍的人,或者不作为、乱作为的人查找出来,这既可以减少用人失误、人之失察带来的危害和损失,又能保证选人用人的质量。在此基础之上,构建鼓励探索、宽容失败的用人机制,打破"为官不易"的消极生态链[①]。

纠错的关键是民意。什么样的人能用,什么样的人不能用,群众心中最清楚;哪些人干了事,哪些人没干事,哪些人乱干事,群众最有话语权,因此应增强群众参与度。纠错的动力是机制,只有通过建立联动式考核、大规模测评、立体化监督等一系列行之有效的机制,才能有效地解决"能上不能下"的顽症。

湖北 2018 年印发了《关于进一步激励关爱基层干部的意见》,从选拔使用、待遇保障、减轻负担等十个方面,推出一系列具体可量化的政策,激励广大基层干部担当作为。例如,树立注重基层的用人导向。对如期完成脱贫攻坚任务且表现突出的贫困县党政正职予以提拔重用,对在脱贫攻坚中表现优秀的扶贫干部、基层干部注重提拔使用。对少数在下一级党政正职岗位上任职时间较长、实绩突出、特别成熟和优秀的干部,符合有关规定的可直接选拔担任上一级党政正职。加大选拔优秀县(市、区)党政正职担任省直部门副职力度,注重选拔优秀乡镇(街道)党政正职担任市(州)直部门副职、省直部门内设机构副职。二是引导干部人才向基层流动。结合机构改革工作,推动编制资源向基层机关事业单位倾斜。改进公务员招录工作,艰苦边远地区招录基层公务员可以适当降低学历要求、放宽专业限制,报考人数较少的可降低开考比例。注重从企事业单位领导人员中调任县(市、区)直部门和乡镇(街道)领导干部,确因工作特殊需要的,经批准可适当放宽年龄限制,原则上不超过 45 周岁。

---

① 李玉东、何亚兵:《区(县)党委建立干部关爱容错机制的构想和思考》,《领导科学》2016 年第 5 期。

第二节 健全基层领导干部成长保障机制

基层领导干部成长过程内在的驱动因素是个体心理需求，外在的驱动因素来自成长场域要素的影响，二者通过成长机制作用发生关联，在某种情况下可能使权力面临非法运行并不断强化的趋势。为此，应将权力的高效运转与有效制约结合起来，保障基层领导干部成长在正确轨道上。这便需要从监督、问责与惩戒层面来着手，使秉公用权内在地融贯于基层领导干部健康成长全过程。

一 行为监督机制：规范基层领导干部角色扮演

2016 年 10 月颁布的《中国共产党党内监督条例》对党内监督作出了明确规范，这对基层领导干部增强自律意识立起了更严更实的标准。

（一）实现监督体系构建立体化

破除"上级监督太远；下级监督太难；同级监督太软；法纪监督太晚"的弊端。同体监督与异体监督协同"集体发力"，防止各监督主体"踢皮球"现象的发生。

实行有效监督，必须解决"上司，我拿什么来监督你？"的问题，而利益控制是保障监督效果的根本所在。合理设计以物质利益为核心的利益供求关系是解决监督问题的根本所在，因为"任何雄辩，任何说教，任何不那么卓越的真理，都不足以长久地约束活生生的物质刺激所引发的欲望"①。利益控制模式总的来讲有串联型、环型和交织型三种。② 串联型（或直线型）的利益控制关系，由于利益的分配是单向控制的，在这个利益链条上，只要牢牢扣住了利益的输出端，就具备了获取自身利益的必要条件，但不一定是充分条件，更不一定是充要条件。串案的形成就是这种串联型利益控制关系蜕化的产物。窝案其实是串案中某一部分的放大形式，是利益链条上某一环节的严重腐变与腐蚀。

从社会的长远角度来看，串联型（或称"直线型"）利益供应关系既是最简单的社会利益分配模式，也是最脆弱的社会管理模式。它一方面表

---

① ［意］贝卡里亚：《论犯罪与刑罚》，黄风译，中国法制出版社 2005 年版，第 11 页。
② 黄少平：《论腐败》，九州出版社 2016 年版，第 57—58 页。

现出超稳定的社会状态,另一方面又面临着出现难以挽回的制度性崩塌的可能。要形成合理有效的监督,必须构筑交织型利益的供应模式。模仿"鸟巢",似乎提供了构筑一个利益相互关联、结构稳定、直观易懂的交织型社会管理模型。应当承认,这样的社会管理模型的建立比建造"鸟巢"要困难得多,它是一个复杂的社会系统工程。"在这一社会管理与监督的制度体系下,社会某一部分的腐败会受到周围诸多因素的制约,某一部分的腐败也不会对整个社会体系产生致命性的破坏"①。可以根据《中国共产党党内监督条例》规定的 8 条主要内容②,建立健全党内监督体系。

第一,有效发挥同体监督作用(同体监督,主要指中国共产党内部权力监督机构对基层领导干部权力运行的监督,包括纵向的上下级之间的监督,横向的党政内部监察机构、审计机构的监督),降低监督成本。完善基层领导干部述职述廉、组织考核、谈话提醒、询问质询等相关制度,创新上级党委和纪委监督形式。具体来说,上级党委可以通过听汇报、深入了解民主生活会和党委领导班子之间交心谈心等来了解真实情况,从而进行日常警示;或通过党内谈话,及时发现基层领导干部有思想、作风、纪律等方面的苗头性、倾向性问题,并对其进行提醒谈话。③

有效运用派出的巡视组进行监督,采取交叉巡视,并使巡视监督常态化,避重就轻地走形式、走过场。基层领导干部要"自觉接受监督、主动配合巡视,及时准确提交相关情况报告,搞好巡视协调保障,对巡视发现的问题不掩盖、不推诿、不逃避,严肃抓好整改提高,诚恳接受组织处理"④。"在市县党委建立巡察制度,加大整治群众身边腐败问题力度"⑤。"强化纪检监察派驻机构垂直功能,改革国家审计制度,充分发挥审计监督的作用"⑥。此外,还要提升司法监督的独立性与法治化,使其切实履

---

① [意]贝卡里亚:《论犯罪与刑罚》,黄风译,中国法制出版社 2005 年版,第 58 页。
② 即遵守党章党规和国家宪法法律,维护党中央集中统一领导,坚持民主集中制,落实全面从严治党责任,落实中央八项规定精神,坚持党的干部标准,廉洁自律、秉公用权,以及完成党中央和上级党组织部署的任务等情况。
③ 鄯爱红:《公共行政伦理学》,北京出版社 2005 年版,第 46 页。
④ 邱新松:《党员干部如何增强政治定力》,中国言实出版社 2017 年版,第 223 页。
⑤ 习近平:《决胜全面建成小康社会夺取新时代中国特色社会主义伟大胜利——在中国共产党第十九次全国代表大会上的报告》,人民出版社 2017 年版,第 67 页。
⑥ 徐喜林:《进一步健全党的纪检监察体制的思路对策》,《中州学刊》2014 年第 4 期。

行监督责任，形成对基层领导干部监督的高压态势。

为了避免各监督主体职责不清，建立对基层领导干部监督管理的联席会议制度，实行信息联网，及时反馈信息，完善各种监督主体的职能分工和相互衔接机制，并探索各类监督主体相关成员交叉任职方式，便于各个层级形成"一体化"的力量。

第二，激发异体监督的钳制功能。从民主党派监督的角度来看，协商民主是党的群众路线在政治领域的重要体现。领导干部要重视民主党派的监督职能，多听取各方意见、加强了解、沟通、反馈和落实，营造良好的民主监督氛围。加强各个民主党派监督，扩大民主党派的知情权，"切实保障民主党派的意见、建议、批评等信息能够畅通无阻地到达有关方面"①，使其充分发挥民主监督作用。

从群众监督的角度来看，可以创新基层百姓对基层领导干部监督的形式，包括书面、口述、网络、电视、报纸、广播等。创新民主评议方式，通过面对面、暗访、社区评议等形式有效发挥基层百姓的监督力量。基层领导干部要自觉接受群众监督，真诚地处理人民信访、群众举报、下级申述等问题，到群众中去开展社会调查、进行意见征询。健全群众举报制度，尤其是保密制度、举报奖励与保护制度，完善公民监督救济措施，保障公民监督权的行使和严惩打击报复行为。维护基层百姓的参政权，只有基层百姓参与决策，才能使群众意见被最大限度地接受。维护基层百姓的选举权和罢免权，基层领导干部的任免被基层百姓所控制，才会催生基层领导干部为民服务的热情，使其兢兢业业为民办事，有效防止基层领导干部"由社会的公仆变为社会的主人"②。

公民个人的监督力量仍是有限的，一般难以形成规模效应。为此，借助社会组织或团体的监督力量，以及运用现代化新媒体力量，提升新媒体的监督地位。尤其重点监督基层领导干部八小时之外的行为，实现"全天候"监督全覆盖。"始终把做好举报受理工作作为加强监督的重要措施，充分运用'12380'举报电话，积极创建'12380'举报网站，努力

---

① 蒋胜祥：《邓小平理论和"三个代表"重要思想研究论文集》，浙江人民出版社2005年版，第19页。

② 《马克思恩格斯全集》第8卷，人民出版社2007年版，第214页。

打造覆盖全国的电话、网络、信访'三位一体'举报平台"①。"三位一体"举报平台的建立,标志着广大群众对干部选拔任用工作进行监督的渠道全面畅通,组织部门有了"千里眼"和"顺风耳",干部监督工作就有了新的有力武器,并获得了新的力量源泉。

(二) 确保监督运行机制科学化

党的十九大报告指出健全党和国家监督体系,重点强调"强化党的自我监督和群众监督","加强对权力运行的制约和监督",建立巡视巡察上下联动的监督网,并深化对领导干部的政治巡视;指出"深化国家监察体制改革",从而实现监察全覆盖,"制定国家监察法,改革审计管理体制,完善统计体制"等部署。② 可见,各个监督环节的无缝衔接,监督合力的极大程度增强,将为基层领导干部成长铸牢防护墙。

第一,监督全方位覆盖。全方位监督应体现在时间和空间上,并以突出财产公示、工程决策和选人用人为重点。在监督所涉及的时间维度上,监督不能只停留在上班时间,还要关注基层领导干部的下班时间。在监督所涉及的空间维度上,监督不能只停留在工作交往的内容上,还应关注基层领导干部私下的交际圈。从监督重点上来说,首先应突出财产公示,逐步扩大财产申报和公示的范围,保护合法所得,对来源不明的重大收入应进行追踪调查。其次,也要将监督重点放在腐败高发和易发的工程项目招标领域,对违规招标程序的决策行为从严核查。最后,要将监督重点放到选人和用人上,重点关注不符合程序的提拔和带病提拔。以上监督维度和监督重点,在 2017 年党中央和国务院已经颁布的《领导干部个人有关事项报告查核结果处理办法》和《领导干部报告个人有关事项规定》中都有体现,关键是要抓好对党和国家监督制度的落实工作,以保证基层领导干部权力得到有效的制约和健康的运用,为基层领导干部的良性发展筑起防火墙。还可以采用干部任免会议全程记实监督。建立干部监督联席会议制度,搭建电话、信件、网络"三位一体"干部监督平台,及时掌握干部工作、思想动态。出台办法明确干部考勤、信息变化报备等 6 项干部管

---

① 王艳珍:《经济发展方式转型视域下领导力变革研究》,中国工信出版社 2016 年版,第 87—88 页。

② 习近平:《决胜全面建成小康社会夺取新时代中国特色社会主义伟大胜利——在中国共产党第十九次全国代表大会上的报告》,人民出版社 2017 年版,第 26 页。

理程序。例如，2013年以来，四川省广安市从全市德高望重并熟悉组织人事工作的离退休老领导，人大代表、政协委员中选聘10名干部作为督察员，重点列席讨论决定干部任免事项的常委会或全委会，全程标准化纪实监督。为建设高素质干部队伍，近年来，山西黎城县对干部做好常规监督，不断创新形式，开展"三无"调研，让监督无处不在。

该县强化干部监管实效，结合"组工干部进基层"活动，组工干部深入基层，以驻点约谈、现场走访等形式开展实地走访，拓宽干部群众反映问题的渠道，综合把脉班子，常态体检干部。创新调研形式，建立健全"干部随监督成长、监督伴干部一生"的制度机制，探索开展日常无主题谈话、无定向推荐、无任用考察"三无"调研，抓早抓小抓预防，把被动接受举报式监督变为主动出击。[1]

拓展干部监督工作的"四维空间"，消除监督"盲点"，才能提升干部监督的实效性，提高选人用人的满意度。一是拓展深度，注重"大与小"的统筹，干部监督工作应当抓大不放小，既要抓重点，也要抓细节。二是拓展广度，注重"点与网"的更替。过去的干部监督员队伍，人数较少，而且是单兵作战，类似于"点"的存在，辐射面十分有限。现在要建立多元化、常态化、制度化的监督网络，以"网"的延伸填补"点"的空隙，使干部监督到边、到底、到位。例如，江苏省扬中市通过"双百监测"构建监测员网。在全市范围内设立了100个监测点，每个点设监测员1至3名，形成广泛覆盖、上下联动的监测网络，监测员有重大信息可直接向组织部长反馈；设置"网上会客厅"的新型监督方式。开设网上平台接受情况反映，把网民反映的问题作为"特殊交办单"迅速落实；构建民主监督网，避免"决策一言堂、用人一句话、权力一把抓"现象的发生。变"闭门监督"为"开门监督"，真正落实社会公众的监督权。实施组织部长双向约谈制度，让群众有机会当面向组织部长反映情况。[2] 三是拓展跨度，注重"前与后"的转换。将干部监督的关口前移，由侧重事后惩处转为突出事前预防。四是拓展内涵，注重"廉与绩"的

---

[1] 黎组轩：《山西黎城：三无调研强化日常监督》，《中国组织人事报》2020年1月17日第006版。

[2] 陈新中：《拓展干部监督工作的四维空间》，《中国组织人事报》2012年3月5日第006版。

权衡。既要监督干部的"廉",更要监督干部的"绩","老实人"与"老好人"不是同一个概念,区分"老实人"与"老好人"的标准就是工作业绩。有绩无廉固不能容,有廉无绩亦不可取。

第二,监督过程科学化。发挥同级监督中的优势,加强同级监督主体在财权等方面的独立性,明确监督的本质不是对个人,而是对权力。党的十八大以后,党中央加强了纪委部门的垂直管理力度,增强了纪委部门的相对独立性。为此,应继续有效发挥纪委的监督作用。可采取上级下派任期制,以提高权威性和监督效能;继续健全纪委任期追责制,在任期内未能察觉问题或问题处理不力的情况实行问责追究。梳理权力运行线路图,找出权力运行的关键点位,并精准发力,必要时可以运用各类科技手段协助对权力关键环节的监督,一旦发现相关苗头,就要提前预警,并对当事人进行教育和警告,强化事前预防和监督。在对权力监督的过程中,应将党纪和国法的应用范围进行更为准确的划分,将党的纪律挺在前面。党的纪律是党员必须遵守的红线,一旦越过红线就需要受到党纪的相应处分。对于严重违反党纪的人员,在进行完党内处分以后,纪委应将违纪人员的问题和相关证据移交司法机关,纪委的工作重点是执好纪。司法机关应严格按照国家的法律对违法人员进行裁决定罪,司法机关的重点是在办好案。将党的纪律挺在前面,主要目的在于防微杜渐,对于那些轻微触犯党纪的人员,应着重进行党内教育和党内警告,真正做到关心、爱护和帮助党的干部成长。

抓好过程曝光,健全监管机制。要积极推进权力公开,接受上级、本级、下级以及广大群众的监督,明确权力的幅度和依据,提高权力运行的透明度和公信力;要盯紧关键节点,聚焦人财物等关键岗位,关注节庆日等关键时间,监控工程项目等关键事项,严打不作为、乱作为的高发地、深水区,远离"禁区"、不踩"红线";要完善监督体系,充分运用"互联网+"模式,从"进楼看"转变为"上网看",畅通问题发现渠道,建立多方参与、上下合力、群众响应的系统化、立体化、全方位的反腐倡廉监督体系。[①] 善用大数据思维监督管理干部。大数据给干部监督管理工作带来了新挑战和新要求。如何增强大数据思维?要充分运用现代信息化手段去收集、管理、分析、运用数据,避免凭经验、靠直觉去监督管理干

---

① 郎哲敏:《健全机制治拔"懒"根》,《中国组织人事报》2016年9月7日第004版。

部，在数据收集来源上，从体制内向体制外延伸。例如，湖北应城市借助现代信息技术，探索建立以"一张网络、一个系统、一个平台"为主要内容的干部日常监督工作机制。建立平时考核在线管理系统，推行年计划、日记实、月对账、季考评、年考核模式，对干部日常履职行为进行监督。建立干部日常表现信息管理平台，对干部日常表现情况进行记实，分别建立实绩台账和问题台账。[1]

(三) 保证监督配套措施完备化

一方面，继续完善监督配套制度，形成立体监督制度体系。围绕推进干部监督工作科学化的目标，大力推进制度化、信息化和规范化建设。例如，安徽先后出台了《进一步加强领导干部管理监督工作的若干意见》《关于运用举报信息加强对县（市、区）党政正职监督管理暂行办法》《关于科学规范和有效监督县委书记用人行为暂行办法》等制度，着力加大对重要岗位干部特别是主要领导干部的监督管理。[2]

继续完善干部选拔任用工作监督检查和责任追究制度。2019年，中央办公厅印发的《干部选拔任用工作监督检查和责任追究办法》（以下简称《办法》）。《办法》的一个鲜明特点就是突出政治监督。《办法》紧紧围绕加强干部选拔任用工作政治监督和落实干部选拔任用工作政治责任，明确监督检查的重点内容、途径方式、制度措施、责任情形和追责办法。[3]《办法》对任前事项报告、专项检查等方式进行细化，作出明确规定，既有事前监督，又有事后检查，既有整体监督，又有单项检查，既有面上监督，又有点上监督，打出一套监督检查的"组合拳"，有利于针对不同情况采取不同方式进行精准监督，提高监督检查的实效。

继续完善并落实党务公开制度，增加权力运行透明度。为确保异体监督到位，权力运行必须公开透明，权力行使者需要确保各项工作的透明度。各项工作有了透明度，权力行使者的行为就会置于众目睽睽的监督之下，这比事后撤职更有效地防止了滥用权力。可以说，权力运行的公开化和透明化有益于减少各种权力所带来的负面问题，这是非常浅显且公认的

---

[1] 《湖北应城市信息技术助力干部日常监督》，《中国组织人事报》2015年6月8日第002版。

[2] 《安徽：突出监督重点提升监督效力先后对95名省管干部进行了专项函询和诫勉谈话》，《中国组织人事报》2013年3月25日第002版。

[3] 辛向阳：《突出选人用人政治监督》，《中国组织人事报》2019年6月5日第001版。

道理，但问题在于如何推进权力的公开化和透明化？首先重点应该放在县委的决策环节。在涉及老百姓切身利益的重大事项中，应做到真正意义上的民主决策、公开决策和透明决策。在重大决策前，县委应该公开议案，广泛征求意见，并对相关群体进行深入的调研。议案在得到充分论证之后，还应将县委表决和审议的过程进行公开。其次是要创新公开的方式，应借助电视、报纸、网络信息平台、新媒体、现场听证会以及新闻发布会等形式，将需要公开的事项及时传递到老百姓手中，不能将公开做成过场和形式。最后要主动接受外部各种监督主体对县委职能分工、权责权限、权力流程、财务经费以及事项结果的监督，为监督主体的监督行为提供正当的途径。总之，通过权力公开中的良性互动，不仅能完善权力的健康运行，还可以提高县委的美誉度，改善党群关系。

例如，在大力加强制度化建设方面，天津市编印了《干部监督工作业务手册》，形成了涵盖干部监督工作各项业务的制度规范体系。每3年对市属各单位选人用人工作进行一遍全面检查，对检查中问题比较突出的，约请有关单位党委或组织人事部门主要负责人，面对面反馈情况，提出整改意见和要求，并跟踪督查回访。

在大力抓好规范化建设方面，天津市先后制定了《干部选拔任用监督工作操作规程》等工作规范及标准51个，做到了监督工作业务全覆盖。全面实行工作责任制，对年度工作和每项具体任务进行分解细化，量化任务目标，明确人员责任，定期检查考核、"对账要账"。调整优化干部监督机构，配优配强市委组织部干部监督机构工作人员，指导推动各区县、各部委办局加强工作机构建设，优化编制、职位和人员配置，创新工作机制。目前，16个区县中滨海新区成立了干部监督处，其他15个区县将组织部干部监督科调整设置为干部监督室，配备与工作需要相应的专职工作人员，多数区县为干部监督室配备处级负责人。[①]

另一方面，继续落实相关监督制度，创新多种监督形式。其一，有效落实述职述廉制度。基层领导干部每年在党委常委（或党组）扩大会议上述责述廉，接受评议，并将基层领导干部述责述廉报告在一定范围内公开，以及载入个人廉洁档案。其二，有效落实个人有关事项报告。基层领

---

① 仁兴：《天津强化干部监督工作"三化"建设》，《中国组织人事报》2013年4月8日第001版。

导干部应根据《关于领导干部报告个人有关事项》规定,如实报告个人及家庭重大情况,严肃查处故意虚报瞒报、篡改伪造个人档案资料行为。其三,有效落实插手干预重大事项记录制度,这项制度是制约和监督基层领导干部权力行使的重要制度安排。严格落实2015年3月中共中央办公厅、国务院办公厅印发的《领导干部干预司法活动、插手具体案件处理的记录、通报和责任追究规定》之规定,让权力行使全程留痕,对基层领导干部违规干预行为形成震慑,促进权力阳光运行、防止权力寻租问题的发生。坚持"科学规范、简便易行"的权力制约原则,采用"公开宣传栏、报纸杂志、电视电话会议、新闻发布会、信息网络平台"等形式,确保权力运行透明,让人民群众知晓基层领导干部权力的"家底",有效监督基层领导干部科学用权。

二 义务问责机制：保障基层领导干部合理履职

在权力运行过程中,需要按照"问事必问人,问人必问责,问责必到底"的原则,对正在发生或已经发生的失误或错误行为及时采取问责。党的十八届三中全会明确提出,落实党风廉政建设责任制,党委负主体责任,纪委负监督责任。2016年,中共中央印发了《中国共产党问责条例》(以下简称《问责条例》)。为此,按照《问责条款》的各项要求,对基层领导干部决策失误造成重大损失的,必须实事求是地追究集体责任和个人责任。通过问责可以对基层领导干部的错误行为给予一定的处罚,来提高基层领导干部执政能力。新时期,应将问责的关口前移,积极发挥问责对基层领导干部的保护防范作用。

(一)塑造道德型人格,突破"问谁之责"困境

"道德型人格是将道德规范内化为内心信念和行为准则,这种品质是能否道德地处理公共事务所不可缺少的"[1]。道德型人格作为人的一种品性和自由自觉实践,具有内在性与自律性,体现为"在"的状态,而不是"行"的规范。对于基层领导干部来说,道德型人格养成是角色塑造的内在诉求。

道德型人格可以弥补问责实践的工具理性缺陷与价值理性不足的弊

---

[1] 彭忠益、洪霞:《德性:行政管理的重要资源》,《中南大学学报》(社会科学版)2003年第3期。

端。道德型人格养成是"担当精神"的源泉，体现为一种向善力，具有使人成其为人、提升人生价值目标的"内得于己"与"外得于他"的价值意义。"问谁之责"困境的实质是无人承担责任，体现为不知谁应承担责任或者责任人逃避责任。在问责实践中，应事先培养问责主体的道德型人格与独立型人格，一旦具备这种人格，"问谁之责"与"无人担责"困境便在某种程度上得到消解。因为道德型人格与独立型人格一方面可以促使责任人自觉履行责任，另一方面即使出现责任事故，也不会逃避责任。当然，这仅仅是突破问责困境的一种对策方式，根源上还要以制度来保障问责的有效性。

那么，如何培养问责主体的道德型人格呢？这需要从社会建构与个人自塑两个方面着眼。通过社会建构方式将外在道德约束转化为内在价值遵循；通过个体自塑方式，促使问责主体自我品德培养，将外在约束转化为内在品德。

第一，教育驱动方式。道德型人格养成所需要的"品格德行"与"理智德行"来自于实践与惯习过程。为此，应加强对基层领导干部群体的道德教育，包括社会公德与政治伦理等方面教育，并配套道德观念、道德情感、道德行为等。因此，可以有计划地施加外在作用，促使问责主体明确应当承担的责任与义务，提高道德认知能力与道德实践能力，提高道德敏锐性与判断力，并将其转化为内在信念。

第二，道德环境渲染方式。道德环境是指可以作用于主体道德品格与行为的各种因素总和。人是极具感性的动物，通过道德环境的培育与感召（例如，弘扬社会道德风气、社会文化氛围等），个体会更倾向于做出道德的抉择。道德氛围的营造需要通过传播正确的道德价值导向、培育优秀道德文化，也要发挥群众道德的监督作用，实现人人都是"监视器"与"反光镜"，从而促进个体道德型人格生成。

（二）培育参与精神，弥合"谁来问责"分歧

我国当前的问责形式主要是"自上问下"和"异体问责"，外部问责主体参与性程度相对较低。为此，培育基层百姓参与精神，对改进问责主体不足有极大作用。基层百姓参与对基层领导干部的问责可以实现"以人民为中心"的价值导向引领作用，起到平衡权力关系的功能。在问责伦理关系中，基层百姓作为权利监督的主体，本应对权力行使者进行监督，唯有此才能保证被监督者主动接受监督，有效预防和纠正"应为而

不为、不应为而为"行为的发生,这在某种程度上也是对作为被监督者的基层领导干部的一种保护。在此过程中,不断培育基层百姓的参与精神,拓宽基层百姓参与渠道,确保基层百姓的知情权、参与权与意志表达权等。那么,参与精神的培育应从哪些方面着手呢?

第一,基层百姓权利意识与权力精神的培育。随着改革开放进程的推进,基层百姓的权利意识逐步发育。然而,离真正可以保障问责参与度的要求还有一段距离。为此,就需要培育基层百姓的权利意识。基层百姓的政治品质可以通过宣传教育的方式来培育。宣传教育要突出基层百姓主体权利,培育人格意识和责任意识。也就是使基层百姓自觉处理个体与集体关系,意识到作为个体的政治责任与政治义务,了解如何正确有序参与政治活动来维护自身合法权益,并获得合理合法的利益诉求。基层百姓权利意识与权力精神的培养还需要媒体力量的支持。例如,可以传播关于相关权利的各种知识,使基层百姓熟知自身的权利与参与政治活动的价值和意义,掌握通过法律渠道解决问题的方法。

第二,基层百姓责任能力的培养。任何权利的实践需要以"责任能力"为基础保障。"责任能力"是作出负责任行为的前提,包括心理能力和实践能力。基层百姓责任能力的提升需要以培育公民文化为基础。在过去的一段时间,基层内的"官本"思想、"服从"观念、"人情"意识等阻碍了基层百姓主体意识与独立意识的生成。因此,通过培育公民文化,积极发展基层内的非营利性的社会组织,提升基层百姓的民本意识与法治意识的宣传教育,从而提升基层百姓的自治能力。基层百姓责任能力提升需要以基层民主发展为基础,自治能力是保障基层民主不断推动的必然趋势,保障基层百姓在问责中的正当性地位,真正破解"谁来问责"的分歧。

(三) 制度伦理建设,化解"如何问责"难题

道德型人格尽管为尽责输入了内在动力,但是由于德性对责任的内在规定天然具有模糊性,所以需要制度的内在明晰性来进一步界定和明晰责任范围与边界。也就是用制度规范区分"直接责任"与"间接责任""领导责任"与"组织责任",从而弥补德性的模糊性,这便是制度伦理,唯有这样才可以真正解决"如何问责"的难题。

在《道德的人和不道德的社会》中,尼布尔(Reinhold Niebuhu)指出制度本身的正当性是带来社会道德"失范"的部分原因。制度只有符

合正义，才能得到有效持久的被遵守与贯彻落实，并对个体道德信念的养成发挥重要的指引作用。从问责实践来看，制度伦理的规范功能可以促使问责主体有效履行责任，这是防止问责行为失范的保障。

第一，为确保问责的有效性，应发挥制度伦理的规范功能，包括对问责主体、问责客体与问责过程伦理的规范功能。问责制度伦理则是以"道德"形式，对问责主体、问责客体与问责过程的一种规范。这种规范体现为权力与责任的内在规定性，为避免公共权力的所有者与使用者的分离而导致权力与个体成长异化现象的发生，内在规定性就产生了。对于基层领导干部来说，通过制度厘清基层领导干部的权责界限，符合伦理关系与道德要求。由于制度需要一个不断完善与建构的过程为此，健全问责制度过程需要考虑抑制"情理问责"、实施"法理问责"，杜绝"秘密查处"、实施"公开问责"等现象的发生。

在不断完善问责制度设计和有效贯彻制度执行的过程中，要遵循制度伦理性诉求，推动问责制度执行进入良性循环轨道，保障问责制度体系实现最优化。具体来说，实现保障问责制度体系最优化需要保障问责制度和配套制度的有机整合，并使其实现有效运行，从而遏制"弹性问责"和"权力问责"的发生。

作为对个体伦理的规范功能，问责体现对基层领导干部的一种约束力量。相比个体的伦理意识发育与道德自省，制度伦理更具有可操作性，问责内容、目标与方式都可以对基层领导干部形成外在的行为指引。"对于道德型人格倾向的个体具有激励作用，可以通过发挥惩处和制裁作用来促进道德品格养成，从而有效防止'情理问责'和'权力问责'发生"[1]。

第二，建构问责制度伦理。在由"熟人社会"变成了"陌生人"的过程中，制度伦理构建可以发挥制度内在所蕴含的伦理精神的感召力。而且，对于问责制度规范来说，问责制度的规范功能发挥需要通过制度的有效实施来保障。

一是构建问责制度的伦理要素。制度的伦理要素是遵循伦理的基础，只有问责制度本身符合伦理与人性，才能保障执行过程中被问责主体发自内心地信服。为此，通过问责制度的细化、量化和刚性化，继续推进问责制度化、法律化和伦理化，这是提升问责效果的有效方式。"通过问责制

---

[1] 伍洪杏：《行政问责的伦理审视》，博士学位毕业论文，中南大学，2010年，第67页。

度的可操作性和可实践性,实现问责制度的人性化与道德性规范。问责必先明责,提升问责效果需要以一整套规范明确的责任体系为前提,实现责任纵向与层级清晰化"①,这便涉及权责关系明晰公开,理顺党政权责关系,明确部门之间的权责关系,上下级之间的权责关系,并在此基础上实行岗位责任制,化解"由谁问责、问谁之责"的困境。

二是实现问责程序正当性,保证问责全过程沿着法治的轨道运行。在此过程中,应实现公开、民主与正义,保障相关人的知情权,同时保障问责对象申诉和辩解的合法权益。此外,为避免问责过程中偏差的出现,需要实施问责救济,并保障问责救济补偿正义。这是对问责结果的一种调节,也是保障基层领导干部的正当权益不受侵犯的一种方式。

"构建问责制度执行与评估的伦理要素"②。"问责执行与评估伦理强调问责制度设计与执行的正当性"③。这仅仅需要问责制度本身蕴含正义与伦理,还需要问责制度执行手段是正当的。执行手段正当与否在某种程度上决定了问责的认可与支持程度,进而影响问责落实的效果。问责制度评估需要科学合理的评估指标体系与机制做基础。具体到对基层领导干部的问责实践中,应以公民的广泛参与为基础,建设人民满意的评估指标体系,通过定期调查基层百姓对问责实践的满意程度,以此作为伦理评价的重要依据。此外,对基层领导干部问责制度的有效推行,还需要以各个制度要素的整合与衔接为基础,避免制度要素内部摩擦,从而降低运行成本。在此基础之上,建立被问责基层领导干部的跟踪监督机制,针对不同表现与实际情况,围绕复出原则与条件,严格执行问责复出程序,尊重相关人的各种权利,综合考量各方面的利益关系,听取相关者意见。

三 违规惩戒机制:规避基层领导干部成长异化

制度执行"没有效果,就有后果"。因此,只有及时发现并惩治违反制度的行为,才能提高制度的惩戒功能,进而使基层领导干部在正确轨道

---

① 陈力予、陈国权:《我国行政问责制度及其对问责程序机制影响的研究》,《行政论坛》2009年第1期。
② 伍洪杏:《行政问责的困境及其伦理超越》,《中国行政管理》2011年第7期。
③ 周承:《行政问责制度化困境的伦理超越》,《唯实》2007年第7期。

上使用公共权力。

(一) 完善惩戒各项流程

针对当前我国正式惩戒流程现状,应在以往提起、决定、执行程序的基础上,增设辩护程序、听证程序与监督程序。

第一,辩护程序。组织部门在对基层领导干部考核过程中,若发现违法违纪行为应及时提起惩戒建议,或者其他举报、揭发而提起情况,在监察机关依职权提起惩戒之后,应增设辩护程序。当事人参与惩戒并获得辩护机会是各国的普遍做法,在某种程度上可以体现公开透明。例如,在德国,当事人需要做出书面或者口头解释;在法国,当事人在受到惩戒处分之前有权查阅全部档案材料。因此,有必要制定相关制度来保障并规范申辩、辩护、陈述等流程。此外,在辩护流程中,可以为其提供代理人代为辩解。

第二,听证程序。《中华人民共和国行政处罚法》[①] 规定了听证程序。在具体实施过程中,针对惩戒措施较重情形,可以增加听证程序来保障当事人的各项权利与切身利益。根据《关于实行党政领导干部问责的暂行规定》第十四条规定,有必要听取被惩戒基层领导干部的陈述和申辩,并且记录在案,对其合理意见,应当给予采纳,以此来保障受处理人的权利。

第三,监督程序。完善惩戒监督机制,依靠多领域的监督力量,监督可能产生的不良行为,减少权力变异的机会。"各级纪委要履行好监督责任,既协助党委加强党风建设和组织协调反腐败工作,又督促检查相关部门落实惩治和预防腐败工作任务,经常进行检查监督,严肃查处腐败问题"[②]。对于较轻的违纪行为,给予党纪处分、或批评教育,针对触犯法律的行为,则应接受国家法律惩处。这些举措对基层领导干部形成一种强大威慑,推动反腐从运动式转向法治化,这也是确保基层领导干部成长常态化的现实可行路径。例如,江西赣州市出台受党纪政务处分或组织处理市管干部教育管理使用办法,规范受处分干部教育管理使用,推动形成激励干事创业良好氛围。通过落实教育管理责任,明确受处分干部所在地方

[①] 图表来源:《组织处理工作图解》,中国方正出版社 2017 年版,第 106 页。

[②] 中共中央纪律检查委员会/中共中央文献研究室编:《习近平关于严明党的纪律和规矩论述摘编》,中央文献出版社 2016 年版,第 115 页。

或单位党委（党组）是教育管理的责任主体，党委（党组）主要负责人是第一责任人，纪委监委、组织部门共同督促监督。坚持从严约束和正向激励并重，采取及时执行党纪政务处分或组织处理决定、妥善安排工作、加强跟踪管理、定期回访教育、营造宽松环境等5条措施，让干部感到组织"严管有法度""厚爱有温度"。①

（二）优化惩戒运行机制

惩戒运行要纳入常态管理，不能时松时紧。惩戒标准要恒定，处理不能孰轻孰重。惩戒要走程序，但处理过程不能过于漫长，会影响单位正常工作的开展。

第一，完善惩戒查处机制，提高审查效率，从而消除潜在违规者的侥幸心态。

继续完善个人财产申报相关制度、离任经济审计制度等。"健全基层领导干部廉洁信息查询系统、个人财产持有清单及配偶子女信息管理系统"②。广泛应用网络舆情预警监控，并由信息中心定期向纪检部门报送信息变更情况。此外，在加强对基层领导干部惩戒力度的同时，还要成立相应维护权利与惩戒的救济组织，设立惩戒委员会或者权益保护协会，在加强基层领导干部的自律基础上，维护这一群体的相应权利救济。例如，无锡市制定《关于运用监督执纪"四种形态"的意见》《关于治理"为官不为"行为的办法（试行）》《关于对党员和公职人员侮辱诽谤诬陷他人行为的查核处理办法（试行）》等3个配套文件，探索建立风险备案机制。③陕西组织部门通过抓学习、建机制、明纪律，用好能上能下机制，聚焦重大项目、重点任务，明确履职不力、工作平庸、不适宜担任现职等7种情形，提出调离岗位、改任非领导职务等4项处理措施。④

第二，健全司法救济保障措施。为了保障基层领导干部权益，对于降

---

① 赣组轩：《严管有法度厚爱有温度——江西赣州规范受处分干部管理使用》，《中国组织人事报》2019年4月29日第001版。
② 姚巧华：《基层领导干部权力运行科学化路径论析》，《中州学刊》2015年第7期。
③ 苏组宣：《江苏：鲜明干事导向激励担当作为》，《中国组织人事报》2019年10月9日第001版。
④ 陕组轩：《践行严实作风激励担当作为——陕西组织部门通过抓学习、建机制、明纪律》，《中国组织人事报》2018年8月13日第001版。

级或撤职惩戒处罚应给予司法救济。在司法救济过程中，应明确受案范围及管辖，解决程序衔接问题，明确救济责任。为了保障救济途径畅通，法律应明确相关主体责任。对于申请救济的基层领导干部个人来说，必须如实反映情况，并遵守受理机关的相关规章制度。与此同时，对于因错误处理而造成的损失，相关主体应承担法律责任，以及给予恢复名誉、赔礼道歉、削除影响等，以保障基层领导干部的合法权益。

第三，应框定重新任职前提，细化重新任职条件。受处分干部在影响期内只要工作表现积极、实绩突出、群众公认，且同时符合一定条件就可重新任职。例如，江西赣州市出台相关措施规定符合以下五个条件可重新任职。这五个条件是影响期已满；对自己的过错已深刻反省，改正错误态度好；工作需要、有适合干部发挥作用和特长的岗位；问责事件已妥善处理，重新任职不会引发新的矛盾和问题；没有影响重新任职的其他情形。

对在影响期或处分期内表现特别优秀，实绩特别突出，符合《党政领导干部选拔任用工作条例》等有关规定，具备以下 6 类条件之一的，影响期或处分期满后，可择优提拔重用：在贯彻落实中央、省委、市委重大决策部署中，敢打硬仗、敢闯敢拼、攻坚克难，高质量完成各项急难险重任务；在重大项目引进和建设过程中，积极靠前，主动服务，帮助解决困难和问题，为项目落地、建设作出重大贡献；在改革创新工作中，积极破解经济社会发展中面临的重大问题，探索全国有影响、全省有地位的典型经验；在脱贫攻坚工作中作风扎实、扎根基层、埋头苦干，带领群众发展产业、增收致富，高质量通过各级考评检查验收，获得群众广泛好评；在抢险救灾和应对突发事件过程中，冲锋在前，不畏牺牲，有力保障国家利益和人民群众重大生命财产安全，促进社会和谐稳定；有其他特别突出表现等。①

明确重新任职后需绘好时间表，确保程序到位。例如，江西赣州市出台相关规定，明确重新任职的七个步骤，即个人提交书面汇报，受处分干部在影响期满后一个月内递交；所在单位党委（党组）提出初步建议，在影响期或处分期满后三个月内提出；组织部门初步审核，六个月内研究

---

① 赣组轩：《严管有法度厚爱有温度——江西赣州规范受处分干部管理使用》，《中国组织人事报》2019 年 4 月 29 日第 001 版。

提出是否重新任职；深入考核了解情况；向上级组织人事部门报告；集体讨论决定；任职信息公开。通过细化流程、明确节点，增强重新任职的操作性、规范性。①

(三) 创新惩戒方式方法

为加强惩戒的针对性，应提高执法者业务素质，缩小自由裁量空间，确保惩戒过程遵循党纪严于国法原则，还要保证惩戒过程遵循警告性、一致性、即时性和公平性原则。根据因果法则，若个体行为受到惩罚，那么行为重复的可能性便会递减，为此，应强化对基层领导干部的负激励，将惩戒和说服教育相结合，精神惩处和经济处分相结合，增加违规成本，增强基层领导干部自我约束的自觉性。具体来说，可以采取警告、训诫方式，及时提醒纠正错误；对于不能胜任岗位或产生重大决策失误情况，采取调换岗位、降低职务等惩戒方式。例如，内蒙古包头市公务员局会同市委组织部、市监察局制定出台了《包头市行政机关公务员惩戒暂行办法》（简称《办法》），明确了公务员惩戒与年度考核及工资待遇挂钩。《办法》明确了公务员行政处分的种类包括警告、记过、记大过、降级、撤职及开除。公务员受开除以下行政处分的，在受处分期间不得晋升职务和级别，其中，受记过、记大过、降级、撤职处分的，不得晋升工资档次；受撤职处分的，应当按照规定降低级别。公务员受警告处分的当年，参加年度考核，不得确定为优秀等次；受记过、记大过、降级、撤职处分的期间，参加年度考核，只写评语，不定等次。公务员被判处刑罚（含判处缓刑）的，给予开除处分，不得再录用为公务员。被检察机关批准逮捕羁押的公务员，在羁押期间，应当从逮捕之日起停发工资。被取保候审和监视居住以及被公安机关强制收容教养、行政拘留的公务员，在受处罚期间，按照本人原基本工资额（职务工资、级别工资）的75%计发生活费。②

为避免惩戒事由不足，应明确惩戒行为类别，从而有针对性地采取相应的惩戒方式。具体来说，惩戒行为包括以下类别：错位行为，也就是搞

---

① 赣组轩：《严管有法度厚爱有温度——江西赣州规范受处分干部管理使用》，《中国组织人事报》2019年4月29日第001版。

② 玉琛：《包头：公务员惩戒与年度考核相挂钩》，《中国组织人事报》2011年1月12日第004版。

专权、争地位的官僚主义和作威作福的特权行为；专断行为，也就是运用自己手中的权力独自决策行为，避免权力无限扩张和被基层领导干部任意支配；越权行为，也就是超越了法律所认可的权限的行为；失职行为，也就是权力与责任脱节的懒政和怠政行为，比如玩忽职守等。针对以上惩戒行为类别，可以相应地采取灵活的惩戒方式。例如，"罚款""没收财产"等惩戒方式，可以与记过、撤职处分并用，确保惩戒的可操作性，从而发挥惩戒效果。此外，还要保证"既往不关"原则，也就是避免将功折罪，坚持惩戒无"特区"、无"禁区"。通过严惩违纪行为，有效发挥惩治的警示意义，以规避基层领导干部运用权力不当。例如，内蒙古包头市出台相关政策，明确规定了公务员应予惩戒的行为。也就是公务员出现有散布有损国家声誉的言论，组织或者参加旨在反对国家的集会、游行、示威等活动；玩忽职守，贻误工作等十六项违法违纪行为的，应予以惩戒。惩戒工作必须坚持公正、公平和教育与惩处相结合的原则；实施惩戒必须事实清楚、证据确凿、定性准确、处理恰当、程序合法、手续完备。①

健全惩戒机制要以完善考核评价机制、教育处置机制和抓好责任追究为基础。充分发挥考评的"指挥棒"作用，促进作风转变；建立教育处置机制，对不作为、乱作为的行为既要忠言相劝、教育指正，又要敢于"撕破脸皮"、及时"亮牌"，视情节轻重依法处理；健全责任追究机制，深挖不作为、乱作为行为，实行"一案双查""责任倒查"，敢啃"硬骨头"、敢于"涉险滩"，增强齐抓共管合力。例如，哈尔滨市以市政府名义出台了《哈尔滨市行政机关工作人员违反〈哈尔滨市人民政府关于行政机关工作人员的七条禁令〉行政处分处理暂行办法》（以下简称为《办法》）。《办法》对投诉的受理、调查、认定、处理、申诉等做了详细规定，对被有效投诉的行政机关公务员视情节轻重分别给予诫勉谈话，并在单位内部通报批评；年度考核确定为基本称职等次，扣发年终一次性奖金；给予警告或者记过处分，年度考核确定为不称职等次，予以降职；情节严重的给予开除处分，对于不宜开除的予以辞退等行政处理。据不完全统计，自办法颁布以来，全市各级监察、人事部门共受理投诉200

---

① 玉琛：《包头：公务员惩戒与年度考核相挂钩》，《中国组织人事报》2011年1月12日第004版。

余件。[1] 通过创新惩戒方式方法发挥惩戒效用，有力规避基层领导干部不当行为的发生。

---

[1] 冯亚丽、通讯员，哈仁闻:《哈尔滨:细化考核标准强化惩戒约束力进行末位诫勉谈话和告诫制度试点》,《中国人事报》2010年2月22日第004版。

第五章

角色塑造：基层领导干部成长的目标指向

基层领导干部成长是向着符合角色期待方向不断完善自身的过程，也是一个角色塑造的过程，这个过程伴随着成长场域与成长机制对基层领导干部的共同作用过程——角色培养，还伴随着基层领导干部自身对成长场域与成长机制作用的能动性反应过程，也就是角色养成。

角色塑造原则涉及角色培养与角色养成两个方面，其是基层领导干部成长的基本遵循。角色培养方面需要遵循两个基本原则：组织培养与自我养成相结合；教育培育与制度约束相结合。角色养成方面需要遵循以下原则：成长场域与个体养成相结合；角色期待与个体发展相结合；角色认知与角色践行相结合。

基层领导干部角色塑造的基本路径是什么呢？这涉及基层领导干部成长资源累积过程。可以说，基层领导干部角色塑造过程涉及成长资源累积。为此，合理优化角色塑造路径，可以为基层领导干部成长提供资源保障。基于此，可以从以下几个方面来优化角色塑造路径。在价值培育方面，通过利益观与事业观的培育，促进基层领导干部科学驾驭权力资源。在心智养成方面，通过促进基层领导干部心智转型，有效开发心理调控策略，来帮助基层领导干部有效开发心理资本。在人格发育方面，根据理想人格诉求，即公共型、道德型、独立型等人格维度，通过内外结合的方式来保障基层领导干部合理合法运用关系资源。在思维养成方面，养成战略思维、辩证思维、系统思维、创新思维、法治思维、底线思维、历史思维，以此促进基层领导干部科学运用领导方式。在能力建设方面，通过组织推动与个体行动两方面，在完善能力建设机制基层之上，通过学习与实践相结合,促进基层领导干部积累人力资本。

在角色塑造路径优化的基础之上,基层领导干部如何塑造自身来符合角色期待呢？这需要在角色养成机制方面下功夫。角色养成是个体成长的能动过程,只有构建合理的角色养成机制,才可以帮助基层领导干部有效掌握成长过程中的能动策略。这可以从科学构建基层领导干部角色的主客体互动机制着手,分析基层领导干部角色养成策略,从而强化基层领导干部成长的能动自觉。

第一节 角色塑造原则：基层领导干部成长基本遵循

角色塑造原则涉及角色培养与角色养成两个方面,角色塑造原则应遵循基层领导干部成长的基本规律,二者是相辅相成的。

一 角色培养的基本原则

角色培养的基本程式包括组织培养与自我养成相结合,教育培育与制度约束相结合。任何角色选择都涉及权利与义务,也就是为社会实践而承担的责任和作出的贡献,以及依据所承担的角色赋予的权利。角色的权利和义务具有十分密切的关系,不过从两者的逻辑关系来说,权利往往来源于义务。对于基层领导干部来说,角色养成是一个符合角色期待并确保履行义务的过程。

（一）组织培养与自我养成相结合

在基层领导干部角色培养过程中,组织培养和自我养成是相辅相成的。一方面,组织培养是基础,这个过程可以给基层领导干部提供更好的锻炼平台;另一方面,自我养成则是组织培养的继续和深化。只有通过组织培养,基层领导干部才能确保成长方向正确。中国共产党一贯重视对基层领导干部的培养,这为基层领导干部自我养成提供了基本保障。在实践中,在加大对基层领导干部的培养力度的同时,也要营造促进基层领导干部自我养成的有利环境。

基层领导干部应自觉接受积极引导,克服内在的思想矛盾,提升自身素质和廉洁品德自觉性,这是避免基层领导干部成长异化的重要手段。基层领导干部的角色养成离不开实践锻炼,通过在实践中自我提升,丰富经验，可以避免培养的片面性。刘少奇同志曾在《论共产党员的修养》中指出："革命实践的锻炼和修养，无产阶级意识的锻炼和修养，对于每一个党员都是重要的，而在取得政权以后更为重要。"对此，基层领导干部只有积极深入基层实践，才能不断积累宝贵经验，在实践中积累经验，成长的速度也就越快。

  基层领导干部成长遵循一般规律，即知行转化规律。组织培养对人的素质和能力的提升经历了一个从"知识"到"情感"，通过"信念"和"意志"再到"行为"的发展过程，即知、情、信、意、行的转化过程。只有在情感上认同，基层领导干部才会在行为上体现出为民、务实、清廉，并养成为人民服务的行为习惯。基层领导干部的思想观念和行为习惯需要随着新时代要求不断更新，而"人的思想转化过程往往滞后于前一个过程，存在一个知行转化过程中的缓冲期或者说是消化接受期，这个从知到行的思想行为转化过程也并不是一帆风顺的，其中任何一个环节出现问题都会导致知行转化的中断"[①]。但也正因为如此，组织培养是一个常态化的过程，"学习——实践——再学习——再实践"的过程也无终止。

  （二）思想培育与制度约束相结合

  对基层领导干部的角色塑造的过程离不开思想培育这一基础渠道。每个人都不是天生就具备履行角色的能力，也不是天生就能驾驭某个角色，而是需要通过思想培育获得角色认知。对基层领导干部进行角色塑造，需要把中国共产党对基层领导干部的角色定位要求、以及与之相配套的理论与能力要求，通过各种教育形式明确地传递给基层领导干部，使之更好地履职尽责。基层领导干部获得相关知识和理论后，还要在实践中不断检验，这个过程要遵循制度规则，确保其行为在规则范围内而不越过其界限，一旦越过了社会规则和底线就要受到强制性惩罚，这种社会规则和惩罚功能需要依靠制度保障。制度保障能给基层领导干部成长提供一种行为方向指导和活动规范，使基层领导干部清晰把握制度所允许的范围和所鼓励的方向，并在其可能逾越底线时及时给予告诫或惩罚。思想培育与制度保障是基层领导干部角色塑造中两个最基本的环节，两者之间相辅相成、互为条件。在某种意义上，思想培育可以从内部夯实基层领导干部的理想信念，而制度则可以从外部规范基层领导干部的行为底线。二者只有同步

[①] 张亚勇：《干部教育成长与执政党建设》，天津人民出版社2015年版，第39页。

并进与扎实落地,才能在基层领导干部角色塑造中发挥出实质作用。当然,制度的健全不可能一蹴而就。为此,思想培育仍是作为激发基层领导干部成长内在动力的基本手段,在任何时候和任何形势下都不可忽略。

二 角色养成的基本原则

角色养成对基层领导干部健康成长很有裨益。角色养成的基本原则包括场域优化与个体养成相结合、角色期待与个体发展相结合、角色认知与角色践行相结合等。

(一) 场域优化与个体养成相结合

成长场域对基层领导干部成长具有重要作用。成长场域由各种场域要素构成,包括政治体制、政策环境、制度理念、政治关系、政治文化等。成长场域要素配置优良可以为基层领导干部提供更宽广的发展平台。基层领导干部要善于能动性地利用场域要素来实现自我塑造与养成。

党的十八届五中全会提出"新发展理念",即创新、协调、绿色、开放、共享,这为促进基层可持续发展提供了良好的政策环境。基层领导干部应充分利用"新发展理念",适应"新发展理念"要求,转变发展思路、破解发展难题、提高领导发展的本领,从而不断成才。例如,中共四川省广元市青川基层领导干部便围绕建设"生态青川、美丽家园"的具体实践,立足生态优势,为欠发达地区赢得金山银山进行了一些有益探索。

科学合理的干部人事制度是基层领导干部成长的制度保障。"德才兼备"与"不拘一格选人才"等干部人事制度理念可以有效防止"捂才、害才、埋人"的不良现象,这为基层领导干部干事创业提供了动力支撑。例如,黑龙江根据不同县情县域发展实际,围绕加快产业项目建设,选派熟悉工业经济和项目建设的副省级城市正局级区长,善谋发展、敢于担当的经济强县基层领导干部到产业项目发展相对滞后、地处偏远经济欠发达的地区担任市委常委、基层领导干部;围绕生态脆弱县恢复生态功能和发展特色产业,选派5名熟悉农林经济、生态建设、旅游发展的优秀干部担任基层领导干部。[1]

---

[1] 《黑龙江从严选配与实践培养并重砥砺"四有"县委书记队伍》,《中国组织人事报》2015年8月14日第1版。

优良政治生态和优秀政治文化是基层领导干部健康成长不可或缺的关键要素。风清气正的工作环境，会潜移默化地引导单位成员认真干事。为此，基层领导干部应创造团结向上的单位氛围，保障大家向共同方向集中精力干事，为自身成长集聚向心力与战斗力。在调研中，中共浙江省杭州市一位基层领导干部谈到，"针对刚到建德时一些干部缺乏执行力的问题，我开展了'作风能年'活动，主要是两手抓。一手抓'走村不漏户，户户见干部'，另一手抓'进企走访，帮企解困，助企发展'。截至2018年底，杭州市各级干部已累计走访农户95303户，走访率90%，帮助解决问题2218件，问题解决率81%"。由此可见，基层领导干部可以有效利用良好的场域优势，以角色期待为努力方向来不断提升自身的素质与能力，保证自身能干事。

（二）角色期待与个体发展相结合

对于基层领导干部来说，追求自身发展是一种人的社会属性，这是毋庸置疑的。只有每位基层领导干部获得自身发展，整个基层领导干部队伍整体素质才能获得提升。但如何认识个人发展的科学内涵呢？价值标准又是什么？绝大多数基层领导干部对此的认识是正确的。只是个别基层领导干部对此缺乏角色认知，最典型的认识误区便是把个人发展等同于职务晋升，或者与地位、利益、面子紧密相连，缺乏按照角色期待来塑造自身的正确认知，这也是部分基层领导干部产生心理不平衡的根源。这部分基层领导干部往往忽视了自我角色养成的重要性。个体成长是通过努力提升素质与能力来履行角色期待的过程，这包括价值观、人格心理的不断完善，解决问题能力的不断提升、政治理论素养的不断丰富、实践经验的不断积累等。

基层领导干部要转变错误成长观念，意识到自身成长并不是职务的晋升，而是全方位的不断完善和提升，还要正确理解"为官不易"，即"为用好党和人民赋予的权力不易，按照党和人民的要求严格要求自己不易，自觉接受党和人民的监督不易，作出经得起实践、人民、历史检验的政绩不易"[①]。从个人角度出发，职务调整只是反应一个阶段的成长状况，素质能力提升则是长期的。基层领导干部要正确认知个体发展的实质内涵，并把个人发展建立在履职尽责与素质能力提升基础之上，把角色期待与角

---

① 习近平：《做焦裕禄式的县委书记》，中央文献出版社2015年版，第27页。

色塑造有机统一起来。

（三）角色认知与角色践行相结合

基层领导干部的角色养成需要在角色认知的基础上进行角色养成。也就是说明确"我是什么？我处于什么位置？我该怎么去做？"这是基层领导干部积极进入角色和认真履行好角色，从而砥砺前行，更快成长的基础条件。

第一，勤于站岗，心中有党，立场坚定不动摇。基层领导干部作为一名党员，对党忠诚是立身之本，政治坚定是从政之基。把心中有党，落实到对党忠诚、坚守主业上，这不仅要自身忠诚，还要履行好职责。根据调研了解到，中共河北省一位区委书记，积极探索全面从严治党的各项举措，制定了"四个在前"干部选拔任用机制和"监考合一"机制，并把"四个意识"其作为衡量工作的标准，从而有效促进各项工作的顺利开展。

第二，勤于巡逻，心中有责，引领发展不退缩。习近平总书记曾指出，"基层领导干部责任不小、压力不小，要当好基层领导干部是不容易的"[1]。面对经济发展新常态，很多地区面临产业内部结构不合理、城区转型升级步伐缓慢等难题，基层领导干部应结合实际及时学习充电，跟上时代发展和工作需要。在调研中，中共广东省广州市荔湾区委书记便谈到，"带领好一个地区发展，关键是找准路。荔湾区是广州典型的老城区，城乡二元结构问题较为突出，发展质量与核心竞争力偏弱。面对这些弱点，荔湾区主动提出'传统、现代、自然'相结合的生态幸福荔湾的发展路径，全力打造'广佛之心、西部门户'"。

第三，勤于放哨，心中有民，服务群众不打折。基层领导干部需要把群众呼声作为第一信号，多搞能够直接改善群众生活的项目。在调研中，中共山东省济南市历城区委书记谈到，"就历城区民生工作而言，以惠民幸福为本，始终'走得亲'。多年来，整合各方资源在全区建立了阳光民主救助体系，实现了全区 20 多个部门的救助服务统一归口管理，以阳光民生救助服务中心为中枢，街镇、部门救助服务站为枢纽，村居救助服务点为基础的三级服务网络，实现了'全覆盖'，救助各类困难群众 116 万

---

[1] 习近平：《在会见全国优秀县委书记时的讲话》，《休闲农业与美丽乡村》2015 年第 10 期。

户次"。

第四，勤于纠察，心中有戒，率先垂范不撒手。基层领导干部作用发挥得好，就会使整体形成合力。这要求基层领导干部发挥好自身的引导作用和示范作用，促进工作创新发展、带领干部积极工作，主动承担最重最难的工作任务。在调研中，中共山西省阳泉市郊区区委书记这样讲到，"作为基层领导干部，要履行好所肩负的职责，强化从严治吏。近年来，我们坚持把纪律和规矩挺在前面，先后出台了'区级领导班子成员年度工作满意度测评办法''科级干部实际档案制度''乡镇科级干部管理办法'等制度，制定了'农村干部管理办法20条'，要求新当选村委主任作出'九项承诺'"。

第二节　角色塑造路径：基层领导干部成长资源累积

基层领导干部成长角色塑造过程，便是成长资源积累的过程，涉及权力资源、心理资本、关系资源、政治资源与人力资本等方面。现阶段，面对各种成长挑战，在有效利用成长场域与成长机制的有利条件基础之上，实现角色塑造过程科学合理，可以从以下几个路径展开。在价值培育方面，科学驾驭权力资源；在心智养成方面，有效开发心理资本；在人格发育方面，合理运用关系资源；在思维养成方面，科学开发政治资源；在能力提升方面，有效开发利用人力资本，以此完善角色塑造过程，实现从廉政走向善政。

一　价值培育：科学驾驭权力资源

现阶段所发生的更为深刻的变革是包括经济、政治、文化等在内的整个社会结构的转变和转型。[①] 这样一种转型必然会带来各领域内部发展的疏离化，而处于这一社会转型中个体的思想方式和活动方式必然发生变化。在整个变革过程中，人们价值取向变革的特点是传统价值观念的解构与新的价值观念重构，这个过程中人们更追求自我独立和自主选择，这种新的价值取向不可阻遏地会由经济领域向非经济领域渗透，在带来社会活

---

① 王南湜:《从领域合一到领域分离》,山西教育出版社1998年版,第87页。

力增强、效率提高的同时，也会产生一些消极影响。

转型阶段所产生的价值取向具有两重性，一方面，它有利于人的独立、自由、平等，有利于培养社会化的人；另一方面，它又奉行功利原则，追求工具理性，形成人的物化、单向度化和孤独化，也不可避免地使等价交换原则渗透到社会生活和政治生活中来，不可避免地使一些腐朽思想和生活方式渗透和侵蚀人们的思想。[①] 基层领导干部身处转型背景中，在思想观念和行为方式等方面必然受到影响。面对这种转型，基层领导干部价值观亟待获得新的培育。

（一）正确看待利益观

约翰·罗尔斯（John Rawls）说："每一个人在其依赖这些原则而生活的过程中都肯定着这些原则，并且是根据他自己的观点肯定着它们。"[②] 人的内在道德价值和素质是行为准则，相对于外在要求或制约力量，人内在的价值准则具有根本性，若没有与制度规则相符的价值观念，便很难自觉地遵循制度以及所规定的方式方法。基层领导干部只有秉承正确的道德情感修养，才可能自觉将公共权力用于为人民谋幸福之中。

作为具有公仆身份的基层领导干部，需要正确对待自身利益诉求，能否抵制各种欲望的诱惑，是衡量自身是否成熟的重要标志。利益诉求作为人类本能的一种释放，总是伴随着个体的一生。随着个体社会化，渐渐产生自我意识和社会意识，本能需求逐渐成为带有社会性特征的各种利益诉求。无论处于哪个成长阶段，本能需求或利益诉求很难完全消失。个体生活在社会之中，自我价值和生命意义与社会密切相关，个体在追求和实现自身价值、并将利益诉求变成现实的过程中，也实现了自身的社会价值，并推动了社会的发展和进步。对于个体而言，缺少了利益诉求也很难称之为社会人；对于社会而言，缺少了利益诉求也无以取得发展进步。为此，对于基层领导干部来说，并不是必须完全否认个人的正当利益，而是要明确"当领导为什么？要权力干什么？"只有这些根本问题解决了，才可以正确运行权力，并把公共权力属性转化成一种道德情感，在获得自身正当利益的同时，不会侵犯最广大人民的根本利益，这也是健康成长的基本

---

① 张亚勇：《干部教育成长与执政党建设》，天津人民出版社2015年版，第41页。

② [美] 约翰·罗尔斯：《正义论》，何怀宏译，中国社会科学出版社1988年版，第575页。

前提。

（二）树立正确事业观

基层领导干部应树立正确的事业观，这涉及人民观与地位观。对于关系到人民利益的事情，基层领导干部既要着眼于未来的长远利益，又要谋划和解决好当前切实的困难与问题。中共中央党校2011年春季学期中青班的一位学员曾回忆："40年的从政生涯，让我更加坚定地认识到，自己只不过是大海之中的一滴水、一粒沙，只有融入党的大集体、大家庭中才能充满力量，才能发挥力量。"[①] 基层领导干部需要在实践锻炼中成长进步，只有一心一意谋发展，自身所担负的领导职责才能真正得到群众的信任和认可，才有可能被党组织安排到更重要、为人民做更大事业的岗位上去。只有走到人民群众中去调查研究，才能获得取之不尽、用之不竭的智慧，才能及时正确地处理人民内部矛盾。只有把群众最迫切需要解决的利益问题作为工作的重点，认真负责地对待不同利益诉求，才能赢得民心、凝聚民心。

二　心智养成：有效开发心理资本

心理资本是指个体在成长过程中所表现出来的一种积极的心理状态，是促进个体成长的心理资源。基层领导干部心理资本开发程度影响了其成长状况。

（一）心智模式转型方略

基层领导干部的心智模式转型可以从学习转变、交往转变与成长转变方面入手，这都是确保基层领导干部健康成长正确的有效手段。

第一，在学习转变方面，从掌握知识转向增长智慧，从知识传授转向精神培养。信息时代带来的困境之一是信息的"淹没效应"与信息失真；困境之二是知识的效度降低，学习时间的碎片化；困境之三是角色的模糊化，"教"与"学"过程中的信任危机。面对诸多困境，基层领导干部需要实现从知识学习者到智慧学习者的转变。随着社会分工越来越细，个人的知识和能力有限。对于基层领导干部来说，应学会与他人协作，在合作中扩展自身能力。基层领导干部需要从个人成长和社会进步角度来认识学

[①] 中共中央党校第30期中青一班三支部学员：《行与知——中共中央党校第30期中青一班四支部学员从政经验交流文集》，航空工业出版社2011年版，第50页。

习的意义和作用，将这些理念内化于心，外化于行。并将"学习工作化、工作学习化"作为学习指南，通过在工作实践中的信息沟通交流、成果和经验分享、及时纠错等，营造了良好的学习环境，使得学习活动不断深化。

第二，在交往转变方面，从讲究人情转向感受人文。从本质上讲，人与人之间的交往，往往含有最基本的两层意思：一种源于血缘、土缘、学缘、业缘等；一种源于共情，也称同感、同理心等。因为有心灵的共鸣，才有共同的精神境界与人生态度等。因为共情而交往是人文交往，人文交往超越功利，通过人际交往涉猎人文知识与技能，培养人文能力与方法。结合以上的分析，基层领导干部应把握人文交往的几个特征，在认识、理解人文交往的基础上，认知角色、寻求平衡，追求精神享受与内心安宁。一是人格独立性。人文交往的双方是独立的个体，尽管可能一方的社会地位、素质、能力等高于另一方，但双方都能珍视对方的自由和独立存在，不采取丧失独立人格、污染社会风气等手段。二是沟通有效性。人文交往的双方能够采取大家都能接受、有效的沟通方式传递信息、交流思想、沟通感情，做到双向交流，特别是通过适当的自我展示，达到与他人在认知以及行为上的呼应。三是需求合理性。人文交往中的希望和索求是合情合理的，并且是相互协商确认的，不会违背他人意愿或超越他人的能力。四是自身完善性。人文交往的双方均能相互尊重，传递的是正能量，不会因为交往而带来生活上、精神上的负担。在享受交往的过程中双方都有所收获，并不断促进自我的完善和发展。

对于基层领导干部来说，需要清理净化朋友圈，限定人际关系的层次。作为生活在知识社会、文明社会的现代人，需要理性认识人际关系，有什么样的关系，就应负什么样的责任。适当的频度和方式可以让自己与朋友在交往过程中得到境界上的提升，又避免影响正常生活和工作。因此，从人情交往过渡到人文交往，基层领导干部应该经常清理自己的朋友圈，防止在职业生涯的早期沾染上不良习气。[①] 在确定自身交往范围之后，基层领导干部需要思考如何在众多的关系中找到平衡，这需要强化规则、有效沟通、达观处世、不过度开发。

[①] 王振林：《卓越转型：知识型员工价值实现的四大修炼》，机械工业出版社2016年版，第85页。

第三,在成长转变方面,从谋求生计转向到创造价值,从能力导向转向价值观导向,从有用人才转向智慧人生。与体力工作者相比,基层领导干部的工作性质是创造性劳动,带有主观支配性。因此,基层领导干部的工作过程也是一个价值创造的过程。工作中的相互协作、对他人的指导、影响力的发挥也就是价值分享。谋生是成长的起点,价值决定成长的上限。人生的意义在于创造价值、分享价值,唯有以价值为导向方能快乐与幸福。解决心态问题,需要用归零的心态去学习,给心灵找一个适合的休整方式,防止情绪衰竭。人的成长是"依赖—独立—互赖"的过程,最高的境界就是"互赖—共赢"。事物的发展变化是有规律的,成功有方法,但没有捷径。成功需要积累,人在积累中才能不断成长。成长过程需要从以知识和能力导向转向以价值和意义导向。对于基层领导干部成长来说,需要不断积累与不断付出,不断努力与不断奋斗。

(二)自我心理调控策略

针对基层领导干部在工作中遇到的各种消极心理因素,基层领导干部要努力加强自我调适,才能从根本上克服成长过程中所面临的心理障碍。

第一,秉承积极心态,提升认知能力。认知能力决定了个体的人格走向及成长方向,积极的心态和心理调适能力是增强认知能力的基础条件。对于基层领导干部来说,认知能力决定了对待工作的态度,以及决定自身发展的事业观与价值观。一是树立正确的认知模式,秉承健康的自我认知观。认知模式是一种思想方法和思维习惯,影响个体的认知观和对客观事物的态度,尤其决定对各种压力的应对态度。基层领导干部应清晰认识到角色职责,并对特定情境中自身所处的地位有正确认知,提升对周围人或物的联系的认知。二是学会正确评价自我。基层领导干部要清楚地认识到,自身对基层百姓的特殊价值,积极发挥自身潜力。听取周围人对自身的评价来获取信息,对自身做出客观的评价,及时纠正错误。三是设定合理目标,提升生活满意度。基层领导干部应对自身的职业发展方向进行合理定位。学会有选择地放弃过高的需求,接纳自己的局限,同时消除以自我为中心或个人主义的心态,有效地减轻外界可能出现的压力。科学判断自身生理承受能力,设定长远发展目标,并分解为多个子目标,并分步骤逐步实现。

第二,涵养健康心理情感。健康的心理情感可以提升工作效率,反之则可能带来消极情绪,不断累积而致病,从而在某种程度上决定个体成长状况。一是塑造良好性格。对于基层领导干部来说,性格作为心理特征的核心部分,可以反映出一个人的精神面貌和气质形象,影响基层领导干部的工作状态。作为要为基层百姓服务的基层领导干部,要想增强心理调适能力,必须要学会塑造优良品格,这需要长期修炼,并在细节上投入精力,用好的性格品质过滤掉消极成分。二是保持积极稳定情绪。基层领导干部每天接触各种事物,面对各种突发事件,能否保持积极稳定的情绪对心理调适能力的提升有着重要的影响。积极稳定的情绪有助于基层领导干部维系良好人际关系,从而可以高效处理日常事务,正确开展工作,及时处理突发事件和解决各类险峻问题,维护稳定地基层发展与治理环境。三是树立坚定的意志。现阶段基层领导干部面临各种挑战,坚强的意志可以帮助基层领导干部迎接基层发展、改革和治理的各种艰难险阻。尤其在面对各种不确定因素时,基层领导干部应坚定意志,排除各种利益诱惑的干扰,积极主动地利用有利条件果断解决问题。

三 人格发育:合理处理关系资源

在市场经济条件下,由于经济的发展附带地生产了社会秩序,分工和交换天然地生产着平等的社会秩序,个人从共同体中分化出来,成为一个个独立的个人。由此,一方面,个人从共同体中独立出来有了主观上发展自身的可能性;另一方面,个人由于整个社会物质财富的增加而具备了独立发展的物质基础。人的物质生活需要得到满足后,就会谋求政治上的利益表达权利,追求个人生活的意义,产生自我价值实现的需求。

(一) 理想人格塑造维度

在处理角色冲突中,基层领导干部应秉承着合理的价值标准来进行角色判断与选择。尤其是在涉及使用自由裁量权的角色冲突时,不同人格倾向将会在某种程度上影响着基层领导干部的角色选择。

第一,公共型人格。对于基层领导干部而言,能否有效协调自身角色冲突,取决于公共型人格的发育程度。一旦公共型人格发育程度较高,并形成一种公共信仰指导基层领导干部的行为选择,那么,在面对角色冲突所形成的伦理困境时,基层领导干部便会以此作为角色选择的依据和行为逻辑的基础。基层领导干部便秉承着这样一种信念,即"不是简单地为自我实现而工作,而是以增加公共福利的方式为公民服务"①。秉承角色选择以公众利益最大化为宗旨,便很容易处理角色矛盾。面对新的历史条件下的各种挑战与诱惑,必须首先解决"手中有权干什么"的问题。只有强化公仆意识,才能真正确立起与现代社会发展相符合、与基层领导干部肩负的历史使命相一致的成长角色。

公共领域和私人权利领域的划分是基层领导干部角色定位的划分基础。在面对"公共人"和"经济人"角色冲突时,"公共人"是基层领导干部角色塑造的基本遵循。尽管"公共人"首先是"社会人",带有"经济人"的因素,但是,鉴于基层领导干部追求自身利益最大化所具有的极大消极影响,"承认人具有追求个人利益的动机和理性不等于人可以在任何时候都要追求个人利益"②。在保护基层领导干部合法利益实现的同时,还要建立一种机制引导基层领导干部追求正当利益,以及遵循公共利益最大化,而不是以"经济人"为理由来强化其自利性的一面。公共型人格也强调服务性,这要求基层领导干部"始终代表最广大人民的根本利益",自觉实践"全心全意为人民服务的宗旨"。尊重基层百姓,满足其合理诉求,做到尊重每个人的价值和尊严。基层领导干部还应自觉地意识到,作为基层百姓的代理人,则应该树立"为民服务"的道德意识。

第二,道德型人格。权力是由人执行的,人的行为却极为复杂。人性中既有自利的因素,也有行善的成分。"历史的结果确实既依赖握有权力的人的动机和自利行为,也依赖他们的道德和性格"③。道德型人格是高层次人格的表现,是区别于其他角色的内在规定性,是基层领导干部道德上的义务、品格、尊严等意识融合而成的道德自律意识。道德对于人们的选择具有重要的价值,它为人们的行为提供了一套规则系统,可以让人们在面临是与非、善与恶的选择时做出判断,选择与自己价值观与信仰相符合的行为。无论领导的决策与行为受多少要素制约,都不可能不受道德价值的影响。基层领导干部的道德素质对于领导活动起着重要的作用,直接为领导活动提供价值引导、行为规范和人格影响。"领导品德与普通大众

---

① [美]特里·L.库柏:《行政伦理学:实现行政责任的途径》,张秀琴译,中国人民大学出版社2001年版,第56页。

② 倪秋菊、倪星:《政府官员的"经济人"角色及其行为模式分析》,《武汉大学学报》(哲学社会科学版)2004年第3期。

③ [美]曼瑟·奥尔森:《权力与繁荣》,苏长和译,上海人民出版社2014年版,第2页。

品德的差异就表现在，它并不是被动地遵循道德规范，而是要遵循社会发展的规律"[1]。基层领导干部的道德修养并不是简单地按照普通人的道德规则去行事，而是需要在准备把握社会发展规律的基础上，引领道德发展的方向。

第三，独立型人格。基层领导干部自主性是指在行使权力过程中可以根据自己对伦理价值的正当性判断行使自由裁量权。当其发现上级领导所采取的行为违背了伦理价值时，有责任或义务根据被认可的价值判断来反对上级领导的不正当之举。所以，这对基层领导干部个体独立性提出了很高的要求，要求基层领导干部既要有高标准的职业道德和职业操守，又要有为公众服务和负责的独立精神，并将其自主的内化为行为的伦理标准。基层领导干部的独立人格是相对于依附人格和工具人格而言的。主要具有以下两个特征：完整的主体意识与独立的行为能力。独立人格的组件包括以下几方面。一是完整的人格意识是基础。所谓"完整"是指一种达到自为、自律状态。二是独立的行为能力是实质。在合法合理框架内，基层领导干部独立、自由地做出符合公共利益的重大决策或行为选择。三是自由的社会关系是保障。基层领导干部有选择服从与否的自由，不仅仅单纯依附于权力关系、法律关系，而是具有高度独立性和更广泛社会联系的公务行为主体。

（二）理想人格塑造策略

第一，基层领导干部应强化角色认知，增强责任感。一是确立"权力与责任相统一""领导就是服务"的意识。基层领导干部在行使职权时，要强化服务意识。权力意味着服务，意味着有更多的机会服务人民，意味着可以有更多的权力承担服务人民的责任，有更多的为人民服务的机会。二是确立权力的本质就是责任，必须受到监督的观念。缺乏监督，缺乏制约，仅仅依靠基层领导干部的自律不能保障领导责任的落实。领导干部身居要职，如果没有与之相匹配的对权力的监督与约束，基层领导干部很可能在各种诱惑面前失去原则。很多位高权重的基层领导干部，在其起步之时，也是兢兢业业、恪尽职守，有着很强的责任感，但是随着其权力的增大，失去了监督，也就忘记了责任。"在亲情、血缘等多重利益关系

---

[1] 鄯爱红：《领导道德》，研究出版社2017年版，第221页。

的交织中，出现角色混乱，丧失了领导的责任意识"①。新时期，基层领导干部面临着各种各样的困难与挑战，对基层领导干部担当责任的态度和能力提出了很高的要求。基层领导干部要忠于职守，培养敬业精神；克服困难，担起领导责任。

作为基层领导干部，首先要树立一种信念，那就是勇敢地去承担应该承担的责任，不回避问题与矛盾，敢于同各种困境做斗争。"善于担当就是要具备把好的目的和动机转化成好的结果，通过自己的智慧和艺术实现责任所指引的目标"②。基层领导干部在承担责任时会遇到历史的、现实的、突发的、潜在的种种矛盾和问题，如果只是勇于担当而不善于担当，或者没有对上对下的艺术的沟通能力，就不可能真正担当起基层领导干部应当担当的责任。

第二，基层领导干部要强化自身的职业精神，树立民众本位的理念。罗尔斯（John Bordley Rawls）在 1971 年发表的巨著《正义论》中指出，正义的主题是"通过建立适当的社会基本制度对公民的基本权利和义务进行合理的安排，以及对社会合作所产生的利益和负担进行合理的分配"③。从这些论述可以看出，基层领导干部行为的根本价值在于为基层百姓谋求最大福利。基层领导干部在基层扮演着十分重要的角色，提升增强自身"民众本位"的思想，对于基层领导干部自身成长是十分重要的。只有确立"以人民为中心"的价值取向，才能从根本上提升基层领导干部全方位的素质。尽管各个时期的工作方式方法会发生某些变化，但对基层领导干部来说，全心全意为人民服务的根本宗旨不会变。基层领导干部要把为基层百姓提供公共服务和维护公共利益作为职业宗旨，并主动提高自身的素质和职业能力，更好地为基层百姓服务。

第三，基层领导干部要向老一辈革命家学习塑造领导魅力，践行领导道德规范。老一辈无产阶级革命家毛泽东、周恩来等对自己的要求都非常严格，无一不是道德的楷模，当代的焦裕禄、孔繁森等也都是值得学习的典范。他们之所以优秀，之所以得到群众的认可和赞扬，就是因为他们具

---

① 鄢爱红：《领导道德》，研究出版社 2017 年版，第 101 页。
② 鄢爱红：《领导道德》，研究出版社 2017 年版，第 102 页。
③ [美] 约翰·罗尔斯：《正义论》，何怀宏、何包钢、廖申白译，中国社会出版社 1999 年版，第 56 页。

有高尚的道德品质,为社会树立了正气。基层领导干部需要正人先正己,严格执行组织纪律和道德规范,不遗余力地践行社会所倡导的高尚的道德规范,塑造良好的道德形象。当代社会,形象与能力、品位的关系越来越紧密,形象已经不单纯是一种与修养无关的外在表现,而是在一定程度上具有了道德的特征,包括了道德的内涵。对于领导来讲,形象也包含了能力与品位这两方面的需要。作为公众人物,注重形象,特别是道德形象是领导公信力和执行力的重要方面。[1] 基层领导干部的道德形象包括民主形象、亲民形象、廉洁形象、正派形象、谦逊形象等。

一是民主形象。基层领导干部的主要职能是决策与用人。决策风格是基层领导干部最主要的形象。基层领导干部如果在决策中的一贯作风是:尊重个别人的意见、维护少数人的权利,便会给人留下民主形象。二是亲民形象。亲民也即爱民,就是解决最迫切需要解决的问题,为老百姓谋取长远利益,基层领导干部应当着眼于一个地区的长远发展,有计划有步骤地解决当地民生问题。基层领导干部无论是走进普通小店用餐,还是乘坐公共交通工具出行,都是一种亲民活动,体现基层领导干部一种自信、开放的心态和作风。三是正派形象。公道正派是基层领导干部最重要的品质,这种品质又是通过外在的形象和行为所确立的,与领导干部的行为举止言谈关系密切。只有清正廉洁,才能树立威信,凝聚民心。基层领导干部是不是正派,直接影响到一个组织的生命力和执政的合法性,也决定了老百姓对党和组织的向心力。[2]

四 思维养成:科学运用领导方式

制度的不断完善为基层领导干部解决基层百姓利益冲突提供了基础条件,但仍不能忽略基层领导干部的思维方式与领导方式,以及化解矛盾的能力素质,基层领导干部善于运用什么领导方法解决矛盾问题,与他们的思维方式和能力状况密切相关。基层领导干部的思维方式和领导方式必须顺应客观的社会转型,着眼于转变治理方式;着眼于提高服务水平,改进服务方式;着眼于实现平等和公平价值,提高治理效果。因此,现阶段的各种变化,必然影响和改变着基层领导干部的思维方式和领导方式。从基

---

[1] 鄢爱红:《领导道德》,研究出版社2017年版,第159页。
[2] 鄢爱红:《领导道德》,研究出版社2017年版,第180—181页。

层领导干部角度来看，必然要涵养适应时代要求的思维方式，从而有效运用适应新时期的领导方式。

(一) 养成战略思维方式

所谓战略思维，指"战略主体所特有的研究全局性、长远性和根本性指导规律的思维方式、思维理念和思维活动的总和"[①]。作为总揽全局的思维方式，战略思维有助于基层领导干部保持战略定力，把握战略机遇，防控战略风险。基层领导干部的战略思维能力如何，直接影响决策思路、工作方法和领导绩效，还直接关系到自身成长状态。

战略思维能力关键在于运用，运用好战略思维，就必须改变思维方式，善于创新变通；要审时度势，认真分析形势；要统筹兼顾，能够驾驭全局；要高瞻远瞩，能够对未来发展趋势进行预测和超前研究；要运筹帷幄，能够周详地制定谋略、筹划；要能够掌握战略主动权。[②] 战略思维是时代的需要，事业前进与凝心聚力的需要。网络时代的到来使得信息生产、传播、处理的方式发生巨大的变化，也决定了战备思维由依托小数据到依赖大数据、从传统计算到云计算，从而使战略思维的手段出现了质的飞跃。信息传递的速度越来越快，为加快战略思维提供了条件，也对战略思维速度提出了新要求。

(二) 养成辩证思维方式

辩证思维是一种用联系和本质的眼光看问题的方法，表现在是否善于运用一分为二的观点，遇事不攻其一点不及其余，能全面地历史地看问题。[③] 主要内涵包括两方面：事物之间的统一；事物之间的对立与差异。基层领导干部的辩证思维能力，学习和运用辩证思维，有助于基层领导干部对发展规律的更好把握，对未来态势的科学预见，对风险危机的准确评估。如何处理好发展与安全的关系，如何科学看待突发公共事件，都需要掌握战略思维。现阶段，传统、现代、后现代思想多元、多样、多变特征更加明显。在这样的大背景下，应该重视辩证思维的养成，把辩证思维贯穿于国家和社会治理理念创新、工作方式方法创新和体制机制创新等各个

---

① 何毅亭：《领导干部新视野》，研究出版社2010年版，第150页。
② 何毅亭：《领导干部新视野》，研究出版社2010年版，第160页。
③ 何毅亭：《领导干部新视野》，研究出版社2010年版，第130页。

环节各个方面,由此辩证思维可以帮助基层领导干部破解难题。①

对于基层领导干部来说,掌握和运用辩证思维方法,归根到底,必须要提高自身素质,特别是提高马克思主义理论素养和对实际工作的分析理解能力。基层领导干部应运用辩证思维发现问题、解决问题,并明确和掌握以下几点:认识的客观性;事物的全面性;发展的过程性。此外,运用辩证思维认识客观世界,首先要坚持精确性和模糊性的对立统一;发散性和收敛性的对立统一;逻辑思维因素和非逻辑思维因素的对立统一。

基层领导干部还要特别注意利用辩证思维决策。首先,基层领导干部应当具备合理的知识结构。知识是决策思维的源泉,决策的辩证思维方式,离不开基层领导干部的知识结构。其次,基层领导干部应当具备优良的智能结构。智能是决策思维的基本推动力。复杂多变的决策环境要求基层领导干部具有较强的反应能力。最后,基层领导干部应当具备完整的素质结构。合理的知识结构、良好的智能结构和完整的素质结构,使基层领导干部在辩证思维的源泉、动力和基础方面具备良好的个人条件。

(三) 养成系统思维方式

所谓系统思维,"就是将现实事物看成系统,从整体性、层次性、结构性、功能性和动态性等方面加以分析的思维方式"②。系统思维要求领导者必须注意处理好全局与局部的关系,树立集体利益至上的观念。个人利益和集体利益的关系,等同于局部和全局的关系。当个人利益与集体利益发生冲突时,要以大局为重,以国家利益为重。全局利益带有照顾各个方面和各阶段利益的性质。维护全局性的利益有利于局部利益从整体上得到加强,尽管某一时刻局部利益会受到一些影响。当局部利益与整体利益发生矛盾时,局部利益必须服从整体利益,③ 这需要基层领导干部善于从全局出发进行决策。在日常领导活动中,基层领导干部要想改善系统整体功能,就必须重视系统内各个要素素质和能力的提升,要积极为要素提供必要的提升平台和实现价值的机会。基层领导干部在进行系统思维时,需要时刻注意保持系统内部以及系统与外部环境的平衡和稳定,以追求系统结构的最优化以及功能和作用的最大化。

---

① 鄂爱红:《领导道德》,研究出版社 2017 年版,第 481 页。
② 马正立:《决策思维视域下非理性决策防范分析》,《大连干部学刊》2017 年第 8 期。
③ 何毅亭:《领导干部新视野》,研究出版社 2010 年版,第 44 页。

（四）养成创新思维方式

所谓创新思维，"是指对事物之间的联系进行前所未有的思考，从而创造出新事物的思维，是一切具有崭新内容的思维形式的总和"[①]。我国进入全面深化改革的新时期，各级基层领导干部都肩负着领导人民群众开创改革新局面的历史重任，都迫切需要培养创新思维。创新思维对基层领导干部如此重要，那基层领导干部在创新思维能力上有什么问题或者有什么说阻碍呢？这便需要基层领导干部破除经验思维定式；破除权威思维定式；破除从众思维定式；破除自我满足的小农思维；破除消极畏难的保守思维；破除盲目蛮干的伪创新思维。

人的创新思维是从哪里来的？毛泽东同志在《人的正确思想是从哪里来的》中指出，人的正确思想只能从社会实践中来。基层领导干部的创新思维也一样，是要经过实践，并在实践检验中得来，只有历经实践，领导干部才能知晓现实矛盾和问题何在；只有历经实践，领导干部才能够对造成问题的原因洞若观火，才能明确创新思维的方向和道路，才能为创新思维打好前提和坚实的基础。[②] 只有深入实践才能发现问题，只有深入实践才能找到症结，并且探索出路。在培育创新思维的过程中，基层领导干部的潜能需要被激发，这需要基层领导干部激活自我，需要出色的意识品质创新的激情和热情。基层领导干部需要摒弃思想惰性；开放心胸，克服思维偏差；审视自我，涵养反思良习；先我后他，优化组织创新氛围。

（五）养成法治思维方式

所谓法治思维，是指以法治各项要求为基准，来认识、分析和处理事物的一种逻辑化的理性思维方式。学界研究认为，市场经济的发展冲散了传统共同体的存在，导致了人的发展的原子化趋势。而在现代社会中，每个人作为一个独立的利益主体，为了维护自身的物质利益，必然要求政治活动领域中的合法化表达。这种合法化利益表达就是政治活动领域中民主化发展。作为政治领域的活动主体，基层领导干部无论从理论上还是在实践中，只能顺应这种发展，而不能逆潮流而动。

为了维护市场经济社会中人与人之间的正常利益关系和维护平稳的社会秩序，不能单纯依靠道德约束来解决，而须借助于法律来进行硬约束，

[①] 何毅亭：《领导干部新视野》，研究出版社2010年版，第9页。
[②] 赵福生：《领导思维》，研究出版社2017年版，第117页。

这就是法制，即用法律来规制利益关系和社会秩序。同时，基层领导干部作为立法、行政、监督的主体，自身又处于执政地位的条件下，在市场经济社会中如何保证只局限于政治活动领域中，而不超越自身活动领域界限，直接参与经济领域或其他领域的活动呢？如何来界定和限定呢？这就要用法治的手段来解决。

在法治社会建设的进程中，基层百姓的权利意识持续觉醒，互联网监督日益发力，对现行的权力结构带来巨大挑战，这对法治思维形成强大的倒逼。法治思维是基层领导干部干事创业的护身符。法治思维并不仅仅可以约束基层领导干部的行为，在关键时刻也能保护人民群众生命财产的安全。法治思维为基层领导干部不碰法律底线保驾护航。

在当代经济全球化背景下，人们的思想观念更加多元多样多变，各种利益分歧、矛盾冲突相互交织交替交锋，基层领导干部引导和规范新的历史条件下的复杂多变的局面，根本的路径在于以法治思维来化解各种矛盾冲突，整合各种利益，善于运用法律手段来解决问题和推进工作的意识。具体地说，法治思维有六项基本要求，这六项基本要求，形成法治思维的六重奏，构成坚不可摧的六角楼。这六项基本要求为：法律至上思维；合法性思维；公平正义思维；权利义务思维；责任思维；治权思维等。

（六）养成底线思维方式

底线思维，是以底线之尺作为衡量工作最基本的得失标准，是向上努力奋斗的思维方式。底线思维要求基层领导干部坚持以底线思维的方向性来确保全面深化改革的方向性。运用底线思维，有利于在复杂形势任务面前把问题和风险想深想透想充分，把措施和办法想细想实想周全，努力争取最好结果。基层领导干部要坚持底线思维，强化危机意识，运筹帷幄，才能稳中求进、险中取胜。在推进全面深化改革的进程中，改革开放以来，有的经验必须坚持，一是道路，二是方向，三是理论。在深化改革这个最大的红利面前，基层领导干部能不能运用底线思维，决定了是否能按照党纪国法道德时时规约自己的行为，守住自己的底线。

改革不仅需要基层领导干部运用底线思维预见改革将受到的阻力，科学决策，而且要求基层领导干部坚守政治底线，不为个人利益所扰，不受部门利益所困，壮士断腕，让利于国，还利于民，推动既定的改革目标如期实现。为此，我国需要培育基层领导干部的底线意识、问题意识、忧患意识、规矩意识、责任意识，以此来明确基层领导干部应有的履职尽责的底线，在个人要求上，要以入党宣誓约束自己，承担起自己的责任。通过拓宽底线管理的范围，缩短底线考核的周期，规范底线管理的程序，来确保改革中用权不求特权、为公利而不图私利。此外，还要建立健全改革评估机制。推行改革风险评估机制是科学培育有利于深化改革的底线思维的保障。这种评价主要有四项评估内容：合法性评估、合理性评估、可控性评估。推广重大决策社会风险评估机制，以其规范性和强制性，从外部推动领导干部运用底线思维，从而为改革的健康运行提供一种机制保障。

（七）养成历史思维方式

所谓历史思维，是指"坚持历史唯物主义基本原理，把事物置于过去、现在、未来的历史发展进程中进行思考（归纳和总结），努力揭示事物发展的内在逻辑和规律性"[1]。历史思维能够使基层领导干部清醒地意识到自己从哪里来，正确认识和把握事物发展的规律。历史思维能够告诉并提醒基层领导干部经历了什么，又将可能经历什么，从而教会基层领导干部如何总结成功经验和失败教训。历史思维通过人类历史功过的全景展示和近距离特写，展现出人类历史的博大精深、源远流长，使基层领导干部意识到自身所在的历史方位和个人的渺小，从而使自己冷静下来、沉淀起来。历史思维能够告诉基层领导干部应往哪里去，继续前进，创造辉煌，走得更远。强化历史思维，就是让领导干部学会从历史经验中吸取经验和教训，减少施政过程中的错误，尽量避免方法性的失误，借鉴大量的历史案例减少走弯路的可能，更好地处理现实中必须面对和解决的问题。

对于基层领导干部来说，培育历史思维要科学对待历史，正视历史事实，立足历史向前看。第一，从范畴和原则出发的考察方法。在这一点上，恩格斯与马克思的观点是一致的。恩格斯在《反杜林论》中曾强调指出："原则不是研究的出发点，而是它的最终结果"。第二，遵循本质主义。事物的本质决定事物的现象。在本质主义看来：本质深藏于事物的背后；本质是自在自因的和永恒在场的。第三，坚持唯物史观。人民才是历史的主体，才是社会发展的最终动力。为此，基层领导干部必须戒骄戒躁，刻苦学习，努力掌握科学的执政理念和执政方式，不断提高自身的执

---

[1] 汪永清：《善于运用法治思维和法治方式开展政法工作——深入学习习近平同志关于法治思维和法治方式的重要论述》，《长安》2014年第8期。

政水平与综合素质。[①] 对于基层领导干部个人来说,以史为鉴、明镜高悬既可促自督自查,又可以敬民意。基层领导干部对待历史思维,不是为了历史而历史,也不是为了思维而思维,而是通过发展的眼光来看问题,认清历史发展趋势,把握事物发展规律,做好现实工作,用历史的眼光解答工作中所遇到的时代难题。

五 能力提升:不断积累人力资本

新时期,党的历史方位变化对基层领导干部的领导素质和执政能力提出更全面的要求。对于基层领导干部来说,党的事业发展对基层领导干部在素质能力上的要求,构成了基层领导干部成长所必需的基本要素。那么,基层领导干部成长到底需要具备哪些要素?或者说,基层领导干部只有具备了哪些要素,才能促进自身的成长和个人素质的提升,从而促进党的事业稳定持续发展呢?

(一)能力要求:基层领导干部成长基本要素

一般认为,坚定理想信念,依法决策、民主决策、科学决策等在内的领导能力,是基层领导干部必备的素质和能力。此外,还需要具备政治素养、理论素养、道德素养和世界眼光,增强自身本领,包括学习本领、政治领导本领、改革创新本领、科学发展本领、依法执政本领、群众工作本领、狠抓落实本领、驾驭风险本领等。

第一,增强学习本领。理论上的成熟是政治上坚定的基础,这便需要基层领导干部增强学习本领,通过学习增强理论素质,克服"本领恐慌",这是提升中国共产党核心竞争力的关键。基层领导干部只有掌握了先进的发展理论,基层发展才能更有活力,推动各项工作步伐才会更稳健,自身心态才会更健康。

第二,提升政治领导本领。执政方位的变化使全党面临新的执政环境。基层领导干部应善于从政治上观察和处理问题,坚定政治立场、提高政治辨别力和政治敏锐性。社会发展越快,执政环境越复杂,对干部的政治素养要求越高,这是基层领导干部在大是大非面前始终保持立场坚定、头脑清醒的根本保证。基层领导干部要增强自身政治领导本领,秉承绝对政治忠诚,增强"四个意识",把讲政治贯穿于党性锻炼全过程。

[①] 赵福生:《领导思维》,研究出版社2017年版,第233页。

第三，提升改革创新本领。当前，国际竞争日益激烈，形式上表现为国与国之间综合实力的竞争，分布在政治、经济、文化、社会等不同领域，本质上则体现为执政者改革创新能力的竞争。为此，作为"关键少数"的基层领导干部应自觉增强理论创新、制度创新和实践创新能力，这是基层领导干部自身成长的关键。

第四，提升科学发展本领。科学发展本领是基层领导干部肩负的一种政治责任，要求基层领导干部增强科学发展意识，在开拓创新上下功夫，通过科学有效的工作方法，抓好民生保障和扶贫工作。提升科学决策能力，在调查研究基础上，通过民主集中实现科学决策。加快转变发展方式，优化产业结构，解决制约科学发展的突出问题，合理利益分配，优化发展路径，实现基层永续发展。

第五，提升依法执政本领。为打破基层内利益藩篱，破解改革攻坚期的各种复杂局面，基层领导干部在行险滩过程中，离不开法治思维，带头依法执政，更是必不可少的本领。在不断提高党的执政能力过程中，基层领导干部谋划工作和处理问题要运用法治方式，带头遵法学法用法。

第六，提升群众工作本领。中国共产党的根本宗旨是全心全意为人民服务。基层领导干部应在实践历练中提升群众工作本领，学会和使用人民群众的语言，工作目标与群众利益密切连接，关心"四老人员"和贫困群体。结合新时期群众工作新特征，解决群众困难，成为群众靠得住的主心骨。

第七，狠抓落实本领。基层领导干部要提升自身务实精神，敢于担当、崇尚实干、勇于攻坚克难，狠抓落实，实做细做各项工作，从而确保国家各项方针政策和工作部署，落实到实践、基层和群众中去。坚持带着问题进行深入调研，扎根于群众的创造性实践之中，从群众的具体需求和建议中寻找推动基层发展的思路对策。

第八，增强驾驭风险本领。驾驭风险本领包括应对风险的能力、驾驭全局的能力、解决重大理论和实践问题的能力等。基层领导干部只有坚定"四个自信"、不断追求自我超越，努力提高领导水平，才能在执政考验中举重若轻，在党的事业中大显身手。不断提高应对复杂局面、化解危机的能力，需要基层领导干部增强忧患意识，积极主动、未雨绸缪，把握应对任何形式风险的主动权。

新的历史阶段，基层领导干部所面临的是一个开放环境，开放中的中国要求基层领导干部必须打开眼界，敞开胸怀，"以积极友好的方式展示国家形象并推动世界的和平发展"①。当然，在基层领导干部能动性地把握以上素质与本领的基础之上，还需要通过合理完善能力建设机制，以及有效运用能力养成策略，来有效促进自身能力的提升。

（二）自我提升：有效运用能力养成策略

对于基层领导干部自身来讲，能力是完成目标任务所体现出来的综合素质。基层领导干部如何提升自身能力呢？一方面需要依靠学习转化；另一方面需要在实践中不断历练。

1. 自我促进：学习转化

基层领导干部应根据成长场域要素特点，结合自身和实际情况来自主地设计未来成长方向，自觉提高自己的各方面能力，充分调动和发挥自身能力的主动性和能动性。基层领导干部在角色塑造过程中，应有计划地促进自身各项能力的调整、优化和提升，最大限度地实现自我价值。

为了使基层领导干部的角色塑造过程不仅仅是一项孤立的活动，需要解决两个核心问题：如何帮助基层领导干部进行角色塑造的目标和定位，如何支持角色塑造计划，并使其促进基层领导干部自身成长。可以采取的策略是建立"拉的学习机制"②。如果基层领导干部意识到缺乏适当的技能、知识和工具，成长过程会受到阻碍，那么，因为时间和成本都有限，角色塑造对学习提出的各项需求便会被快速满足。基层领导干部可以依靠制度的不断完善，激励自我学习与自我提高，剔除对提高自身能力重视不够的思想意识，通过自我学习、集体学习、实践锻炼、总结经验教训等措施，利用业余时间不断激发自身潜能。通过学习不断加强自我革新，提升软硬实力，并不断改造内心世界，提升自身修养。从不断的自我激励过程中，实现个人经验与理论相结合，在理论的指导下自我反思，增强判断能力。

在角色养成过程中，学习转化是基层领导干部成长的关键。以往对基层领导干部培训中一些传统性的成功做法，如挑选优质课程、创造良好的

---

① 本书课题组：《党的干部成长规律和党校教育规律研究》，中共中央党校出版社2013年版，第22页。

② ［美］埃尔伍德·霍尔顿：《在组织中高效学习：如何把学习成果转化为工作绩效》，沈亚平、刘争光、李冲等译，机械工业出版社2016年版，第25页。

学习环境、获得培训支持等，已经不能完全满足基层领导干部角色养成所期待的学习转化需求。真正的学习转化，并不局限于仅仅正式的学习形式，而应是不同类型的学习活动。基层领导干部必须将重点放在与自身成长保持一致性的学习活动方面。有效的学习解决方案能识别影响基层领导干部发展和成长的关键因素，这不仅能增强基层领导干部的现有能力，而且能发展新的能力。

第一，提升学习的影响力，促进真正的学习转化发生。不同个体之间都是有差异的，不考虑基层领导干部成长过程中各种的差异因素，认为某个特定的学习方案对所有个体都会取得成功，这种想法需要被改变。因此，应根据基层领导干部的学习需求，来有针对性地进行角色塑造，需求可能源自内部或外部，如果基层领导干部并不关心学习内容，那么学习转化也将很难发生。

第二，将学习纳入管理和工作实践之中，包括选拔任用、考核评价、教育培训、薪酬激励等。无论哪个阶段，学习一般都是由明确的制度要求构成的，并指导行动。有效的学习设计和转化应该遵循开放性原则，即参与、透明、修正，并形成识别新机会的反馈循环。基层领导干部需要获得开发心智与提升技能的自主学习机会，包含正式的和非正式的，并使其将学到的经验应用到工作过程中。在行动学习的过程中，可以尝试多种形式，然后检查有没有产生效果。只有将学习纳入单位正式流程中时，才能增强单位的学习氛围。工作中的反思改进越多，不断尝试的结果就越接近成功，制定新的计划时就能更多地探索并思考多种可能性。

2. 个体行动：实践锻炼

基层领导干部能力提升还需要通过不断的实践来历练。在中央党校中青班学习的很多学员在从政经验交流中大多谈到，群众是力量的源泉。"只有深入基层，经常走访，从群众的衣食住行出发，才能发现群众的切身需求；从群众困难大、意见多、工作推不动的地方着手，才能发现群众利益诉求点"①。"为及时化解矛盾，维护社会稳定，推动经济社会发展，

---

① 秦节荣、张峰：《耕耘与收获——中央党校学员从政经验交流》，中共中央党校出版社2011年版，第130—132页。

我和同志们经常驻村夜访，变群众上访为干部下访，受到群众欢迎"①。"为民办实事，既是一个领导干部的本分所在，更是为人民服务的具体体现。多年的从政过程中，我坚持把关注和改善民生作为治州理政的根本问题和各级党政组织的基本职责，把解决群众最关心、最现实的问题作为根本"②。在新的历史时期，基层领导干部只有把自身的发展与党组织的要求和人民群众的关切紧密联系起来，才能真正得到健康稳步的成长。鲜活的行动中蕴藏着灵活的思路，简单的经验中存在着实用的方法。基层领导干部可以从情真意切的经验总结中获得成长启示。只有虚心向群众学习，发现群众智慧，才能凝炼群众智慧，才能把凝炼出的智慧反馈给群众，为群众所用，如此反复，形成良性循环。在基层领导干部个体行动方面，应从以下三个方面来进行实践锻炼。

第一，到复杂环境中锻炼，深入第一线去蹲点锻炼，到矛盾突出的地方积累经验。"战争时期，最为复杂的环境是战场一线，通过战争中学习战争我们培养了一代优秀领导人才；和平时期，最为复杂的环境是改革前沿，因为改革是摸着石头过河，必须既大胆又审慎"③。基层领导干部要到基层掌握具体情况，下一线与干部共同探讨问题解决方案，通过"决策—落实—检验—再决策—再落实"的过程，在实践中检验方案是否符合实际，并推动方案在具体执行中得到贯穿落实，这也在考验基层领导干部的判断与决策能力。

第二，到艰苦的环境中去锻炼，到基层广泛开展调查研究，拜群众为师。在群众中可以学到很多东西，大大丰富了实践知识。基层领导干部要身先士卒，到机关、企业、厂矿等去了解情况，解决他们遇到的难题。才能获得许多有助于解决问题的"土办法"。通过掌握一手情况了解下情，并因地制宜地作出符合实际的正确决策。

第三，到急难险重中锻炼意志。基层领导干部要能担当重任，必须在多层面的实践环境中磨炼意志，增长才干。基层领导干部还要到重大项目中去亲自挂帅，一定要亲自抓重点项目建设，并不仅仅是成立领导小组，

---

① 秦节荣、张峰：《耕耘与收获——中央党校学员从政经验交流》，中共中央党校出版社2011年版，第91—92页。

② 秦节荣、张峰：《耕耘与收获——中央党校学员从政经验交流》，中共中央党校出版社2011年版，第160页。

③ 于学强：《干部工作中预防腐败问题研究》，人民出版社2010年版，第217—218页。

或担任组长，而是要深入一线安排部署，推进工作，从而掌握一线的实际运行规律和工作方法。在这方面，各地可以参考借鉴广西梧州市"回炉蹲苗"的实践做法。广西梧州市实施"回炉蹲苗"工程培养好干部。针对基层工作经历不足的干部，分期分批选派到"回炉"基层、蹲苗成长。把一批好苗子放到了扶贫一线、项目一线等关键岗位上培养锻炼。并通过跟踪提拔使用、挂转任等方式，为其搭平台、压担子，使其在实践中成长成才。

第三节　角色养成机制：基层领导干部成长有效策略

基层领导干部要"按本色做人，按角色做事"。各个阶段都会对基层领导干部提出各种角色期待，那么现阶段基层领导干部的"角色定位"是什么？"角色边界"在哪里？怎样"入戏"才能保证"角色到位"？回答好这些提问并不容易。基层领导干部必须自觉强化角色意识，明确角色定位，严格按角色期待履职尽责。为此，构建基层领导干部角色养成系统，形成主客体互动机制。在此基础之上，促进基层领导干部掌握角色养成策略，从而促进基层领导干部自身角色的养成，为其健康成长提供基础保障。

一　角色养成系统构建：优化主客体互动机制

在基层领导干部基本工作系统中，基层领导干部角色养成的关键环节在于，能否通过发挥基层领导干部个人的主观能动性来促进角色选择过程符合角色期待，这便涉及角色认知与角色养成过程。由此，以基层领导干部基本工作系统为视野，围绕基层领导干部成长角色期待，为了实现基层领导干部的角色塑造，在基本工作系统层面构建基层领导干部角色养成系统主客体互动机制。

（一）基层领导干部角色养成系统建构的基本保障

辩证唯物主义认识论认为，认识是主体对客体的主观反映。在已有的研究成果中，人们对"实践的决定作用"的研究较为深入，而对"认识的能动作用"的阐述却不够具体。为此，需要着重深入研究的是基层领导干部角色认知的主观性，探讨角色养成系统的构成。

第五章 角色塑造：基层领导干部成长的目标指向

对于基层领导干部来说，角色养成系统具有客观实在性。马克思早年提出的在实践基础上的能动性问题，是作为一种在宏观上研究人类认识主体性结构的指南。由于"认识的能动作用"是客观存在的，据此可以推定基层领导干部角色养成系统的客观实在性。角色养成系统就是基层领导干部在认识实践中据以发挥主观能动性的主体性结构。从信念理论层面也可以阐述基层领导干部角色养成系统的客观实在性。格林（ThomasF. Green）认为，"没有人会以完全独立于其他信念的方式来持有信念，信念总是成系统的"[1]，在基层领导干部角色认知过程中，任何角色都不会孤立地存在，而总是与其他角色相联系。

那么，基层领导干部角色养成系统究竟是如何构成的呢？根据辩证唯物主义认识论，基层领导干部角色养成系统由内容结构和生成结构等层面构成。

基层领导干部角色养成系统的内容结构可以用"核心信念层（世界观、人生观、价值观）——伦理准则层（关于领导行为基本价值问题的观念）——行为规范层（关于基层领导干部领导行为的具体规范）"来概括。这三个层次组成一个由内到外的内容结构，核心信念层决定着伦理准则层，进而决定着行为规范层，这是一个逐渐外化的逻辑关联。

基层领导干部角色养成系统的核心信念层内容，指的是基层领导干部个人的世界观、人生观和价值观。世界观、人生观和价值观是每一个人在其社会化过程中必然会形成的核心思想意识，对人的思想与行为起着指导甚至是决定作用，这涉及基层领导干部角色认知与养成过程。

以人的社会化理论为视野，不难发现，基层领导干部从一出生到逐渐成长，是从人与人之间的具体互动开始来认识他人的，认识自我，认识由人组成的家庭、社区与社会，认识自然乃至整个世界。在此基础上，通过学习自然知识、社会技能与社会规则，不断发展社会性，从而形成自己的人生观和价值观，这便涉及基层领导干部角色养成系统的伦理准则层内容。

基层领导干部角色养成系统的行为规范层内容，指的是基层领导干部必须遵守的具体规范，包括法律的规范、纪律的规范、道德的规范等等。这些规范对基层领导干部的角色养成的方向和作用点具有直接的操作性意

---

[1] Thomas F. Green. *The Activities of Teaching*, New York: Mcgraw-Hill, 1971, pp. 41-42.

义，因而处于基层领导干部角色养成系统内容结构的最外层面。

基层领导干部角色养成系统的生成结构与内容结构息息相关。从基层领导干部角色养成系统的内容结构可以看出，基层领导干部角色认知的形成与变化，与其角色社会化过程有关，与其行为性质有关，也与其职业特点有关。

角色养成系统分为不同的区域。根据信念系统在功能上的不同倾向，人的信念系统可区分为"开放性信念系统"和"封闭性信念系统"。[①] 其中，如果认识的需要居于主要地位，而排斥威胁的需要很弱，就会形成开放性信息系统；如果排斥威胁的需要较强，则认识的需要就会较弱，则导致封闭性信念系统的形成。[②] 基层领导干部角色养成系统中同样存在着开放性系统和封闭性系统。比如，涉及基层领导干部个人信仰、国家文化安全、"我是谁"与"为了谁"等方面的观念，属于封闭性信念系统。而涉及理论的与时俱进、"有何为"与"如何为"等方面的观念，则属于开放性信念系统。一方面，基层领导干部必须坚定信念，毫不动摇；另一方面，基层领导干部又必须敢闯新路，推陈出新。实践证明，以"封闭性与开放性有机统一"为生成结构而形成的角色认知具有生命力的信念。

角色认知具有两个结构特征：逻辑结构与心理结构。基于此，基层领导干部角色养成系统包含着逻辑结构与心理结构。其中逻辑结构使得角色养成系统获得认识上的一致性，消灭角色之间的相互冲突。而心理结构则允许不一致角色的存在。这是一个影响基层领导干部角色认知生成与变化的生成结构。角色往往在心理体验的情景中得以产生甚至强化。这种方式就是发挥心理结构对基层领导干部角色养成的生成与强化作用。从变化角度而言，当角色期待有了与时俱进的变化，心理结构才能使基层领导干部理解变化、包容变化甚至接受变化。

（二）基层领导干部角色养成系统主客体互动机制

如果说基层领导干部角色养成的强化机制的功能是"内化于心"，那么，基层领导干部角色养成的互动机制之功能则是"外化于行"。基层领导干部角色主客体和谐的互动机制存在于基层领导干部基本工作系统之

---

① ［美］罗奇克：《开放与封闭的心理》，张平男译，黎明文化事业股份有限公司1987年版，第70页。

② 丁道勇：《我们怎样思维：信念结构理论及其应用》，《全球教育展望》2013年第1期。

中。因此，可以从基层领导干部基本工作系统角度来构建角色养成的主客体互动机制。

1. 基层领导干部基本工作系统主要构成要素

所谓基层领导干部基本工作系统，指的是在基层领导干部角色养成过程中必须具备的基本要素的有机统一。具体而言，这个基本工作系统是由角色主体、工作任务、工作对象、总体形势与具体情景等要素所组成的统一体。

一般而言，"关心人"的行为与"关心任务"的行为是领导行为的两大构成要素。从这个意义上说，"人"和"任务"是基层领导干部基本工作系统中的两大必要要素。在基层领导干部基本工作系统中，必要要素——"人"，既包括作为行为主体的基层领导干部，也包括作为行为客体的工作对象。基层领导干部作为行为主体，无疑是该系统的第一要素。

而行为客体——"工作对象"则与领导行为的另一个必要要素——"任务"紧密相连。"任务"指的是基层领导干部根据职责必须履行的责任、必须实现的目标和必须交办的工作。在任务中，行为主体必须面向的、与任务紧密相关的人，在这里被称为客体。

在领导学的情境理论中，总体形势和具体情境是基层领导干部基本工作系统中重要的环境类要素。总体形势指的是与任务相关的国际国内发展态势。具体情境指的是在任务的执行过程中，基层领导干部所面临的时间、地点和条件的总和。"情境"被定义为"下属完成确定的任务时的能力和承诺程度情况"[1]。

基层领导干部基本工作系统是基层领导干部成长场域的有机组成部分，向外可以承接基层领导干部成长场域，承接整个基层领导干部成长场域的物质流、能量流和信息流。一方面，在整个基层领导干部成长场域的物质流、能量流和信息流的支撑与支配之下，基层领导干部基本工作系统的结构与过程被"格式化"。另一方面，基层领导干部基本工作系统的状态也影响着整个外界场域，进而影响基层领导干部成长状况。

2. 基层领导干部角色养成的主客体互动过程

在基层领导干部基本工作系统中，存在着主客体之间的互动。互动的

---

[1] [美]彼得·诺斯豪斯：《领导学：理论与实践》，吴荣先等译，江苏教育出版社2002年版，第36页。

内容包括对总体形势的把握、对工作任务的理解、对任务中"人"的体恤、对工作推进的配合与对工作结果的认同等等。如果这些内容能够得到主客体之间共同的思想认同与协同，那么，这种互动就是良性互动。否则，这种互动就容易脱节甚至会转为冲突，而成为一种恶性互动。基层领导干部基本工作系统犹如一个关口，影响着整个基层领导干部成长场域的物质流、信息流和能量流的流畅性和有效性。在思想层面，这一关口影响着对角色期待的理解与接受。在行为层面，这一关口影响着对角色扮演的配合与协同。在主观认识层面，这一关口影响着对角色塑造的评价与认同。

基层领导干部角色养成过程具有相对的层次性。我们通常说"于情于理于法""合情合理合法"。基于"情"的互动、基于"理"的互动、基于"法"的互动，就是基层领导干部基本工作系统中主客体互动的三个不同层次。一是基于情感上的互动。"全心全意为人民服务""情为民所系"是这一层面互动的根本要求。二是基于事实逻辑上的互动。讲事实、讲道理、坚持理性的方式，这是这一层面的根本要求。在这个层次上，对利益问题的预估与劝说，往往是基层领导干部工作实践中必须涉及的重要内容。三是基于法律层面的互动。遵纪守法，讲求秩序，是这一层面互动的根本要求。互动的层面具有相对性的划分；在互动实践中，往往是三个层面的互动并存，并且相互影响、相互促进，共同促进基层领导干部健康成长。

基层领导干部角色养成的主客体互动机制的性质与状态是促进基层领导干部健康成长的主要因素。互动的性质与状态不仅仅是基层领导干部角色养成的现实表现，而且还是基层领导干部健康成长的基本保障。

由于在基层领导干部工作系统中，主客体的思想意识、知识经验、道德素质、利益诉求、情境环境等方面都具有各自的特殊性。主体与客体之间是否良性互动，主要在于主体的主旨与客体的需求能否实现有机统一。这是促进基层领导干部成长的内在规定性之一。因此，在基层领导干部基本工作系统中主体与客体之间的良性互动机制的构建过程，其基本要求就是要使主体的主旨与客体的需求实现有机统一。

实现主体主旨与客体需求之间的有机统一，需要在基层领导干部基本工作系统中构建一个"感情—道理""利益—政策""纪律—法律"多维多层复合支撑体系。其中，"感情—道理"是支撑体系的基础层次，涉及主体与客体之间以"以人为本"为原则,通过以情动人、以情感人,创造必要的交流沟通氛围。在此基础上,通过摆事实、讲道理,实现主客体之间的和谐互动。"利益—政策"是支撑体系的中间层次,涉及主体与客体之间以促进相关各方利益正当化、最大化为目标。"纪律—法律"是支撑体系的最高层次,涉及主客体之间的互动必须以纪律来约束相关各方的行为,以法律来规范主客体之间的权利与义务,从而实现主客体之间的和谐互动。

二 角色养成策略分析:有效强化成长能动性自觉

在基层领导干部角色养成系统合理构建的基础之上,基层领导干部还需要掌握角色养成策略,这是健康成长的基本保障。对于基层领导干部来说,在成长场域与成长角色有效互动的基础之上,还需要从以下几个方面来促进自身角色养成。也就是找准角色定位,提升角色稳定性;把握角色风格,增强角色识别度;划出角色坐标,强化角色责任度。

(一)找准角色定位,提升角色稳定性

基层领导干部的角色定位在某种程度上影响着基层领导干部责任履行。内在有什么样的定位,外在就有什么样的行动。合理角色定位对基层领导干部成长具有正向作用。基层领导干部只有先找准角色定位,避免发生模糊不定或变化无常的情况,才能真正解决"我是谁、为了谁、依靠谁"问题。

基层领导干部公共角色的塑造和设计与演绎,必须形成确定而稳定的角色定位。这是因为在角色行为表达过程中,那种游离的、模糊的、摇摆不定的角色信息输出,会影响信息的传播效果。尤其是基层领导干部这个职位正处于向上运行的链条上,面临各方"监测",甚至是求全责备的批评声。基层领导干部需要明确自身所处的特殊位置,自觉把准角色定位、厘定角色行为边界,为基础群众提供一个稳定的角色识别系统。

第一,规避角色错位,从思想上明辨角色期待之要。英国政治学家格雷厄姆·沃拉斯(Graham Wallas)在《政治中的人性》中所言的"识别的面具"便指角色定位。[1] 可以说,无论是存在静止之物,还是政治领导

---

[1] [英]格雷·厄姆·沃拉斯:《政治中的人性》,李辉译,商务印书馆1995年版,第61页。

人,没有角色基调,便似乎缺乏了领导人格的生命力,使形象输出绩效降低。由此可见,对于基层领导干部来说找准角色定位十分重要性。

"人的本质是一切社会关系的总和"①。也就是人需要参与政治生活。基层领导干部首先是人,离不开政治生活。但是,基层领导干部的角色定位不仅仅是政治人,否则难免以偏概全。

基层领导干部的角色定位也不应是"经济人"②。实际上,人性是多而变化的,不存在抽象的人性,人性在不同时空呈现不同面。因此,"经济人"假设也是片面的。基层领导干部手中掌握公共权力,还被赋予一种责任使命,履行公仆使命。由于基层领导干部具有组织公务或提供公共服务的责任,因而与县域百姓也就是服务与合作的义务关系,而不是一种权力关系或权利义务关系。公仆具有以下特征:从事的是公共事务;以治理和服务为手段;目的是实现公共利益。作为公仆,基层领导干部一要为公,二要为仆,也就是不能有私心,不能有官气。公仆对人民负责,这种关系不能颠倒。只有为人民服务的责任和义务,没有当官做老爷的权力。③

第二,规避角色不当,从认识上筑牢角色期待之基。新时代,角色养成成为基层领导干部公共形象塑造的核心。在公共形象塑造过程应避免对基层领导干部"人情化"的过分展示。此外,良好的勤政形象是树立公共形象的内核。基层领导干部应注意规避以下几种容易出现的负面角色倾向:"短矮化"倾向、"程式化"倾向、"明星化"倾向、"模仿化"倾向。这些负面角色倾向会使基层领导干部成为拙劣"导演"的表演者,成为既定"程序"、繁琐"策划"的表演者。基层领导干部面对各种新情况新问题新期待,必须采取主动方式来排除错误认知和能力有限而导致的角色偏差。

第三,加强角色锻炼,从行动上落实角色期待之义。正如习近平总书记所指出,"当基层领导干部要走遍全县各村","做一个基层领导干部、

---

① 《马克思恩格斯全集》第2卷,人民出版社1995年版,第16页。
② "经济人"理论的提出最早可追溯至古典经济学家亚当·斯密。他认为驱使经济人努力的动机则是追求自身物质利益的所谓人类利己主义的本性)。经济人假设也为其他领域所引用,例如,现代公共行政的管理主义学派、公共选择学派认等认为,公务员是理性行动者,存在自利性,也会追逐自身利益的最大化。
③ 习近平:《做焦裕禄式的县委书记》,中央文献出版社2015年版,第17页。

县长，担任县里的领导，是非常光荣、非常有意义的，也是非常不简单、非常考验本领的"①。在调研中，中共河北省双滦区委书记便谈到，"只有深入实地查实情、设身处地办实事，很多问题才能解决"，"通过坚持在全区开展'走亲连心''访贫问苦''结对帮扶'等活动，我感到，办好群众的事，就是一定要扑下身子、放下架子"。根据调研了解到，该区针对社区服务矛盾问题多的实际情况，着力打造"五位一体"社区服务体系，创建区党委领导的"两委两会"多元共治体制，打通了服务群众"最后一公里"。

（二）把握角色风格，增强角色识别度

"基层领导干部作为县里的权力人物和公众人物，要注意道德操守，道德上失足有时比某些工作失误杀伤力还要大"，我国古代就要求县令'导扬风化'"②。可以说，角色定位是基层领导干部显性的、稳定的领导风格特征，能够折射出其领导过程中形成的职业风格。在领导县域发展与改革的过程中，基层领导干部稳定的角色行为有助于基层群众进行角色识别，并把握和认识其政治倾向和领导风格。基层领导干部必须把握好自身的角色风格，但不能对角色定位进行僵化理解，在保持自身角色风格的基础上，可以根据具体情境适时进行必要的调适，加入时代元素或结合公众偏好。

作为县域发展的带头人，基层领导干部要把好方向，尤其在面对多种角色选择过程中，需要有一个角色上的自我选择、定位和亮相。当然，角色风格不可能是单质的，而是多维的、多侧面的；同时也不可能是一成不变的。很难说哪种角色风格一定是最好的，角色风格不应偏离成长轨迹，更不应有偏离特定时代精神的背景下的"公共期待"。角色风格主要关注基层领导干部如何选择角色，形成思想和心灵的主线。基层领导干部应遵循公共角色设计的"经验法则"（即物理条件原则、个性原则、情境原则、逻辑原则、受众原则、适度原则）。在此基础上，形成一套易于让人解读和识别的信息码。也就是按照新时期好干部标准规范自身行为，即"做到信念坚定、为民服务、勤政务实、敢于担当、清正廉洁"③。在任何

---

① 习近平：《做焦裕禄式的县委书记》，中央文献出版社2015年版，第29页。
② 习近平：《做焦裕禄式的县委书记》，中央文献出版社2015年版，第19页。
③ 刘云山：《在全国组织工作会议上的讲话》，《党建研究》2013年版第8期。

时代的县域政治生态系统中,基层领导干部的个性特征、领导风格与领导力等,作为领导行为的"个性化"因素,会影响角色养成过程,基层领导干部对自身个性的研究和把握,理清自身多重角色是进行高质量角色塑造的前提。

角色风格可以由一系列角色符号来体现,也可以作为一种简约的标识符号,凸显基层领导干部的感性符号特征。符号不是观念,而是观念的影像。在很多情况下,基层群众便是通过一些角色符号得以认识和把握领导者的角色风格。角色符合的提炼和确立是把握和识别基层领导干部角色风格的基础。基层领导干部要学会善于运用角色符号输出良好公共形象信息,通过某种方式优化和彰显积极的角色风格。作为县域内的"形象大使",基层领导干部的公共形象具有标签作用。

第一,"明白人"形象。坚定政治立场,矢志不渝地贯彻落实党中央的大政方针;明确权力性质,牢记手中权力人民赋予,拜人民为师,永葆公仆本色;清楚身肩的责任,自觉尽职守责。中共江西省九江市星子基层领导干部谈到,"作为基层领导干部要视党性为天职,忠于党的信仰、忠于党的精神、忠于党的领导"。调研中,中共黑龙江省大兴安岭地区塔河基层领导干部谈到,"作为基层领导干部必须以高度的政治责任感,立德立言立行,表里如一,以理论的清醒指引方向、指导实践"。

第二,"实干人"形象。做人老实,处事厚道,以谦逊的态度对待同事;决策唯实,体察民情,了解基层实际,因地制宜地促进县域发展与改革;脚踏实地解决群众反映问题,凝聚人心。2015年,中央对在县(市、区、旗)委书记岗位上取得优异成绩的102名干部授予"全国优秀基层领导干部"称号。这些优秀的"一线总指挥"干在实处,诠释着优秀基层领导干部的"实干人"形象。其中,河北省邯郸基层领导干部何志刚是当地干部群众公认的"实干家"。在很多同事和下属看来,湖南省宁乡县委书记谭小平是典型的"狮子型"干部,他干事业谋发展的爆发力和耐受力极强,一旦认准目标,就会千方百计去实现。①

第三,"正派人"形象。为人处世要正,坚持原则,秉公办事,提升自身的感召力;上下情况要明,避免武断行事,疏远与群众感情。甘肃环

---

① 《"一线总指挥"的责任与担当——全国优秀县委书记群体风采素描》,《人民日报》2016年6月27日第4版。

县基层领导干部柴春便谈到,"多下去和群众打交道,才是我们工作的正道",柴春始终保持廉洁奉公,以"三严三实"的标准要求自己,旗帜鲜明地反对"四风",并严格要求配偶、孩子、亲属和身边的工作人员,这种廉洁奉公带领老区群众脱贫致富行为彰显了"正派人"形象。

第四,"老实人"形象。正如毛泽东在《整顿党的作风》中指出的:"我们应该是老老实实地办事"。"不学无术,耻于下问;浮夸谎报,瞒哄中央;弄虚作假,文过饰非;功则归已,过则归人。这是不老实的官僚主义"[1]。可见,老实人是忠诚于党和人民的人,是实事求是的人,克服了主观主义、具有马克思主义态度的人。

(三)划出角色坐标,强化角色责任度

在党的组织结构和国家政权结构中,县一级是关键环节,也是基层领导干部锻炼成长的基本功训练场。基层领导干部在这个训练场取得好成绩,便应遵循社会规范、社会精神和公共价值体系的角色期待,还需要获得基层群众对角色的"情感性"认可。这既包括对基层领导干部个人自身能力的理性评判,也基于基层领导干部的角色坐标与时代精神和形象预期上的契合度,并已逐渐约定俗成为"普适性"元素所形成的角色坐标。这便需要基层领导干部认真体悟、把握和践行角色坐标中的角色期待。在一定程度上可以通过外在规范基层领导干部的角色行为来实现:完善基层领导干部角色责任公开机制,启动事前来自全方位的阳光监督;实现监督方式多样化与监督渠道畅通化,这是对角色责任履行过程进行监督,出现失责行为要及时整改,这便涉及完善"责任追究机制",对角色责任履行缺位或越位行为进行追责;系统地、综合地考核与评估基层领导干部角色履责情况,也就是"政绩",关键是"造福一方百姓"的综合考量。

在外部约束基础之上,角色塑造还应是建立在角色充分认知、正确定位和自觉反思之上的,这是一种伦理自觉。只有提升角色选择的伦理自觉,才能准确地把握多种角色的统一性。这种角色选择的伦理自觉不仅仅依靠普遍的制度约束或道德说教,而是需要经过长期的实践和反思,将外在伦理或道德要求内化为内在需要的自觉过程。

第一,服务自觉。基层领导干部岗位特殊性在于其角色的公共性。为此,在从事公共活动过程中,首先以服务为基本遵循。调研中,中共浙江

---

[1] 何毅亭:《领导干部新视野》,研究出版社2010年版,第1309页。

省宁波市镇海区委书记围绕提升基层治理质量谈了很多关于坚持服务民主方面的经验，这体现了一种服务自觉。他谈到，"通过整合资源，创新'网络化管理、组团式服务'提升基层综合服务管理效能。全区共划分网格664个，其中专属网格21个，网格员2478名，发放网格服务卡19万份，上门服务2.8万余次"。

  第二，职责自觉。职责自觉是指对职业道德的一种责任自知。基层领导干部应强化责任意识，并将外在的职责要求内化为主体的责任感。中共河北省廊坊市安次区委书记把敢担当、真扛事作为主要基本功，这体现了职责自觉。他谈到，"用全面小康25项指标衡量，我们城区75%已达标，差就差在农村，在重大特殊任务面前不能掉链子。我们全力推进现代化农业园区、农业科技园区、休闲旅游园区'三区合一'的农业综合示范区建设。连续几年开展了农村安全饮水、学校危房改造、卫生建设大会战，尽管当时困难重重，但是群众的事不能等"。

  第三，良心自律。伦理自觉只有深入到基层领导干部内心，内化为基层领导干部的道德良心，才能保证基层领导干部进行合理的道德判断，从而促进角色塑造在符合期待的轨道上。调研中，中共浙江省杭州市下城区委书记便这样谈到，"良心自律体现在潜绩方面。潜绩需要胸襟。一个县域的可持续发展需要一任又一任书记的潜绩来累积。我所在的下城区尽管是中心城市，但还有8个城中村，如果不改造，脏乱差就根除不了。我组织了一班人用了几个月制定了几个村的联片改造方案，明知自己任内不一定完成得了，但我必须迈开这一步，为下一任做铺垫"。

结　语

　　基层领导干部成长是一种通过场域意义建构、机制互动作用、角色形塑等活动而起作用的内生过程。在特定场域内，基层领导干部利用场域资源，通过特定的成长机制，扮演符合期待的角色过程。基层领导干部的角色塑造过程不仅受到规范性制度的构建作用，还受到情境性的场域的影响（包括公共场域、单位场域与生活场域等）。成长机制要素主要影响基层领导干部角色的规范性构建过程，而成长场域要素（包括结构要素、关系要素与文化要素等）主要影响基层领导干部角色的非正式构建过程。成长场域内的各种要素不仅作为输入者影响着基层领导干部成长过程，还作为输入对象被基层领导干部重新解码、转述与使用。成长机制要素则受制于一定的场域运作逻辑，在由成长场域构件和行动者等构成的场域中产生并运行，作用于基层领导干部成长过程，为其提供成长动力与保障。基层领导干部成长机理作用过程，实际上与成长机制构建过程一样，是一个充满着连续不断的互动与博弈的复杂过程，这个过程决定了基层领导干部成长的状况。基于此，保障基层领导干部健康成长需要着眼于优化成长场域、健全成长机制、塑造成长角色等方面。

　　首先，从成长场域维度来看，优化有利于基层领导干部合法规范履行角色责任的公共场域、单位场域、生活场域。这既保障了基层领导干部的责任合法规范履行，也为基层领导干部健康成长创造了有利环境。

　　在公共场域优化方面，主要着眼于塑造良好政治生态来促进基层领导干部健康成长。依据"结构—关系—文化"分析框架，可以通过成长场域内结构要素优化，关系要素整合和文化要素建设三方面来展开。一是通过遵循正确价值取向，塑造良好的基层政治生态；优化基层治理结构，实现基层协同治理格局；转型基层治理模式，破除传统治理模式弊端等方面，来保障良好政治制度的形成，从而促进基层结构要素优化，为基层领导干部成长提供场域要素保障。二是通过形成密切的干群关系，构建良性的官商关系，从关系要素角度来优化公共场域要素，为基层领导干部规范的政治行为养成提供基础条件。三是从精神培养、经济基础、制度供给三方面着手，通过促进基层干部心理调适，推动优良政治文化发展，完善相关配套制度设计，保障良好道德环境形成，为基层领导干部成长提供优良的文化要素。

在单位场域优化方面，需要着眼于营造优良的政治生态氛围。一是通过优化基层干部队伍能力系统与完善基层组织工作运行机制，来优化单位场域内有利于基层领导干部成长的系统机制。二是理顺单位之间的工作关系与协调单位内部的工作关系，来构建有利于基层领导干部成长的工作关系。三是净化有利于基层领导干部成长的单位场域内政治生态，这需要严肃党内政治生活、形成科学用人导向、严明党的政治纪律和政治规矩、净化单位政治生态外部环境等。

在生活场域优化方面，主要着眼于基层领导干部的社交场域与家庭场域。在社交场域优化方面，需要通过营造健康生活氛围进一步优化社交环境，完善各项配套制度来合理规范基层领导干部生活行为。在家庭场域优化方面，应充分发挥家庭场域对基层领导干部成长的不可替代作用，这对于提高基层领导干部拒腐防变能力有着重要作用。为此，需要着眼于两方面来为基层领导干部成长提供优良的家庭场域要素保障：培育廉洁家风促基层领导干部健康成长；引入外部措施对家庭场域实施监督。

其次，从成长机制维度来看，现代化过程中对各种思想障碍和制度藩篱的破除和重塑，是推动基层领导干部成长的不竭动力。基层领导干部受成长机制影响，这套成长机制在这个成长过程中所发挥的作用，影响着中国共产党实现自身发展进程。总体来说，基层领导干部成长机制在我国干部政策框架下进行。与此同时，由于基层领导干部具有特殊性，这便要求基层领导干部成长机制也应呈现一定的差异性。也就是说，基于一般干部成长机制框架，有针对性地健全基层领导干部成长机制，从而保障基层领导干部健康成长。因此，完善基层领导干部成长机制，实现制度建设的系统性、约束性、实用性、激励性和满意性，一贯是基层领导干部这个群体健康成长的必要条件，这需要从成长促进机制与成长保障机制两方面着手。一方面，优化成长促进机制。完善考核评价机制，可以为基层领导干部成长的促进提供原则遵循；制定科学合理的薪酬政策，完善激励机制，可以为基层领导干部成长的促进提供需求资本；创新教育培训机制，为基层领导干部成长的促进提供能力资本；健全保护防范机制，为基层领导干部成长的促进提供心理资本。另一方面，优化成长保障机制。健全行为监督机制，通过立体化的监督体系、科学化的监督运行机制和制定配套制度，突破监督难的弊端，有效监督基层领导干部的行为选择过程。构建伦理性问责机制，通过塑造道德型人格，培育参与精神和完善配套制度，来突破"谁来问责""问谁之责""如何问责"的困境，破除问责的弊端，以确保基层领导干部最大限度履行职责。构建违规惩戒机制，严惩滥权行为，通过完善惩戒流程、优化惩戒运行机制和创新惩戒方式，减少基层领导干部违规侥幸心理的产生，保障基层领导干部成长沿着科学轨道发展。

最后，从成长角色维度来看，基层领导干部成长的目标是扮演符合角色期待的成长角色。这便需要一个角色塑造过程，这既发生于成长场域与成长机制共同作用于基层领导干部成长过程所产生的角色培养，还发生于基层领导干部自身对成长场域与成长机制作用的能动性反应过程，也就是角色养成过程。角色塑造原则涉及角色培养与角色养成两个方面，这是基层领导干部成长的基本遵循。角色培养方面需要遵循两个基本原则：组织培养与自我养成相结合；教育培育与制度约束相结合。角色养成方面需要遵循以下三个原则：成长场域与个体养成相结合；角色期待与个人发展相结合；角色认知与角色践行相结合。基层领导干部角色塑造过程涉及成长资源累积。为此，合理优化角色塑造路径，可以为基层领导干部成长提供资源支持。根据基层领导干部所面临的成长危机，可以从价值培育、心智养成、思维养成、人格发育、能力建设等方面来优化基层领导干部的角色塑造路径。角色养成过程是基层领导干部成长的能动过程，只有构建合理角色养成机制，才可以帮助基层领导干部有效掌握成长过程中的能动策略。这可以从科学构建基层领导干部角色的主客体互动机制着手，分析基层领导干部角色养成策略，从而促进基层领导干部形成成长过程中的能动自觉。

总之，保障基层领导干部健康成长，加强基层领导干部队伍的建设，一贯是中国共产党需要长期关注的问题。本书所研究的基层领导干部成长机理提出了研究框架，得出了一些结论，并提出了促进基层领导干部成长的策略，随着时代发展和社会进步，仍需对基层领导干部成长继续进行深入研究，此书只是对促进基层领导干部成长一种有益的探索。

随着时代不断变化，对基层领导干部也提出了更多的角色期待与履职要求，关于基层领导干部成长方面的研究仍有待拓宽。真正促进基层领导干部健康成长，仍任重而道远。在当前形势下，应秉持着对历史对人民负责的态度，对这批带领群众奔小康的关键群体给予更多关注，在规范基层领导干部成长的同时，给予他们更多的关爱与培养，通过科学的研究与探索，寻找到既符合时代要求、满足人民期待，又符合人性特点的成长之路，使基层领导干部在新时代改革和发展的浪潮中更好地肩负党和人民的重托，把中国特色社会主义发展道路推向前进。

参考文献

［奥］西格蒙德·弗洛伊德：《群体心理学与自我的分析》，国际文化出版公司2000年版。

［德］黑格尔：《法哲学原理》，范扬、张企泰译，商务印书馆1961年版。

［德］马克斯·韦伯：《经济与社会》（下卷），林荣远译，商务印书馆1997年版。

［法］埃米尔·涂尔干：《社会分工论》，渠东译，生活·读书·新知三联书店2013年版。

［法］保罗·里克尔著：《恶的象征》，公车译，上海人民出版社2005年版。

［法］布鲁诺·拉图尔：《科学在行动》，刘文旋、郑开译，东方出版社2005年版。

［古希腊］亚里士多德：《尼各马可伦理学》，邓安庆译，人民出版社2010年版。

［古希腊］亚里士多德：《政治学》，颜一、秦典华译，中国人民大学出版社2003年版。

［加拿大］克里斯托弗·霍金森：《领导哲学》，刘林平译，云南人民出版社1987年版。

［美］H.乔治·弗雷德里克森：《公共行政的精神》，张成福译，中国人民大学出版社2013年版。

［美］埃尔伍德·霍尔顿：《在组织中高效学习：如何把学习成果转化为工作绩效》，沈亚平、刘争光、李冲等译，机械工业出版社2016年版。

［美］保罗·迪马吉奥、美沃尔特·鲍威尔：《组织分析的新制度主义》，姚伟译，上海人民出版社2008年版。

［美］彼得·德鲁克：《个人的管理》，沈国华译，上海财经大学出版社2003年版。

［美］彼得·德鲁克：《管理：使命、责任、实务》，王永贵译，机械工业出版社2009年版。

［美］彼得·德鲁克：《卓有成效的管理者》，许是祥译，机械工业出版社2009年版。

［美］彼得·德鲁克等：《管理未来》，李亚译，机械工业出版社2009年版。

［美］彼得·诺斯豪斯：《领导学：理论与实践》，吴荣先等译，江苏教育出版社2002年版。

［美］彼德·德鲁克：《管理的实践》，齐若兰译，机械工业出版社2009年版。

［美］伯尔曼：《法律与宗教》梁治平译，生活·读书·新知三联书店1991年版。

［美］戴维·伊斯顿：《政治结构分析》，王浦劬译，北京大学出版社2016年版。

［美］赫伯特·西蒙：《管理行为》，詹正茂译，机械工业出版社2013年版。

［美］加布里埃尔·A.阿尔蒙德、小G.宾厄姆·鲍威尔：《比较政治学：体系、过程和政策》，曹沛霖、郑世平、公婷、陈峰等译，东方出版社2007年版。

［美］理查德·斯科特：《制度与组织：思想观念与物质利益》，姚伟、王黎芳译，中国人民大学出版社2010年版。

［美］罗伯特·基欧汉，约瑟夫·奈：《权力与相互依赖》，门洪华译，北京大学出版社2012年版。

［美］罗奇克：《开放与封闭的心理》，张平男译，黎明文化事业股份有限公司1987年版。

［美］迈克尔·麦特森、约翰·伊万舍维奇：《管理与组织行为经典文选》，李国洁译，机械工业出版社2000年版。

［美］曼瑟·奥尔森：《权力与繁荣》，苏长和译，上海人民出版社2014年版。

［美］皮埃尔·布尔迪厄：《时间与反思》，李康、李猛译，中央编译出版

社 1998 年版。

［美］乔恩·艾尔斯特：《政治心理学》，陈秀峰、胡勇等译，吉林出版集团有限责任公司 2010 年版。

［美］乔尔·S. 米格代尔：《社会中的国家》，李杨、郭一聪译，江苏人民出版社 2013 年版。

［美］乔纳森·特纳：《社会学理论的结构》，邱泽奇译，华夏出版社 2001 年版。

［美］斯蒂芬·P. 罗宾斯：《组织行为学》，李原译，中国人民大学出版社 2012 年版。

［美］塔尔科特·帕森斯：《社会行动的结构》，张明德、夏遇南译，译林出版社 2012 版。

［美］汤姆·彼得斯、罗伯特·沃特曼：《追求卓越》，胡玮珊译，中信出版社 2009 年版。

［美］特里·L. 库柏：《行政伦理学：实现行政责任的途径》，张秀琴译，中国人民大学出版社 2001 年版。

［美］约翰·罗尔斯：《正义论》，何怀宏、何包钢、廖申白译，中国社会科学出版社 2012 年版。

［美］詹姆斯·马奇、赫尔伯特·西蒙：《组织》（第二版），邵冲译，机械工业出版社 2008 版。

［美］珍妮特·V. 登哈特、罗伯特·B. 登哈特：《新公共服务：服务，而不是掌舵》，丁煌译，中国人民大学出版社 2004 年版。

［南非］罗伯特·克利特加德：《控制腐败》，杨光斌等译，中央编译出版社 1998 年版。

［日］片冈宽光；《论职业基层领导干部》，熊达云、郑希宏译，上海科学普及出版社 2001 年版。

［苏格兰］麦克尼尔：《新社会契约论》，雷喜宁译，中国政法大学出版社 1994 年版。

［意］贝卡里亚：《论犯罪与刑罚》，黄风译，中国法制出版社 2005 年版。

［英］安东尼·吉登斯：《社会学》，赵旭东译，北京大学出版社 2007 年版。

［英］安东尼·吉登斯：《现代性的后果》，黄平、刘东等译，译林出版社 2011 年版。

［英］邓肯·米切尔：《新社会学词典》，上海译文出版社1987年版，转引自丁水木、张绪山《社会角色论》，上海社会科学出版社1992年版。

［英］格雷·厄姆·沃拉斯：《政治中的人性》，李辉译，商务印书馆1995年版。

《邓小平文选》第2卷，人民出版社1994年版。

《邓小平文选》第3卷，人民出版社2008年版。

《马克思恩格斯全集》第2卷，人民出版社1957年版。

《马克思恩格斯全集》第3卷，人民出版社1960年版。

《马克思恩格斯全集》第46卷，人民出版社1979年版。

《马克思恩格斯选集》第1卷，人民出版版1995年版。

《马克思恩格斯全集》第8卷，人民出版社2007年版。

《毛泽东文集》第6卷，人民出版社1999年版。

《毛泽东选集》第1—4卷，人民出版社1991年版。

本书课题组：《党的干部成长规律和党校教育规律研究》，中共中央党校出版社2013年版。

陈辉：《人事管理研究》，黑龙江人民出版社2005年版。

费孝通：《乡土中国》，人民出版社2008年版。

冯志峰：《基层领导干部权力运行与制约机制研究》，江西人民出版社2016年版。

傅如良：《公仆的嬗变》，社会科学文献出版社2012年版。

龚群、陈真：《当代西方伦理思想研究》，北京大学出版社2013年版。

龚天平：《追寻管理伦理——管理与伦理的双向价值解读》，中国社会科学出版社2004年版。

郝潞霞：《我国国有企业人本管理问题研究》，中国社会科学出版社2007年版。

何建华：《发展正义论》，上海三联书店2012年版。

何毅亭：《领导干部新视野》，研究出版社2010年版。

何颖：《行政哲学研究》，学习出版社2011年版。

贺培育：《人情腐败及其矫治》，湖北人民出版社2016年版。

侯建良：《公务员制度发展纪实》，中国人事出版社2007年版。

黄少平：《反腐败》，九州出版社2016年版。

蒋胜祥：《邓小平理论和"三个代表"重要思想研究论文集》，浙江人民出版社 2005 年版。

李家兴、沈继英：《面向 21 世纪的人才素质》，北京大学出版社 1998 年版。

李克军：《基层领导干部的主政谋略》，广东人民出版社 2014 年版。

李兴山、刘潮：《西方管理理论的产生与发展》，中共中央党校出版社 2009 年版。

李阳、陈尤文：《政府领导科学教程》，国家行政学院出版社 2013 年版。

李永忠：《负担与责任：权力的解密》，北京出版社 2012 年版。

李中和：《国家公务员制度导论》，中国人民大学出版社 2011 年版。

刘敬鲁：《西方管理哲学》，人民出版社 2010 年版。

刘志伟：《理性政治——政治哲学视域下的比较分析》，国家行政学院出版社 2014 年版。

罗传贤：《行政程序的基础理论》，台北：五南图书出版社 1993 年版。

毛寿龙：《政治社会学》，吉林出版集团有限责任公司 2007 年版。

潘琦：《邓小平大辞典》，广西人民出版社 1998 年版。

潘维：《比较政治学理论与方法》，北京大学出版社 2014 年版。

秦节荣、张峰：《耕耘与收获——中央党校学员从政经验交流》，中共中央党校出版社 2011 年版。

邱新松：《党员干部如何增强政治定力》，中国言实出版社 2017 年版。

鄯爱红：《公共行政伦理学》，北京出版社 2005 年版。

宋洁：《当代中国县级政府能力及其评估的实证研究》，光明日报出版社 2016 年版。

苏保忠：《基层公务员素质与能力建设》，清华大学出版社 2015 年版。

苏东：《论管理理性困境与启示》，经济管理出版社 2000 年版。

苏勇：《管理伦理学》，东方出版中心 1998 年版。

谈宜彦：《领导干部成长八论》，红旗出版社 2008 年版。

替宝毅：《社会地位与社会角色》，转引自丁水木、张绪山《社会角色论》，上海社会科学出版社 1992 年版。

万俊人：《现代西方伦理学史》，中国人民大学出版社 2010 年版。

王海峰：《干部国家》，复旦大学出版社 2012 年版。

王沪宁：《当代中国村落家族文化——一项对现代化的探索》，上海人民出版社 1991 年版。

王沪宁：《行政生态分析》，复旦大学出版社1989年版。

王南湜：《从领域合一到领域分离》，山西教育出版社1998年版。

王苹：《当代中国行政文化建设》，巴蜀书社2004年版。

王绍光：《国家治理》，中国人民大学出版社2014年版。

王胜泉：《人事管理学》，北京经济学院出版社1989年版。

王艳珍：《经济发展方式转型视域下领导力变革研究》，中国工信出版社2016年版。

王振林：《卓越转型：知识型员工价值实现的四大修炼》，机械工业出版社2016年版。

吴毅：《记述村庄的政治》，湖北人民出版社2007年版。

奚从清：《角色论——个人与社会的互动》，浙江大学出版社2010年版。

习近平：《决胜全面建成小康社会夺取现阶段中国特色社会主义伟大胜利——在中国共产党第十九次全国代表大会上的报告》，人民出版社2017年版。

习近平：《习近平治国理政》第二卷，外文出版社2017年版。

习近平：《习近平治国理政》第一卷，外文出版社2014年版。

习近平：《做焦裕禄式的县委书记》，中央文献出版社2015年版。

夏书章：《人事管理》，人民出版社1985年版。

于建嵘：《岳村政治：转型期中国乡村政治结构的变迁》，商务印书馆2001年版。

于学强：《干部工作中预防腐败问题研究》，人民出版社2010年版。

俞睿：《国家与社会关系视阁中的私人领域建构》，人民出版社2014年版。

袁峰：《当前中国的腐败治理机制——健全反腐败惩戒、防范和保障机制研究》，学林出版社2015年版。

袁贵仁、韩庆祥：《论人的全面发展》，广西人民出版社2003年版。

张桀：《公务员制度的理论与实践》，人民出版社2012年版。

张康之：《公共行政中的哲学与伦理》，中国人民大学出版社2004年版。

张亚勇：《干部教育成长与执政党建设》，天津人民出版社2015年版。

张应杭：《管理伦理》，浙江大学出版社2006年版。

张振：《当前廉政文化建设的中国路径研究》，北京联合出版传媒2016年版。

赵福生：《领导思维》，研究出版社 2017 年版。

中共中央党校第 30 期中青一班三支部学员：《行与知——中共中央党校第 30 期中青一班四支部学员从政经验交流文集》，航空工业出版社 2011 年版。

中共中央宣传部：《习近平系列重要讲话读本》，学习出版社、人民出版社 2016 年版。

周黎安：《转型中的地方政府：官员激励与治理》，上海人民出版社 2008 年版。

陈燎原、牛涛：《山东淄博：干部专业化培训全程管控》，《中国组织人事报》2018 年 2 月 9 日第 002 版。

陈新中：《拓展干部监督工作的四维空间》，《中国组织人事报》2012 年 3 月 5 日第 006 版。

陈忠平：《海南三亚出台激励干部办法为敢闯敢试者撑腰》，《中国组织人事报》2019 年 5 月 13 日第 002 版。

冯亚丽、哈仁闻：《哈尔滨：细化考核标准强化惩戒约束力进行末位诫勉谈话和告诫制度试点》，《中国人事报》2010 年 2 月 22 日第 004 版。

赣组轩：《严管有法度厚爱有温度——江西赣州规范受处分干部管理使用》，《中国组织人事报》2019 年 4 月 29 日第 001 版。

韩庆祥、王海：《结构分析与过程分析》，《学习时报》2016 年 5 月 16 日第 003 版。

黄学道、陈楠：《福建莆田出台正向激励实施意见：差异化奖补让实干者得实惠》，《中国组织人事报》2017 年 9 月 25 日第 002 版。

亢春风、姜聚鑫：《郑州市二七区"1+N"制度激励干部担当》，《中国组织人事报》2017 年 9 月 1 日第 002 版。

郎哲敏：《健全机制治拔"懒"根》，《中国组织人事报》2016 年 9 月 7 日第 004 版。

林圆圆、何小华：《浙江桐庐：精准施策，激励关爱更有效》，《中国组织人事报》2018 年 12 月 10 日第 002 版。

仁兴：《天津强化干部监督工作"三化"建设》，《中国组织人事报》2013 年 4 月 8 日第 001 版。

陕组轩：《践行严实作风激励担当作为——陕西组织部门通过抓学习、建机制、明纪律》，《中国组织人事报》2018 年 8 月 13 日第 001 版。

苏永权：《内蒙古杭锦旗：六措强化正向激励》，《中国组织人事报》2017年7月10日第002版。

苏组宣：《江苏：鲜明干事导向激励担当作为》，《中国组织人事报》2019年10月9日第001版。

习近平：《在教育实践活动总结大会讲话》，《人民日报》2014年10月13日第01版。

辛向阳：《突出选人用人政治监督》，《中国组织人事报》2019年6月5日第001版。

叶祝颐：《政府摊派烟酒是权力错位》，《深圳商报》2013年10月24日第A16版。

甬组轩：《强化正向激励实施容错纠错——宁波：为担当作为干部撑腰鼓劲》，《中国组织人事报》2018年5月25日第001版。

玉琛：《包头：公务员惩戒与年度考核相挂钩》，《中国组织人事报》2011年1月12日第004版。

诸组轩：《浙江诸暨建立"1+X"容错纠错制度体系为敢干的人"兜住底"》，《中国组织人事报》2018年6月11日第002版。

陈辉：《传统人事管理的价值缺失与重建——论传统人事管理向现代人事管理的转变》，《中国行政管理》2010年第1期。

陈辉：《人的全面发展与政府评价的多元化与历史性》，《中国行政管理》2006年第4期。

陈辉、刘丽伟：《公共部门人力资源开发与管理价值基础分析》，《行政论坛》2010年第5期。

陈力予、陈国权：《我国行政问责制度及其对问责程序机制影响的研究》，《行政论坛》2009年第1期。

陈曙光：《人事管理模式发展路向的哲学反思》，《云南行政学院学报》2006年第1期。

陈忠红、王伟健：《聚焦基层领导干部：副厅级基层领导干部权力到底有多大？》，《决策探索月刊》2010年第1期。

褚松燕、徐国庆：《公共部门人力资源管理的理论发展与核心价值——唐纳德·克林格尔访谈录》，《中国行政管理》2002年第9期。

丁道勇：《我们怎样思维：信念结构理论及其应用》，《全球教育展望》2013年第1期。

樊红敏:《政治行政化:县域治理的结构化逻辑——一把手日常行为的视角》,《经济社会体制比较》2013 年第 1 期。

高传晋:《新时期"为官不为"的现状、成因与治理对策研究》,《湖南行政学院学报》2017 年第 1 期。

高小平:《国家治理体系与治理能力现代化的实现路径》,《中国行政管理》2014 年第 1 期。

龚晨:《政治生态视域下"为官不为"治理机制创新》,《中国领导科学》2017 年第 1 期。

郭庆松:《公共部门人力资源管理研究存在的问题和发展趋势》,《中国行政管理》2007 年第 5 期。

韩庆祥:《政治文化、政治生活和政治生态的内在逻辑》,《理论视野》2017 年第 5 期。

胡守勇:《净化和重构政治生态:新时期反腐败斗争的根本方略》,《中共福建省委党校学报》2016 年第 8 期。

胡威:《中国公务员制度研究:历程回顾、前沿问题与未来展望》,《中国人民大学学报》2013 年第 5 期。

黄于君:《背景话语与前置话语:我国公共人事价值取向的历史演进研究》,《中国政管理》2011 年第 9 期。

李玉东、何亚兵:《区(县)党委建立干部关爱容错机制的构想和思考》,《领导科学》2016 年第 5 期。

林尚立:《重构府际关系与国家治理》,《探索与争鸣》2011 年第 1 期。

刘昂:《新乡贤在乡村治理中的伦理价值及其实现路径》,《兰州学刊》2019 年第 4 期。

刘文革:《以诺斯为代表的制度变迁理论评析》,《学术交流》2007 年第 3 期。

刘云山:《在全国组织工作会议上的讲话》,《党建研究》2013 年第 8 期。

罗章、操世元、唐静:《论干部人事制度变迁中的价值取向——基于从干部到公务员称谓变化的视角》,《理论导刊》2009 年第 5 期。

马正立:《决策思维视域下非理性决策防范分析》,《大连干部学刊》2017 年第 8 期。

马正立:《少数民族村干部成长进路选择——基于场域、机制与角色分析框架》,《贵州社会科学》2018 年第 2 期。

马正立：《依规治党视域下基层领导干部行为逻辑转型与路径选择》，《云南民族大学学报》（哲学社会科学版）2017年第12期。

倪秋菊、倪星：《政府官员的"经济人"角色及其行为模式分析》，《武汉大学学报》（哲学社会科学版）2004年第3期。

盘名德：《我国公务员制度的发展历程及其特色》，《时代人物》2008年第10期。

彭剑锋：《2013年中国人力资源管理十大观察》，《人力资源管理》2014年第1期。

彭忠益、洪霞：《德性：行政管理的重要资源》，《中南大学学报》（社会科学版）2003年第3期。

孙秦敏、肖芳：《习近平政治生态思想的基本内涵和实践要求》，《领导科学》2016年第14期。

汪永清：《善于运用法治思维和法治方式开展政法工作——深入学习习近平同志关于法治思维和法治方式的重要论述》，《长安》2014年第8期。

王浦劬：《国家治理、政府治理和社会治理的含义及其相互关系》，《国家行政学院学报》2014年第3期。

王玉君：《加强干部队伍的能力建设》，《党建研究》2005年第12期。

王云萍：《公共行政伦理：普遍价值与中国特色》，《中国行政管理》2011年第12期。

伍洪杏：《行政问责的困境及其伦理超越》，《中国行政管理》2011年第7期。

习近平：《在会见全国优秀县委书记时的讲话》，《休闲农业与美丽乡村》2015年第10期。

谢加书、粟林杰：《加强党员干部日常生活作风建设研究》，《中州学刊》2016年第4期。

徐喜林：《进一步健全党的纪检监察体制的思路对策》，《中州学刊》2014年第4期。

姚巧华：《基层领导干部权力运行科学化路径论析》，《中州学刊》2015年第7期。

俞可平：《治理和善治引论》，《马克思主义与现实》1999年第5期。

张康之：《论公共管理中的责任与义务》，《社会科学研究》2003年第3期。

张再生、李祥飞:《公共部门人力资源管理的理论与实践前沿问题探讨》,《中国行政管理》2012年第9期。

赵峰:《党委领导干部问责制研究》,中共中央党校博士学位论文,南京师范大学,2013年。

周承:《行政问责制度化困境的伦理超越》,《唯实》2007年第7期。

周程:《我国人事制度的价值嬗变》,《理论观察》2010年第1期。

程武龙:《基层领导干部劳动基本权研究》,中共中央党校博士学位论文,吉林大学,2008年。

贾玮:《县委书记责任伦理研究》,博士学位论文,河北师范大学,2010年。

刘卫军:《新时期基层党员干部廉政教育研究》,硕士学位论文,四川师范大学,2016年。

马正立:《完善我国公共人事管理责任对策思考》,硕士学位论文,黑龙江大学,2015年。

孟灵珊:《当前我国基层领导干部心理问题及其调适研究》,硕士学位论文,湖北大学,2013年。

张君:《湖北省基层领导干部薪酬研究——基于宽带薪酬的理论视角》,硕士学位论文,华中师范大学,2011年。

李克军:《关系运营:县级官员难以走出的迷局》,《中国乡村发现》2015年11月30日。

王建芹:《转型社会腐败治理:制度+文化》,《检察日报》2013年05月14日。

王卫国:《研究称中国地方官靠民生和环保升官几率为负值》,《南方都市报》2013年3月31日。

习近平:《习近平在全国组织工作会议上的讲话》,共产党员网,http://www.12371.cn/2018/09/17/ARTI1537150840597467.shtml,2018年7月3日。

张浩:《严明政治纪律和政治规矩重构政治生态》,《南方日报》2015年01月19日。

郑永年:《改革中国的特权制度》,新华网,http://sike.news.cn/statics/sike/posts/2015/02/218937774.html,2015年2月24日。

Charlie descott, *Institutions and Organizations: Ideas and Interest*, California:

Sage Publications Press, 2009.

David Osborne, Ted Gaebler, *Reinventing Government: How the Entrepreneurial Spirits*, New York: Addison – Wesley, 1992.

EioniA, *A Comparative Analysis of Complex Organizations M*, New York: Free Press, 1961.

P. Berger, T. Luckmann, *The Social Construction of Reality: A Treatise in the Sociology of Knowledge Garden City*, New York: Doubleday: 1966.

Thomas F. Green. *The activities of teaching*, New York: Mcgraw-Hill: 1971.

索　引

安德鲁·沃尔德　78
奥斯本　98
埃米尔·杜尔凯姆　45，46
彼得·伯杰　41
布鲁诺·拉图尔　61
保罗·迪马吉奥　61，95
场域　1，4，5，11-17，19-21，24，29，30，34-45，47-57，59，62，74，76，77，88，89，91，94，95，98-101，103，107，109，143，162，165，166，168，185，191-193，199-201
承诺递增　59，60
道格拉斯·C. 诺斯　59
《道德教育》　45
《道德事实之测定》　45
符号系统　34，45-47
符号互动理论　46
"风险规避"　83
《个人的代表性及集体的代表性》　45
"关系本位"　80，81，133

关系运作　83
"公共人"　84-86，174
盖布勒　98
赫伯特·西蒙　43
角色　1，3，5-17，19-24，26-32，34，35，40，41，43，55，58，59，62，63，65，74-88，100，135，136，143，151，162-168，170-176，185，186，188-199，201，202
角色期待　1-5，7-13，15-17，19-23，26-30，32，77，162，163，165，166，188，190，192-194，197，201，202
机制　1，4-6，11-25，27-35，44，48，57-74，78，86，88，90-92，94，97-102，104，105，107，109，113，115-119，121-124，126，128，131-143，145-151，155-157，160，162，163，167，168，174，178，182，185，188，190-192，197，199-201

结构 2，4，5，7，8，11－16，18，20，22－24，34－42，44，45，47－54，56，60，65，68，74－77，83，88－92，99，100，112，117，123，129，130，144，167，168，179，181，184，189－191，197，199
"集体表象" 45
加布里埃尔·A. 阿尔蒙德 2，14，15，35，74－76
"经济人" 53，83，86，174，194
"集体人" 67
激励 1，6，11，13，17，18，20，27，31－33，58，59，61，63，68，71－73，83，94，98，101，112，115－119，121－128，134，135，139－142，154，156，157，159，185，186，200
客观化 47
《科学在行动》 61
康德 97
洛克 8
罗伊德·安德雷德 46
罗伯特·科里特 96
罗伯特·帕克 7
罗伯特·沃特曼 58
罗伯特·基欧汉 58
默顿 42
马克斯·韦伯 47
模仿性 14，47，58，59
"陌生人社会" 48，53

德芒·赫尔尼斯 59
麦克尼尔 60
内化 1，7，10，12，13，15－19，23，24，29，30，42，45－47，96，97，108，151，171，175，190，197，198
恩格斯 4，39，40，90，182，194
皮埃尔·布迪厄 2
《群体心理学与自我的分析》 45
《权力与相互依赖》 58
乔恩·艾尔斯特 59
乔治·H. 米德 47
"人的依赖关系" 39，54
人格 4，5，8，37，38，45，53，55，56，67，74，77，81，83，87，98，115，125，131，136，138，151－154，162，166，168，171－175，194，201
《社会行动的结构》 42
《社会体系》 42
"熟人舆论场" 53
斯诺·科夫 47
"社会事实" 46
塔尔科特·帕森斯 42
托马斯·吕克曼 41
汤姆·彼得斯 58
文化框架 47，95
文化世俗化 55
"物的依赖关系" 54
乌尔里希·贝克 53
外化 1，7，10，13，15，16，21，23，24，36，47，97，171，

189，190
信念系统　45，47，190
《新社会契约论》　60
"乡土社会"　49，80
《现实的社会建构》　47
约瑟夫·奈　58
亚里士多德　90
制度要素　34，42-45，48，58，61-63，71，155

詹姆斯·马奇　43
《追求卓越》　58
《政治心理学》　59
《组织分析的新制度主义》　61，95
政绩锦标赛　82
制度性说谎　83
自然社区　81
《组织》　43